당신이
모르는
진짜
농업
경제
이야기

일러두기

1. 저자가 참고한 자료와 문헌은 본문 말미에 미주로 표기했습니다.
2. 책 제목은 겹낫표(『 』), 편명, 논문, 보고서는 홑낫표(「 」), 신문, 잡지는
   겹꺾쇠(《 》), 영화, 노래, TV 프로그램 등은 꺾쇠(〈 〉)를 써서 묶었습니다.

이주량 지음

당신이 모르는 진짜 농업 경제 이야기

기아와 미식 사이,

급변하는

세계 식량의 미래

세이지

추천의 글

경제를 다루는 사람이라면 반드시 읽으라고 권하고 싶은 책이다. 옛날 어딘가의 농촌 풍경에 멈춰 있는 우리 머릿속의 농업과 전혀 다른 세계를 보여주는 생생한 산업 리포트다. 이 책을 읽으면서 신선한 충격을 받을 것이며 이 분야를 그동안 제대로 몰랐구나 하는 생각도 들 것이다. 이주량 박사만큼 농업을 새롭게 인식하게 하는 전문가도 없을 것이다. 농업 이야기뿐 아니라 인류 문명사까지 넘나드는 지적 즐거움은 덤이다.

– 장태평, 전 농림축산식품부장관

원고를 받자마자 모두 읽어버렸다. 인류학부터 생태학, 농업경제학, 외교, 산업 인프라 등 경제 전반에 대해 다루고 있는 이 놀라운 책은 단단한 지혜와 산업적 통찰을 제공한다. 먼 인류의 이야기부터 현재 지구 곳곳에서 벌어지는 식량 이야기를 예리하게 큐레이션해 농업 지식뿐 아니라 사회 정치 경제 전반에 걸쳐 해상도를 높여준다. 당신이 어떤 분야에서 일하든 이제 농업을 모른다면 대단히 중요한 것을 놓치고 있는 것이다.

– 허태웅, 전 농촌진흥청장, 국립경상대 교수

인류 역사상 가장 먹거리가 풍부한 시대에 살고 있지만, 역설적으로 건강하고 맛있고 가치 있는 먹거리를 찾는 일은 점점 더 어려워진다는 걸 식품 유통업에 종사하는 종사자로서, 맛있는 걸 좋아하는 소비자로서 동시에 느끼는 요즘이다.

전례 없는 기후변화와 전쟁을 겪고 있는 요즘, 이러한 이슈들이 어떻게 농업과 먹거리를 바꾸고 우리의 삶을 바꿀지 돌아볼 때다. 이 책은 농업이 인류의 역사를 관통하며 어떻게 바뀌어 왔는지, 그리고 그것이 우리의 삶에 어떤 영향을 줄지를 통찰력 있게 설명하고 동시에 앞으로 우리가 가야할 길에 대해서도 제시한다. 이 책을 읽으며 농축산물을 고르고 판매하고 소비하는 사람으로서 많은 아이디어와 깨달음을 얻었다. 삶의 근간인 먹는 것에 대한 통찰력을 얻고 싶은 업계종사자, 소비자들에게 강력 추천한다.

— 김슬아, 마켓컬리 대표

연예인들이 TV에 나와 쇠고기의 맛을 도축업자처럼 이야기하는 시대지만 한편으로 한국에서 농업은 몰라도 되는 분야가 되어버린 듯하다. 이처럼 지적 불균형이 커진 한국 사회에서 농업에 대한 이해를 높여줄 좋은 책이 나왔다. 금융의 역사와 전기차 배터리를 공부하듯 우리는 농업을 공부해야 한다. 글로벌 기업들의 식량 전쟁을 불구경하듯 보고만 있다간 하루 세 끼도 보장할 수 없는 시대가 목전에 와 있기 때문이다.

— 이진우, MBC 〈손에 잡히는 경제〉 진행자, 삼프로TV 부대표

F&B는 기획과 마케팅이 중요한 산업이지만 성패는 결국 맛으로 결정된다. 소비자를 줄세우는 모든 맛은 농업에서 탄생한다. 이 책을 통해 비로소 농업 분야를 제대로 알게 되었다는 것이 신선한 충격으로 다가온다. F&B 업계에서 일한다면 반드시 읽어야 하는 책이다. 이 책을 읽으면 아이디어가 계속 떠올라 마음이 바빠질 것이다.

— 최연미, 팀홀튼, 블루보틀 커피 전 최고 마케팅 책임자(CMO)

이주량 박사는 현재 농업 정책 분야의 에이스다. 농업계 특유의 어려운 전문용어도 없고 경제 분야 특유의 침소봉대도 없는, 대중이 읽기에 편안한 글을 쓴다. 이 책은 앞으로는 전혀 다른 미래를 살아야 하는 중고등학생들의 필독서라는 생각이 들었다. 미래를 바꿀 단초가 들어있다.

기후변화와 함께 이제 농업은 혁명적 격동기로 들어간다. 어느 방향이 맞고 어느 방향은 아닌지, 개인적으로도 판단할 최소한의 능력이 필요해질 것이다. 다시 더워질 내년 여름이 오기 전까지 많은 국민들이 함께 읽기를 희망한다.

– 우석훈, 경제학자

'진짜'라는 수식어에 질린 사람이 책 제목에 거부감을 느낄까 봐 말한다. 이 책은 다르다. 저자는 농업 현장에서 시간을 보내며 연구 경력을 쌓았다. 한국과 세계, 과거와 첨단의 농업 사례도 모았다. 감성 호소가 아닌 이성을 깨우는 방식으로 농업의 중요성을 말한다. 데이터를 토양 삼고 논리를 씨앗 삼아 농업의 중요성이라는 주제를 수확한다. 현장의 디테일과 거시적 철학이 함께 하는 책은 많지 않다. 그 주제가 농업인 책은 더 흔치 않다. '진짜' 귀한 책이다.

– 박찬용, 콘텐츠 에디터, 『모던 키친』 저자

가장 많이 먹고, 싸게 먹고, 멀리서 가져다 먹는 시대에 우리가 모르고 있는 것들

　현대 농업은 그다지 목가적(牧歌的)이지 않다. 눈에 보이지 않지만 거대하고 조밀하게 맞물려 돌아가는 톱니바퀴의 합에 가깝다. 그리고 그 안에는 자본의 탐욕과 국제 정치 논리, 기아와 미식 사이의 원초적 욕망이 들끓는다.

　흔히 식량을 수출하는 국가가 많을 것으로 생각하지만 그렇지 않다. 지구상에서 반도체를 수출하는 나라가 우리나라와 미국, 대만 등 몇 곳 되지 않는 것과 똑같다. 충분한 물량의 식

량을 수출할 수 있는 나라는 미국과 호주, 러시아, 우크라이나, 브라질, 캐나다, 인도 등 몇 나라 되지 않는다. 수입하는 나라는 훨씬 많다. 그리고 양과 종류는 다르지만 식량을 전혀 수출하지 않는 나라는 거의 없다.

전 세계에서 곡물을 가장 많이 수입하는 나라는 중국, 일본, 한국, 멕시코 순서다. 우리나라는 동물의 사료를 포함하여 연간 2,000만 톤 정도의 곡물을 소비하는데 이 중 75%인 약 1,500만 톤을 수입으로 조달한다. 식량 안보에 매우 취약한 국가라 할 수 있다. 식량은 언제든 가장 강력한 전략물자가 될 수 있다. 우리는 미국이 중국을 견제하기 위해 반도체를 전략물자로 활용하고 있다는 걸 알고 있지만, 돼지의 사료로 쓰이는 대두를 둘러싼 미국과 중국의 기싸움도 십수 년째 진행 중이라는 사실을 아는 이는 많지 않다.

인간이 지구를 독점하며 발생한 일

세상의 모든 산업은 농업에서 시작했다. 인류가 농경을 시작한 1만 년 전부터 200년 전까지만 해도 그 누구도 농업·농촌과 분리할 수 없는 삶을 살았다. 오랜 시간 동안 인간은 자기 노동력과 시간의 90% 이상을 농업에 투여했지만 충분한 식량을 공급받지 못했다. 하지만 농업기술의 발전으로 불과 200년 만에 식량은 너무나 쉬이 구할 수 있는 당연한 것이 되어버렸다.

현재 인류는 역사상 유일하게 가장 많이 먹고, 가장 싸게 먹고, 가장 멀리에서 가져다 먹는 행운 타임을 누리고 있다. 하지만 이러한 상황이 언제까지 지속될지는 불투명하다. 기후변화가 상황을 악화시키는 주범이라면 농업에 대한 몰이해는 미래 준비를 어렵게 하는 공범이다. 아울러 농업에 관한 편견과 선입견은 농업만이 줄 수 있는 재미와 행복을 곡해시키기도 한다.

2022년 11월 15일, UN은 세계 인구가 80억 명을 돌파했다고 공식 발표했다. 20만 년 전 최초의 인류인 호모사피엔스가 등장하고 1만 년 전 농업을 시작한 이래로 세계 인구는 아주 오랜 기간 동안 잔잔한 상태를 유지했다. 그러다가 중세 말, 근대 초인 15세기에 4억 명을 지나 산업혁명 때인 19세기가 되어서야 겨우 16억 명을 넘어섰다. 이후 산업혁명 직후부터 불과 200년 동안 세계 인구는 지구에서 그 어떤 생명체도 경험하지 못했던 폭발적인 성장을 했다.

생태학자 최재천 박사는 지구 전체의 동물총량에서 인간이 차지하는 비율이 과거엔 겨우 1%에 불과했지만, 이제는 99%에 달하는 절대적 독점종이 되었다고 설명한다.[*] 45억 년 지구 역사에서 어떤 생명체도 우점을 넘어서 인류처럼 압도적 독점을 형성한 적은 없었다. 지질학자들은 지구상에 인간이 지나치게 번성하고 있는 현시대를 인류세(人類世)[**]로 기록해야 할 것이라고 주장한다.

• '제인 구달과 최재천의 외침', SBS 〈D포럼 제인 구달과의 인터뷰〉 중, 2021.03.04.

세계 인구가 급증할 수 있었던 것은 의료 기술의 발전과 위생 수준의 향상, 정치 분쟁의 감소 등 여러 요인이 복합적으로 작용한 결과이지만 가장 핵심적인 이유는 농업기술 발전을 통한 식량 생산의 증가다. 인구의 증가는 더 많은 식량을 필요로 했고, 식량 생산의 증가는 다시 인구의 증가를 가능하게 하는 선순환의 사이클에 올라탔던 것이다.

18세기 후반 영국의 성직자이자 학자였던 맬서스는 식량은 산술급수적으로 증가하지만 인구는 기하급수적으로 증가하기 때문에 결국 인류는 식량 부족과 빈곤의 상태에 빠질 수밖에 없다고 주장했다. 당시 맬서스의 주장은 지식인들 사이에서 시대의 정설로 받아들여졌다. 하지만 결과는 정반대였고 식량 생산의 증가 속도는 인구 증가의 속도를 압도해왔다.

2022년 80억 명의 세계 인구는 1960년 30억 명과 비교하면 60년 만에 2.7배 증가했다. 반면 곡물 생산의 증가 속도는 훨씬 빨랐는데, 2022년과 2023년의 세계 곡물 생산량은 27억

●● 인류세는 영어로 'Anthropocene'이라고 표기한다. 인류세는 지구 환경과 생태계에 인간 활동이 미치는 영향을 강조하는 개념으로, 'Anthro'는 '인간'을 나타내는 접두어이며 'cene'는 지구의 지질시대를 나타내는 접미사다. 인류세는 '인간의 시대' 또는 '인간의 영향 아래에서의 시대'로 해석한다.

톤으로 1960년과 비교하면 4.5배나 증가했다. 전 세계에서 생산되는 곡물의 총량인 27억 톤을 80억 인구에게 나누어준다고 가정하면 한 명에게 하루에 900그램씩 줄 수 있다. 이는 3,400킬로칼로리의 영양적 가치가 있는 양이다.

더욱이 여기서 27억 톤의 곡물은 옥수수, 밀, 콩, 쌀 등 주요 곡물의 생산량일 뿐이고 팜유와 대두유, 해바라기씨유, 카놀라유 등 식물성 기름을 위한 유지작물(油脂作物)은 제외한 양이다.

기아와 2형 당뇨 사이, 식량전은 시작됐다

지구촌에 식량이 넘친다고 모두에게 식량이 충분히 분배되는 것은 결코 아니다. 절대적 기아는 아니지만 상대적 기아는 언제나 있었다. WHO는 2022년 세계 영양실조 인구를 8억 명으로 보고했다. 러시아와 우크라이나의 전쟁으로 5,000만 명이나 늘어난 최대 수치다.

반면 WHO는 전 세계 비만 유래 질병인 2형 당뇨병 환자를 5억 명으로 추산한다. 누군가는 먹을 것이 없어 죽어가지만 다른 누구는 비만으로 고통받는 것이 지금의 지구다. 선진국은 비만과 식량 낭비(Food Waste)가 사회적 문제지만, 후진국은 기아와 식량 손실(Food Loss)이라는 생존의 문제로 고통받고 있다. 지구촌 식량 생산량이 식량 요구량보다 충분히 많은데도 말이다.

실제로 2차 세계대전 이후 세계는 식량 부족이 아니라 생산과잉 상태에 빠져 있다. 1, 2차 세계대전이 벌어지는 동안 유럽의 식량 공급까지 책임졌던 미국 농업은 엄청난 농경지를 개발하고 이곳에 상업 작물을 재배해 활황기를 보냈다. 이 기간 동안 미국 정부는 극진한 농업 보조 정책으로 미국 내 농업 인프라를 확충하고 생산력을 끌어올렸다.

2차 세계대전 종전 이후 유럽의 농업 생산력은 미국의 자금과 기술지원 프로젝트인 마셜 플랜으로 빠르게 회복되었고, 오늘날 유럽의 농업 생산구조와 유사한 모습을 완성했다(3장 참조). 비슷한 시기에 남미와 동유럽에도 대규모 농경지가 개발되었고, 녹색혁명으로 다수확 품종이 전 세계에 보급되면서 세계 농업은 빠르게 만성적 과잉생산 구조에 접어들었다.

그래도 남아도는 곡물은 축산 사료로 사용하면서 축산업 생산성도 획기적으로 향상됐다. 가축 개체수의 급증에 따라 단백질의 접근성은 높아졌지만 곡물 생산은 더 많이 필요해졌고 농업의 환경 위해성은 더욱 악화되었다. 하지만 2000년 이후에는 바이오에너지(9장 참조)가 과잉 생산된 농산물 수급을 조절해주는 새로운 출구가 되어주었다.

주로 옥수수와 사탕수수로 만들어지는 바이오디젤과 바이오에탄올이 본격적으로 자동차를 비롯한 산업 연료로 사용되었고, 바이오에너지는 탄소 중립과 농촌 활력을 위한 새로운 소득 수단으로 각광받기 시작했다. 가격과 수급에 따라 달라지지만 현재 전 세계에서 한 해 생산되는 옥수수 중에서 40%는 사람이, 30%는 가축이, 30%는 자동차가 소비한다.

지금보다 60%의 식량이 더 필요한 미래

식량 전문가들의 우려는 지금의 생산과잉이 미래에도 가능할 것이냐는 것이다. 2050년 100억 명으로 증가하는 지구 인구를 위해서는 지금보다 60% 더 많은 식량이 필요하다. 하지만 60%를 전부 농업생산 증가만으로 확보할 수 없다. 지구에는 그럴 만한 농경지와 자원이 남아 있지 않고 30년 내 60%

증산은 시간적으로도 불가능하다.

대신에 여러 가지 방법이 다양하게 동원될 것이다. 국제정
치가 나서서 식량 배분의 불균형을 대폭 해소해야 할 것이고,
버려지는 농산물의 재활용과 새활용(리사이클과 업사이클)도
강화돼야 한다. 그러고도 부족한 식량은 디지털 기술과 바이
오 기술의 몫이다.

30년 전부터 기후변화 시나리오에서 예측했던 거의 모든
일은 빠짐 없이 현실로 일어나고 있다. 평균기온 상승, 해수면
상승, 극심해지는 엘니뇨와 라니냐, 잦은 산불과 가뭄, 영구동
토의 해빙, 원시 미생물의 유출 등이 예상보다 훨씬 빠른 타임
라인으로 실현 중이다.

지구촌 곡창지대는 대부분 중위도 지역에 위치해 있다. 그런데 남극과 북극의 빙하가 녹아 제트류가 약해지면서 적도에서 발생한 태풍과 허리케인은 이전보다 아주 쉽게 중위도까지 올라와 곡창지대를 강타하기 시작했다.

전문가들이 기후 위기를 두려워하는 가장 큰 이유는 식량 위기로 이어지기 때문이다. 지구촌 과잉생산 시대가 끝나고 식량이 정말로 부족해진다면 우리에게 주어진 선택지는 거의 없다. 18세기 맬서스의 위기론처럼 과학이라는 이름의 전망이 다시 한번 틀리기를 기대하는 것이 우리가 할 수 있는 전부일 수도 있다.

우리가 농업을 대하는 편견 또는 무관심

최근 농업과 농촌을 다루는 방송들은 대부분 예능이나 먹방으로 농업, 농촌을 희화화하거나 도시의 삶과는 동떨어진 제3의 공간으로 분리해 보여준다. 농업 농촌이 도시나 2, 3차 산업과 연결되지 않은 채 독립적으로 존재하거나 며칠 놀러 가는 공간 정도로 이격된 것이다.

하지만 농업과 농촌 공간은 희화화하거나 분리된 공간이 되어서는 안 된다. 도시와 농촌, 농업과 제조업은 긴밀하게 연결된 한 몸이며 그래야 우리가 살아갈 수 있다.

농업은 산업인 동시에 기반이다. 반도체나 자동차처럼 산업의 성격도 있는 동시에 국방이나 의료처럼 사회를 지탱하는 기반의 성격도 있다. 농업 전체를 해외에 의존해서도 안 되고 그렇게 할 수도 없다. 농업의 많은 문제는 다른 산업과는 달리 철학과 선택의 문제로 귀결된다. 보통의 기업들처럼 매출이 선(善)인 산업과는 다르다.

그래서 농업의 일부는 시장의 영역에서, 일부는 정책의 영역에서 풀어야 한다. 정책의 영역은 세금의 영역이다. 그러기에 농업 발전에는 국민적 동의와 이해가 반드시 필요하며 올바른 합의를 위해서는 대다수 국민들의 농업에 대한 바른 이해와 공감대가 뒷받침되어야 한다.

하지만 대다수 사람들이 농업에 대해 갖는 관심과 이해는 심각하게 낮은 편이다. 어려서부터 농업 교육을 받아본 적도 없고 경험해본 적도 없기 때문이다. 어떤 이는 정책의 역할만 요구하고 어떤 이는 시장 기능만 외친다. 대체로 대다수는 농업에 관심이 없으며 또는 반도체나 자동차처럼 잘 나가지 못한다고 폄훼와 질책을 한다.

그래서 농업을 제대로 이해하지 못하는 농업 문맹이 만연해 있다. 일평생 한 번도 농업과 농촌을 경험해보지 못한 사람들은 농업의 특성을 제조업과 혼돈하기 쉽다. 세계에서 유래를 찾기 어려울 정도로 제조업 중심의 고도 압축 성장을 경험한 우리나라의 경우는 더욱 그렇다.

국민들이 농업을 제대로 이해하지 못하면 제대로 된 대안을 만들지 못하고 엉뚱한 사회적 합의에만 몰두하게 된다. 농업이 힘든 상황이라면 식량은 전부 수입해서 사다 먹으면 되는 것 아니냐는 주장이 대표적이다.

농업은 공공적 특성과 산업적 특성이 혼재되어 있기 때문에 민간이나 정부 어느 한쪽의 힘만으로는 유지하고 발전시킬 수 없다. 농업의 역할 중에서 식량 안보와 환경보전 임무는 공공재에 가깝지만, 농업 경영체들의 자유경쟁을 유도해서 상품시장이 작동하게 만들어야 하는 측면은 경제재의 영역에 속한다.

농업의 공공재적 특성은 필연적으로 국가의 정책 지원금으로 연결된다. 농업정책이 세금을 납부하는 국민들의 관점과 철학에서 분리될 수 없는 이유다. 미국의 노벨경제학 수상자인 사이먼 쿠즈네츠(Simon Kuznets)가 농업에 대한 국민 전체의 이해가 제대로 서야 한 나라의 농업이 발전할 수 있기에 농업을 선진국 산업이라고 한 이유가 이때문이다.

제조업은 발전하지만 농업은 진화한다

한국의 농업 과학기술은 세계적 수준이다. 전 세계가 부러워하는 품질의 쌀밥과 딸기와 사과를 먹고 있으며, 세계 최고 수준의 프리미엄 우유를 마시고 있다. 원재료와 식단의 다양성도 탁월하다. 우리만 모르는 우리의 일상이다.

한국의 150만 헥타르의 좁은 농지 여건과 50도를 넘나드는 연교차의 기후 조건, 5,000만 명의 인구 규모를 감안하면 이 정도의 농업을 일구었다는 것은 기적에 가깝다. 우리의 농업기술 수준이 높기 때문에 가능했던 업적이다. 거꾸로 어려운 농업 여건이었기 때문에 농업기술은 발전할 수밖에 없었다. 우리가 가진 이러한 농업 기술력을 여러 산업과 접목한다면 농식품 산업은 한국 경제의 수비수는 물론 미드필더 역할까지 충분히 할 수 있다는 것이 전문가들의 중론이다.

유럽의 나라들이 300년에 걸쳐 이뤄온 농업적 진화의 시간을 60년 만에 추격한 게 우리나라의 농업 발전사다. 하지만 모든 압축 성장은 부작용을 동반하듯 우리 농업도 이런저런 부작용에 노출되어 있다. 관에 대한 지나친 의존, 주요 작물의 정치재화, 민간투자 미흡, 영세 소농 구조의 고착화에 이어서 지역 소멸과 고령화 등이 지금 우리 농업을 둘러싼 현주소다.

농업의 현실이 이렇다고 해서 우리 농업의 기술 수준까지 의심해서는 안 된다. 우리의 농업기술은 우리 농업을 위기에서 구원하고 미래 농업을 열어갈 핵심 수단으로 계속해서 장려되어야 한다.

선진국은 농업이 산업적으로 발전한 나라가 아니다. 농업의 특성을 제대로 이해하고 제조업과의 다름을 인지하며, 그 나라 특성에 맞는 농업 철학을 바탕으로 합리적 선택을 해온 나라가 선진국이다. 어느 선진국이든 농업이 전체 GDP에서 차지하는 비중은 고작 1~2%다. 하지만 대다수의 선진국 국민들은 농업의 가치와 산업적 한계를 명확히 이해하고 있다. 농업 경제와 농업정책의 발전 가능성은 결국 국민들의 철학과 선택에 달려 있다.

제조업은 몇몇 스타 기업들이 일궈낼 수 있지만, 농업은 국민들의 수준과 함께 발전해가는 영역이다. 그래서 제조업은 발전하지만 농업은 진화한다. 농업은 제조업처럼 발전 단계를 뛰어넘거나 생략하기 어렵다.

산업을 축구에 비유하면 반도체나 자동차는 공격수이고 농업은 최종 수비수다. 최종 수비수의 임무는 안정적 방어를 통해 공격수의 다득점을 돕는 것이다. 최종 수비수가 공격수처럼 골을 많이 넣겠다고 공만 따라 다니면 동네 축구가 된다. 우리나라의 농업은 기적 같은 발전을 이뤄왔지만 국민들에게 외면당하고 있다. 왜냐하면 농업을 자꾸 반도체나 자동차 같은 산업과 단순 비교하기 때문이다.

네덜란드의 국민들은 농업 전체를 시장에서 풀어내는 선택을 했고, 산으로 둘러싸인 스위스의 국민들은 농업 전체를 정책의 영역에서 풀어내는 선택을 하고 헌법에 명시했다. 우리나라는 네덜란드와 스위스 중간 어디쯤에서 국민적 선택을 해야 하고 그렇게 하고 있는 중이다.

필자는 우리나라가 전 세계에서 가장 반듯한 농업 철학을 공유하고 가장 세련된 선택을 할 수 있기를 바란다. 그러기 위해서는 쉽사리 접하기 어려운 농업, 농촌에 대한 교육과 농업을 경험할 기회가 어려서부터 주어져야 한다.

농업과 농촌은 사람과 절대 분리될 수 없고 분리되어서도 안 된다. 이 책을 통해 농업에 대한 이해를 돕고 농업에 대한 편견과 선입견을 덜어내어 농업이 가지는 본질적 재미와 의미, 산업적 가능성과 학문적 시사점을 선물하고 싶다. 그리고 그 연장선에서 기후변화와 식량 위기에 대한 대중의 경각심도 공유하고 싶다. 식량난은 곧 다가올 미래이기 때문이다.

'농업은 산업인 동시에 기반이다', '농업은 제조업과 다르다', '제조업은 발전하지만 농업은 진화한다', '농업 발전의 경로는 국민적 선택으로부터 나온다', '한국 농업기술은 세계적인 수준이다'와 같은 명제들을 어릴 때부터 널리 교육하여 몸에 익혔으면 좋겠다. 무엇보다 이 책으로 우리 농업에 대한 독자들의 관심과 애정을 반 뼘만큼이라도 키워낼 수 있다면 더 바랄 것이 없겠다.

이주량

차례

1 굶주림과의 투쟁, 식량에서 산업이 되기까지

2 치열하게 돌아가는 글로벌 식량 산업

3   왜 어떤 나라는 풍족하고 어떤 나라는 굶주리는가

7 현대 농업은 연구 전쟁, 종자부터 GMO, 농약, 유기농까지

10   우리가 모르는 K-농업의 잠재력

굶주림과의 투쟁,
식량에서 산업이 되기까지

1

지금까지 인류가 개발한 과학기술 중에서 10억 명을 살릴 수 있는 기술은 농업 과학기술이 거의 유일하다. 농업과학기술의 연구 과정과 결과물의 기술적 복잡성, 난이도는 달 탐사나 반도체 산업에 뒤지지 않는다.

세계 농업이 오늘날의 현대식 농업 구조를 갖추게 된 것은 200년쯤 전이다. 농업이 시작된 1만 년 전부터 지난 200년 전까지 인간이 농업에서 이룬 발견이라고는 초라한 수준이었다. 충분하지 못한 식량은 전쟁과 침략의 원인이 되었고 신분이 높거나 재산이 많은 극소수를 제외한 대다수는 굶주림의 고통과 식량 부족의 공포에서 자유롭지 못했다.

열매가 맺지 않으면 죽는 세상에서 살아남는 법

11세기부터 17세기까지 세계 농업을 지배한 기술은 삼포식(三圃式, Three Field System) 농업이었다. 그 시대 사람들은 같은 작물을 같은 자리에 반복해 심으면 작물이 잘 자라지 않는다는 아주 단순한 원칙을 발견했다. 지금은 잘 알려진 연작장애(連作障礙)라는 것인데, 연작장애는 같은 작물을 같은 자리에서 계속 키우면 토양 내 특정 양분만 집중적으로 빠져나가 토양 미생물의 조성이 변하게 되는 것이 주요 원인이다.

당시 사람들은 원인은 알지 못했지만 단순한 방법으로 문제를 풀었다. 농경지를 세 개로 나누어서 두 곳만 사용하고 나머지 한 곳은 휴경지로 두는 돌려짓기(윤작, 輪作) 체제를 택한 것이다. 이렇게 하면 농경지의 30% 정도는 사용하지 못하지만 세 곳에서 동시에 경작하는 것보다 수확량은 많고 안정적이었다.

삼포식 농업기술은 원래 고대 중국의 동주(東周) 시대에 처음 도입되었다가 11세기 무렵 중세 유럽으로 전파되었다. 삼

삼포식 농업

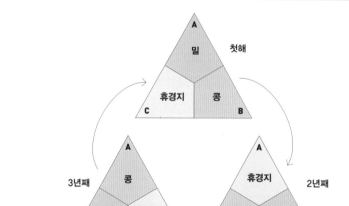

포제하에서 중세 유럽의 농경지는 세 개의 큰 밭으로 나뉘었다. 첫 번째 밭에는 가을에 겨울밀이나 호밀을 심고, 두 번째 밭에는 완두콩, 렌즈콩, 콩과 같은 작물을 심었으며, 세 번째 밭은 휴경지로 남겨두었다.

첫 번째 밭에 심어진 곡물은 토양의 질소를 고갈시키지만, 두 번째 밭에 심어진 콩과 작물은 질소를 고정하여 토양을 비옥하게 만들었다. 물론 당시 사람들은 그 이유를 알지 못했다. 그동안 휴경지에는 잡초가 무성해졌고 이는 가축들을 방목하는 데 이용되었다. 방목 가축들의 배설물이 밭의 토양을 비옥하게 하여 토양은 영양분을 되찾았다. 작물 할당과 휴경은 3년 주기로 교대로 이루어졌다.

삼포식 농업으로 600년이 흘러가는 동안에도 농업과 작물에 관한 새로운 과학적 발견은 거의 없었다. 하지만 농업 노동력 관점에서 유럽의 농노와 지주의 관계가 식민지 신대륙으로 옮겨가서 플랜테이션(plantation) 농업으로 이어졌다. 플랜테이션 농업이란 16~17세기 서구 제국의 식민지 농업 개척 과정에서 본국의 자본과 기술이 현지 원주민의 값싼 노동력과 결합하여 기호품과 공업 원료를 단일 경작하는 기업적인 농업 경영 방식을 말한다.

플랜테이션의 작물은 무역품으로서 가치가 높은 고무, 차, 삼, 커피, 카카오, 사탕수수, 바나나, 담배 등이었다. 본국에서의 고단했던 농노의 삶은 그대로 침략지의 원주민에게 전달됐다. 그 시절 농업은 상상 이상으로 감내하기 어려운 악성 노동이었고 열대 지역의 농업 노동은 더욱 그러했다. 침략자의 압도적 경제력과 군사력이 있었기에 원주민에게 고된 노동을 강요하고 플랜테이션 농업을 지탱할 수 있었다.

플랜테이션 농업에서 발생하는 막대한 수익은 유럽 본토의 사치와 향락을 지탱하는 자양분이 되었다. 2차 세계대전 종식 이후 플랜테이션 농업과 수탈에 앞장섰던 침략국의 조직과 방법론이 오늘날 국제 원조 기구의 전신이 되는, 이른바 간판 바꿔 달기의 전형이 되는 역사의 아이러니도 있었다.

그렇게 또 시간은 흘렀고 드디어 1차 산업혁명이 시작됐다. 잘 알려진 것처럼 1차 산업혁명은 1750년부터 1830년까지 80년의 혁명적 기술 발전의 기간이다. 증기기관의 발명으로 인력, 축력(畜力), 자연력과 상관없는 제4의 동력인 내연기관이 인간의 손에 쥐어졌다.

내연기관을 선물받은 인간은 신에게서 불을 훔쳐온 프로메테우스와 다름없었다. 방직기계와 철도를 만들었고 곧이어 장거리 대형 선박과 자동차가 등장했다. 그리고 인류 최초의 트랙터가 만들어졌다. 트랙터의 등장은 700년 삼포식 농업의 종언을 고하고 새로운 농업혁명을 알리는 서막이었다.

16~17세기부터 시작된 플랜테이션 농업은 서양의 자본·기술과 아열대 원주민의 값싼 노동력이 결합된 형태로, 상품가치가 큰 작물을 재배하여 유럽엔 큰 부를 안겨주었지만 침략지의 식량 부족과 노동 착취, 환경 파괴 등 다양한 문제를 불러왔고 이 문제는 현재도 진행 중이다.

트랙터의 탄생, 생존 농업에서 상업 농업으로

증기기관을 탑재한 세계 최초의 트랙터는 리처드 트레비식(Richard Trevithick)과 올리버 에번스(Oliver Evans)에 의해 1850년경 영국에서 개발되었다. 하지만 증기기관을 이용한 트랙터는 너무 고장이 잦아 널리 보급되지 못했다. 게다가 지나치게 무거운 탓에 오히려 땅을 굳게 하고 작물의 성장

트랙터의 등장으로 인류는 고통스러운 농업 노동에서 해방되었다. 이렇게 농업에서 벗어나게 된 여유 노동력은 제조업과 서비스업의 발전으로 이어졌다.

을 방해했다. 상용화에 성공한 현대식 트랙터는 1892년 미국 아이오와주에 살던 독일계 미국인 기술자 존 프뢸리히(John Froelich)가 개발했다. 그는 가솔린 엔진을 탑재한 트랙터 개발에 성공하여 현대 트랙터의 창시자가 되었다. 트랙터의 등장 이후 얼마 지나지 않아 1911년에는 미국 홀트사가 최초의 기계식 수확기인 콤바인을 개발했다.

왜 세계 농업사에서 트랙터가 중요할까? 농사를 지으려면 모종이나 짚단 같은 무거운 짐을 나르거나, 농기구를 끌며 밭을 갈고 물과 농약을 주고 탈곡해야 하는 엄청난 노동력이 필요하다. 트랙터는 이 모든 것을 가능케 하는 특수 자동차다. 오늘날에도 농기계를 운영하는 방식은 초기 트랙터의 사용법과 크게 다르지 않다. 트랙터가 플랫폼 역할을 하는 동력체가 되고, 여기에 다양한 작업기를 붙여서 여러 가지 농작업을 수행하는 것이다.

트랙터에 붙는 작업기는 농작업의 목적과 농지의 특성에 따라 셀 수 없을 만큼 종류가 많다. 근권(根圈, 뿌리 부근)을 부드럽게 하고 땅속 수분을 관리할 목적으로 흙을 뒤집는 경운(耕耘)부터 씨뿌리기, 이랑과 고랑 만들기, 농약 주기, 중간 물주기, 멀칭 비닐 덮기(고추나 상추 같은 농작물을 재배할 때 토양 표면을 비닐로 덮어주는 일) 등 거의 모든 농작업에서 트랙터는 필수다. 500마력 트랙터의 3미터 높이 운전석에 앉아서 끝이 보이지 않는 광활한 농지의 일출과 석양을 바라볼 때의 경외감이 솟는 기분은 경험해보지 않은 사람은 짐작하기 어렵다.

캠브리지대학의 장하준 교수는 그의 저서 『그들이 말하지 않는 23가지』에서 세탁기의 발명이 여성들의 사회 진출과 인권 향상에 크게 기여한 점에서 인터넷보다 세탁기가 더 혁명적인 발명품이라고 주장했다. 같은 맥락에서 트랙터의 등장은 현대 농업 탄생의 일등 공신이다. 트랙터의 등장은 농장이 규모화될 수 있는 토대를 마련했고 이전까지 인류가 경험하지 못했던 미국식 대형 농장과 소련식 집단농장이라는 새로운 농업 방식을 가능케 했다.

트랙터 덕분에 가축(역축, 役畜)은 농업 노동에서 해방되었고, 이는 곧 축산업 발전으로 이어졌다. 트랙터 등장 이전에는 한 명의 농부가 자기 가족이 겨우 먹고 살 정도의 식량을 생산할 수 있는 생존 농업이었는데, 트랙터의 보급은 농부 한 명이 먹여 살릴 수 있는 인구수를 10배 이상 끌어올려 상업 농업으로 전환시켰다. 농부의 수는 10분의 1로 급감할 수 있었고 농업의 인력 의존도가 낮아지면서 여유 인력이 공업과 서비스 분야로 진출하게 되었다. 트랙터의 등장이 현대 농업 혁신을 촉발하고 제조업과 서비스업의 발전으로까지 이어진 것이다.

무엇보다 트랙터의 개발로 인간은 광활한 농토에 두려움

밀벨트

콘벨트

쌀벨트

비슷한 기후와 지리 조건을 가진 미국의 농업 벨트는 비슷한 위도선을 따라 형성, 확장되었다. 가장 넓은 밀벨트는 캐나다 중부부터 텍사스 중부까지 뻗어 있으며 콘벨트는 미국 오대호 연안의 시카고를 중심으로 중서부 지역에, 쌀벨트는 아칸소주 등 남부 네 개의 주에 걸쳐 위치한다.

없이 맞설 수 있게 되었고, 전 세계적으로 본격적인 신규 농지의 개간과 확장이 이루어질 수 있었다. 미국 중부의 유명한 콘벨트(Corn Belt)와 밀벨트(Wheat Belt), 쌀벨트(Rice Belt)도 모두 트랙터가 있었기에 만들어질 수 있었다. 트랙터는 농업의 기계화와 농지의 확장이라는 두 가지 측면에서 지금의 풍성한 식탁을 만들어준 첨병이 되었다.

또 트랙터는 1, 2차 세계대전을 거치면서 진화와 발전을 거듭했다. 트랙터에 두꺼운 강철을 두르고 포신을 얹으면 탱크가 되었다. 트랙터와 탱크는 동전의 양면처럼 영향을 주고받으면서 기술 성장을 거듭했다. 탱크에서 바퀴 대신 사용하는 무한궤도(캐터필러)도 트랙터에서 차용한 기술이다.

트랙터의 등장으로 생긴 농업 문제도 많다. 트랙터의 고장과 사고, 트랙터 구매를 위한 고액의 부채, 토질의 압착 등 새로운 장벽들이 농업인 앞에 나타났다. 무엇보다 트랙터와 농업기계는 가축과 달리 분뇨를 배출하지 않기 때문에 대량의 비료를 농장 밖에서 구매하게 되어 농장 내의 자원 순환을 단절시키는 결과도 초래했다.

트랙터 보급 이전에 동서양을 막론하고 가축의 핵심 임무는 두 가지였다. 하나는 농업 노동을 거드는 역축이 되는 것이고 다른 하나는 분뇨를 배설하여 양질의 비료를 제공하는 것이었다. 짐승을 뜻하는 한자인 축(畜) 자는 분뇨를 뜻하는 검을현(玄) 자와 밭전(田) 자가 결합한 회의문자다. 문자만 봐도 옛 선조들이 가축의 분뇨가 농경지를 기름지게 하는 걸 얼마나 중요하게 생각했는지 가늠이 된다. 지금처럼 가축을 온전히 먹기 위한 목적으로 기르기 시작한 것과 공장식 축산을 시작한 것은 그리 오래되지 않았다.

거름의 생태경제학

18~19세기까지 유럽에는 거름을 관리하고 처리하는 직업이 있었다. 당시 도시는 사람은 늘어났지만 하수처리 시설이 없어서 인분을 처리하는 것이 큰 문제였다. 반면에 농촌에서 인분은 질소와 인, 칼륨이 풍부한 우수한 비료로, 식량 생산을 위해 없어서는 안 되는 거름이었다. 전문 작업자들이 길거리와 건물에서 인분을 수거해 밤 사이에 농촌으로 날랐고 그대로 거름으로 쓰였기 때문에 밤거름(night compost)이라고도 불렀다.

농촌에서 식량을 생산해 도시로 보낼수록 농촌의 토양 속 양분은 수탈된다. 가축의 분뇨가 그 역할을 했지만 일부에 불과했다. 대부분의 식량을 사람이 먹는 탓에 가축 분뇨만으로는 거름의 총량이 부족했던 것이다. 물질 순환 관점에서 토양 속 양분을 계속 채워 넣어야 하기 때문에 도시의 인분은 토양 생태계에 중요한 역할을 했다.

그러다 19세기 후반부터 도시에 하수처리시설이 본격적으로 도입되고 악취와 위생 문제로 인분 수거가 금지되면서 밤거름은 자연스레 자취를 감추었다. 사람들이 인분을 하수시설을 통해 강과 바다로 흘려보내자 강과 호수 그리고 연근해가 오염되었고, 그 부작용이 속출했다. 인분 속의 과도한 질소와

인이 문제였다.

하지만 얼마 지나지 않아 정화처리시설이 추가된 하수도가 보급되면서 도시의 미관과 경관은 깔끔해질 수 있었다. 하지만 진짜 문제는 다른 곳에 있었다. 식량은 계속해서 도시로 공급되는데 도시로부터 거름이 공급되지 않자 도시와 농촌 사이의 물질 순환 고리가 끊어져버린 것이다. 도시와 농촌의 단절된 고리를 연결하기 위해서는 제3의 공간에서 새로운 물질이 필요했다.

구아노와 초석으로 대표되는 자연산 비료가 사라진 거름의 자리를 대신했다. 구아노는 바닷새의 배설물이 수백 년에 걸쳐 쌓여서 거대한 층을 이룬 천연 비료 덩어리로, 높은 함량의 질소, 인산, 칼륨을 함유하고 있어 훌륭한 비료 효과를 발휘한다. 19세기에 구아노는 주요 무역품이 되었고, 페루와 칠레 연안의 섬에서 대량 채취되어 대서양을 건너 유럽의 농촌으로 향했다.

초석은 훌륭한 천연 질소비료다. 칠레 북부 아타카마사막 지역에 광범위하게 매장되어 있었는데, 이 지역의 건조한 기후 덕택에 고대로부터 토양에 축적되어왔다. 초석은 물에 녹는 성질이라 안데스산맥에서 발원되는 강에 녹아 이동하기 때문에 하류에서도 채취가 가능했다.

초석은 19세기부터 페루와 칠레 지역에서 대량 채굴되어

남미의 강우량이 적은 지대에서 바닷새의 배설물이 응고, 퇴적된 구아노는 잉카제국 시기에도 귀한 자원으로 취급되어 바닷새를 포획하거나 죽이면 사형에 처해지기도 했다. 현재도 구아노는 고급 관상식물이나 채소밭용 비료로 고가에 판매된다.

세계 각지로 반출되었다. 현대식 비료 제조법이 발명되기 전까지 구아노와 초석은 단절된 도시와 농촌의 물질 순환을 연결하는 훌륭한 천연비료 역할을 수행했다. 구아노와 초석은 농업 생산에서 없어서는 안 될 필수 투입재가 되었고, 무역업자들은 막대한 부를 벌어들였다. 유럽과 미국은 국가 차원에서 구아노와 초석을 확보하기 위하여 남미 국가들과 전쟁도 마다하지 않을 정도였다.

현대에 들어서 구아노는 하버보슈법으로 생산된 질소비료가, 초석은 인회석을 가공한 인산비료가 그 자리를 대신하고 있다. 우리는 인식하지 못하지만 도시와 농촌 사이의 물질 순환의 고리는 그렇게 가까스로 연결되고 있다.

질소를 땅에 넣자 기아에서 벗어나다, 비료의 등장

트랙터와 탱크처럼 농약과 독가스, 질소비료와 폭약도 농업과 전쟁의 상호작용으로 발전한 이중 사용(Dual Use) 기술이다. 독일의 화학자 프리츠 하버(Fritz Haber)가 개발한 질소비료 사례가 대표적이다. 질소는 공기 구성 성분의 78%나 차지하는 으뜸 원소이지만 땅속에는 항상 질소가 부족했다. 식물의 3대 영양소인 질소와 인산, 칼륨(N, P, K) 중에서 인산과 칼륨은 분뇨와 사체, 동식물의 부산물을 통해 그럭저럭 조달할 수 있었지만 질소는 그렇지 못했다.

프리츠 하버는 카를 보슈(Carl Bosch)와 함께 공기를 고온, 고압에서 압착하면 암모니아를 거쳐 질소비료를 만들 수 있다는 하버보슈법을 발명했다. 그의 발명으로 인간은 농업을 시작한 지 1만 년이 지나서야 공기 중의 질소를 토양 속으로 밀어 넣는 데 성공했다. 질소비료의 탄생으로 작물의 생산성

"공기로 빵을 만들어냈다"고 평가받는 질소비료는 인류의 농업 생산을 폭발적으로 발전시켰다. 지구 인구의 절반은 하버 공정에 따른 농업에 의존하고 있다고 해도 과언이 아니다.

은 폭발적으로 증가했고 인류의 굶주림은 빠르게 해소될 수 있었다. 프리츠 하버는 대기 중의 질소를 이용해 암모니아를 합성해낸 공로로 1918년도 노벨화학상을 수상했다.

하지만 하버의 질소고정 기술은 폭약 제조에도 활용되었다. 질소는 모든 폭약의 핵심 성분이었기 때문이다. 『화려한 화학의 시대』의 저자 프랭크 A. 폰 히펠에 따르면 2차 세계대전의 마지막 해에 질소를 고정하는 하버 공정으로 독일에서 생산된 질소 화합물의 양은 20만 톤이 넘었다고 한다. 독일의 항복은 그만큼 늦어졌고 2차 세계대전은 늘어졌으며 사상자도 증가했다.

무엇보다 하버는 독일군에 협력해 독가스(염소가스)를 개발했고 그가 만든 독가스는 유대인들의 마지막 들숨이 되었다. 프리츠 하버는 질소비료의 발명으로 인류 역사상 가장 많은 사람을 살린 동시에 독가스와 폭약으로 가장 많은 사람을 죽인 전무후무한 과학자로 남게 되었다.

공기 속의 질소를 땅속에 넣자 인류의 굶주림은 거짓말처럼 해소되었지만, 지금은 그 질소가 다시 새로운 문제의 원인이 되고 있다. 과다한 비료 사용은 기후변화와 온실가스의 주요 원인이다. 작물이 흡수하고 남은 질소비료는 토양에 남는다. 토양에 남은 질소비료는 토양에서 아산화질소(N_2O)라는 강력한 온실가스를 생성한다. 아산화질소는 이산화탄소보다 250배 이상 강력한 온실 효과를 발생시킨다.

토양 속 질소비료는 지하수나 하천으로 스며들어 강을 거쳐 바다로 향한다. 물에 녹은 질소비료는 조류와 해조류가 급격히 번식하는 부영양화 현상의 원인이 되고 수중 생물들이 사는 환경도 악화된다. 여름철에 우리나라 강이나 하천에서 심심치 않게 보이는 녹조라테의 원인 중에는 질소비료의 과도한 사용도 포함된다.

인류는 1만 년 만에 질소를 땅속에 넣는 기술을 개발하여 드라마틱하게 굶주림을 해소했지만, 다시 땅속의 질소를 공기 중으로 내보내는 기술은 아직 개발하지 못했다. 인류가 땅속 질소를 다시 공기 중으로 돌려보내는 기술을 개발하는 데 앞으로 얼마나 많은 시간이 필요할지는 현재로선 아무도 알지 못한다.

현대 농업의 질적 성장, 진화론과 유전학의 탄생

산업혁명이 무르익고 트랙터가 보급되는 시대의 농업 발전은 주로 물리 기계적 원리에 기반한 혁신이었다. 그런데 이 시기에 생물화학적으로도 유의미한 농업기술의 진전이 싹트고 있었다. 주인공은 찰스 다윈(1809~1882)과 그레고어 멘델(1822~1884)이었다.

둘은 같은 시기를 살고 비슷한 연구를 발전시켰지만 서로의 존재를 알지 못했다. 영국인 찰스 다윈은 영어를 썼고 오스트리아에서 태어난 그레고어 멘델은 독일어를 사용했다. 그레고어 멘델이 생애 마지막 즈음에 찰스 다윈에게 자신의 연구 결과를 편지로 전달했다고 하지만 찰스 다윈이 받았다는 흔적은 없다. 그레고어 멘델의 유명한 세 가지 유전법칙(우열의

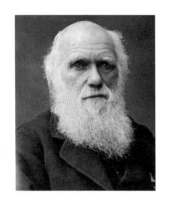

다윈(왼쪽)의 진화론과 멘델(오른쪽)의 유전법칙은 농업의 질적 성장에 기폭제가 되었다.

법칙, 분리의 법칙, 독립의 법칙)은 그가 죽고 35년이나 지난 후에 세상에 알려졌다.

　찰스 다윈은 영국의 생물학자이자 지질학자다. 다윈은 1859년 그의 저서 『종의 기원』을 통해 모든 종은 공통의 조상으로부터 진화했고 자연선택을 거쳐 적자가 생존해왔다는 진화론을 주장했다. 그의 진화론은 코페르니쿠스의 지동설만큼이나 세상을 놀라게 했다. 창조설에 익숙해져 있던 시대에 진화설을 들고나왔으니 얼마나 파격적이었을지 충분히 짐작 가능하다. 다윈은 5년간 비글호를 타고 전 세계를 다니며 수집한 물적 증거를 이론과 함께 조목조목 제시했다.

　그의 진화론은 창조론과 보완적 관계에서 과학계와 많은 대중에게 빠르게 받아들여졌다. 갈릴레오 시대와는 다르게 일반 대중의 과학적 지식이 크게 발전해 있었고 신학의 권위가 과거와 같지 않았던 시대였기 때문에 가능한 일이었다.

움직이는 것은 태양이 아니라 지구라는 코페르니쿠스적 전환이 생물학계에서도 시작되었다. 이때부터 과학자들 사이에서는 창조가 아닌 진화라면 인간의 지식과 노력으로 생물의 진화 원리를 밝혀내고, 어쩌면 진화의 첫 단계인 생물 유전에 관한 개입도 가능할 것이라는 믿음이 생겨나기 시작했다.

생물 유전에 대한 개입은 오스트리아의 식물학자이자 아우구스티노회의 사제였던 그레고어 멘델에 의해 시작됐다. 멘델은 수도원 뒤뜰 작은 정원에서 7년간의 실험을 통해 1862년 '멘델의 법칙'을 발표했다. 선대 완두콩의 교배만으로 후대 완두콩의 크기와 색깔을 조절할 수 있다는, 교과서에 실린 바로 그 법칙이었다. 그가 발견한 우성과 열성, 유전과 교배, F1(잡종 1세대, Filial 1st generation)의 개념은 오늘날까지도 종자 개량의 알파벳이 되는 유전의 기본 원리가 되었고 유전학의 시초가 되었으며 현대 농학과 원예학, 식물학에 엄청난 영향을 미쳤다.

하지만 그의 연구는 그가 살아 있는 동안에는 제대로 인정받지 못했고 1900년대에 들어서야 재조명을 받게 되었다. 좀더 정확하게는 당시 사람들은 이 엄청난 법칙을 어디에 사용하면 좋을지 알지 못했다. 과학자들이 그의 유전법칙을 제대로 활용하는 데 50년의 시간이 걸린 것이다.

멘델의 유전법칙은 개체 단위에서 육종의 기본 원리가 되어 전통 육종을 이끌었다. 1953년 제임스 왓슨(James Watson)과 프랜시스 크릭(Francis Crick)이 DNA와 이중 나선 구조를 발견하고 개체를 지배하는 유전체 단위의 접근이 이루어지기 전까지 멘델의 개체 단위 접근은 인간이 가질 수 있는 유일한 육종 통로였다.

우장춘 박사가 한국에 남긴 축복

찰스 다윈의 『종의 기원』에 필적한 업적을 가진 위대한 농학자는 『종의 합성』의 주인공인 한국인 우장춘 박사다. 우장춘 박사의 이야기는 그야말로 대하드라마다. 그의 개인사는 한국의 근현대사와 맞물린 한 편의 장편 서사시로 지금까지 드라마나 영화로 만들어지지 않은 것이 의아할 정도다.

그의 아버지 우범선은 조선에서 훈련대대장을 역임하던 중 일본인 자객들과 함께 공모하여 명성황후를 시해한 후 일본으로 도망쳤다. 역적의 아들 우장춘은 일본 도쿄에서 태어나 사찰과 보육원을 전전하며 갖은 고생을 하다 도쿄제국대학에서 한국인 2호로 농학박사를 받았다.

1956년 부산의 중앙원예기술원 화훼온실에서 우장춘 박사(오른쪽에서 두 번째).

　일본에서 태어나 온갖 고초를 겪으면서도 한국 국적을 포기하지 않았고 자신의 천재성을 나라에 헌신한 애국자로 살았지만, 막상 한국에서는 을미사변에 가담했던 아버지 우범선의 행적과 한국말에 어눌하고 한일 혼혈이라는 이유로 평생 정치적 냉대를 받았다. 일본은 우장춘을 대마도와도 바꾸지 않겠다고 할 정도로 우장춘의 업적과 능력을 인정했지만, 세계 최고 수준의 농학자로 성장한 우장춘은 자신의 학문적 업적 쌓기를 포기하고 한국으로 돌아와 한국의 육종학과 농업 발전의 기틀을 다졌다.

사진: 농촌진흥청

1959년, 타계하기 전 우장춘 박사의 모습과(위) 광화문 광장에서 치러진 그의 영결식 모습(아래). 우장춘 박사는 당시 한국이라는 나라보다 외국에서 더 알려진 한국인 과학자로 그가 한국 국적이 아닌 일본 국적을 선택했더라면 노벨상도 충분히 받았을 것이라는 것이 동시대 과학자들의 공통된 증언이다.

우장춘이 한국으로 돌아와 1959년 사망할 때까지 한국에서 활동했던 기간은 10년 남짓이지만, 우장춘이 이뤄낸 업적은 놀라울 정도다. 농가 수익이 높은 벼와 감자, 무를 개량했고 특히 당시 길쭉하고 날씬했던 전통 배추와 양배추를 교배해 한국 토양에 맞는 통통한 배추를 개발했다.

제주도와 거제도 등 남부 지역에서 귤 재배 가능성을 시험하고 제주도에 감귤 농업을 제안해 우리나라 감귤 산업의 시초가 된 사람도 우장춘 박사다. 국립원예특작과학원의 전신인 원예연구소를 설립해 초대 소장으로도 역임했다. 그는 이승만 대통령의 지시로 농림부 장관에도 내정되었으나 이를 거절하고 평생을 묵묵히 농업과학자로 헌신했다.

우장춘의 헌신으로 대한민국에 현대 농업기술이 도입되었고 피폐해진 한국 국토에 농업 연구의 초석이 마련되었다. 그가 있었기에 우리 국민들은 점차 기아에서 벗어날 수 있었다. 대한민국 정부도 그의 업적을 기려 사망 직전에 대한민국 문화포장을 수여했고, 그의 장례는 정부 수립 이래 최초의 대한민국 사회장으로 엄수됐다.

비운의 조선인 천재 우장춘이 이룬 학문적 업적은 압도적이다. 우장춘은 1935년 「배추속 식물에 관한 게놈 분석」이라는 박사 학위 청구 논문을 통해 '종의 합성' 이론을 제시했다. 배추와 양배추의 교잡을 통해 유채를 만들고 그 과정을 유전학적으로 규명함으로써 종 간 잡종과 종의 합성이 실제로 일어날 수 있음을 밝힌 것이다. 그의 연구 업적은 그때까지 유전학 이론을 지배했던 다윈의 진화론과 멘델의 이론을 수정하는 큰 파장을 일으켰다.

그는 당시 한국이라는 나라보다 외국에서 더 알려진 한국인 과학자로서 그의 과학 이론은 한국인의 이름으로는 최초로 해외 과학 교과서에 실리기도 했다. 그가 한국 국적이 아닌 일본 국적을 선택했더라면 노벨상도 충분히 받았으리라는 것이 동시대 과학자들의 공통된 증언이다.

이러한 빛나는 성과에도 우장춘의 업적이 일반 국민에게 잘못 알려져 있어 안타깝다. 대표적인 것이 '씨 없는 수박'을 만든 사람이 우장춘 박사라고 알려져 있는 것인데 이는 사실과 다르다. 당시에는 낯설었던 농업생명공학의 개념을 일반 대중에게 쉽게 알리기 위해 일본인 기하라 히토시 박사가 개발한 '씨 없는 수박' 사례를 소개한 것일 뿐, '씨 없는 수박'과 관련한 그의 에피소드는 그의 업적 중 극히 일부에 지나지 않는다. 그가 한국은 물론 세계의 현대 농업 발전에 미친 영향은 생각보다 훨씬 더 위대하며, 만약 그가 없었더라면 우리나라의 식문화는 지금과 많이 달랐을 것이다.

인류의 굶주림을 해결한 녹색혁명의 핵심, 왜성 유전자

지금까지 인류가 개발한 과학기술 중에서 10억 명을 살릴 수 있는 기술은 농업과학기술이 거의 유일하다. 우리의 인식과 달리 농업과학기술의 연구 과정과 결과물들의 기술적 복잡성과 난이도는 달 탐사나 반도체 산업에 뒤지지 않는다. 이런 면에서 20세기에는 반도체, 정보통신, 자동차 등 엄청난 과학적 업적이 쏟아져 나왔지만, 수십억 인류를 굶주림에서 해방시킨 농업기술은 인간이 만든 가장 위대한 기술로 칭송받을 자격이 있다.

그중 '녹색혁명(Green Revolution)'은 세계 농업 생산량을 획기적으로 늘린 사건이다. 1940년대 미국의 과학자이자 농학자인 노먼 볼로그(Norman Borlaug) 박사가 밀 품종을 개발해 수확량을 폭발적으로 늘린 것을 녹색혁명의 시작으로 본다. 볼로그 박사는 최소 세계 10억 명 이상의 사람들을 기아에서 구한 것으로 평가받고 있다. 그리고 그 공로로 1970년 노벨 평화상을 받았다.

녹색혁명은 세계적으로 식량 생산량을 급증시키고 식량 부족 문제를 해결하는 데 큰 역할을 했다. 녹색혁명으로 멕시코와 미국은 밀 수입국에서 수출국이 됐으며, 기근에 시달리던 인도는 세계 최대의 쌀 생산국이자 수출국으로 탈바꿈했다.

우리나라의 굶주림을 해결해준 '통일벼' 역시 녹색혁명의 결과다.

20세기 중반만 해도 전 세계의 식량 부족은 심각한 편이었다. 2차 세계대전으로 유럽의 농경지는 물론 러시아의 서쪽 곡창지대인 지금의 우크라이나 지역은 제 기능을 할 수 없었다. 남미의 농경지는 현재의 모습을 갖추기 이전이었다.

두 번의 세계대전과 전간기(1, 2차 세계대전 사이의 20년 동안의 시기)를 거치면서 세계에서 유일무이한 식량 공급국으로 성장한 미국이 무역과 원조의 복합적 행태로 세계의 식량 창고 역할을 자처했지만 역부족이었다. 당시 농업기술과 작물 생산성은 취약한 수준이었고 남미와 동유럽, 호주의 식량 생산 기반은 충분하지 못했던 반면, 전쟁 종식과 식민지 해방으로 전 세계 인구는 빠르게 증가했기에 식량난은 더욱 가속화되고 있었다.

녹색혁명은 1940년대 멕시코의 밀 혁명에서 시작되어 남

아시아와 동남아시아의 쌀 혁명을 거쳐 1980년대 후반까지 아프리카를 제외한 전 세계로 확산되었다. 녹색혁명 이전의 전통 작물들은 단위 재배 면적당 수확량이 낮은 저수량 품종이 대부분이었고 병충해에 취약했다. 그리고 전통 작물의 키는 쓸데없이 크기만 했다. 작물의 키가 크면 토양의 영양분이 열매인 낟알에 전달되기 전에 줄기의 수직 생장에 사용되기 때문에 낟알의 수량과 품질은 나빠지고, 바람과 강우 등 자연재해 때 쉽게 쓰러지는 단점이 있다.

녹색혁명의 주요 지도자 중 한 명이었던 노먼 볼로그 박사는 멕시코 전통 밀에 왜성(矮性) 유전자를 도입하는 방식으로 밀의 크기는 작게 하고 수확량은 높이는 데 집중했다. 왜성이란 생물의 크기가 그 종의 평균보다 훨씬 작게 자라는 특성을 말하며, 왜성 유전자란 여기에 관여하는 유전자다. 왜성은 곡물과 같은 작물을 더욱 생산적으로 만드는 기본 전략이며 농학과 원예학에서 큰 장점이 된다. 하지만 작물을 왜성으로 만드는 방법은 결코 녹록지 않다. 노먼 볼로그의 업적은 쉽게 말해서 '난쟁이 밀'을 만든 것이다.

새로운 작물을 육종하기까지는 시간도 많이 걸린다. 농작물은 종자를 심어서 싹을 틔우고 생육해서 다시 다음 종자를 얻는 데까지 걸리는 시간, 즉 '작기'라는 것이 있어서 한 번의 작기 동안 한 번의 실험만 할 수 있나. 하나의 곡물 종자를 개발하는 데 최소 15~20번의 작기가 필요하다. 물론 매번 성공이 보장되는 것도 아니다.

볼로그 박사는 아메리카 대륙의 북반구인 미국과 남부 멕시코를 번갈아가며 1년에 두 번 밀을 심는 '셔틀 육종법(교환육종, Shuttle Breeding)'을 고안하여 품종 개발 시간을 2배 앞당겼다. 바로 '스피드 브리딩'이라는 세계 최초의 '밀 세대 단축 기술'이다. 미국과 남부 멕시코의 두 지역은 거리 1,000킬로미터, 위도 10도, 고도 2,600미터의 차이가 나서 매우 다른 기후 조건을 가진 곳이었다. 그 덕분에 이렇게 서로 다른 기후 조건에서 개발된 최종 품종은 멕시코는 물론이고 전 세계 다른 지역에서도 병충해 내성이 강했고 적응력도 좋았다.

볼로그 박사의 셔틀 육종법은 우리나라의 통일벼를 개발하는 데도 적용되었다. 통일벼의 개발은 한국의 농촌진흥청과 서울대, 필리핀의 국제미작연구소(International Rice Research Institute, 이하 IRRI)의 공동 노력으로 이루어졌다.

양국 연구진은 긴밀히 협력하며 유전자원과 연구 정보를 교환하면서, 생태조건이 서로 다른 지역인 경기도 수원과 필리핀에서 동시에 품종을 개발하는 셔틀 육종법을 활용해 통일벼를 탄생시켰다.

녹색혁명이 전 세계로 퍼져나갈 수 있었던 배경에는 국제농업연구소가 중요한 역할을 했다. 1971년 UN은 세계 농업기술 발전을 위해 국제농업개발연구자문기구(CGIAR)를 설립하여 작물의 고향이나 주산지에 국제 농업연구소를 설립했다. 국제옥수수밀연구소(CYMMYT)는 멕시코에, IRRI는 필리핀에, 국제감자연구소(CIP)는 페루 등 전 세계 작물의 고향과 주산지 15개 곳에 연구소가 설립되었다.

지금 현재도 CGIAR 소속의 15개 연구기관은 인류에게 균형 잡힌 영양과 지속 가능한 식량 공급을 위해 전 지구에 걸친 연구를 성실히 수행해나가고 있다.

치열하게 돌아가는
글로벌 식량 산업

—

2

브라질 산타렝 지역 항구에 있는 카길 기업 소유의 대두 터미널 모습. ABCD 로 불리는 거대 곡물 메이저 기업은 CIA 를 능가하는 정보 수집과 전략으로 전 세계 농업 가치사슬의 상류부터 하류까 지 장악하고 있다.

전 세계 곡물의 80%는 ABCD로 불리는 거대 곡물 메이저 기업에 의해 교역이 이루어진다. ABCD는 세계 농업 및 곡물 시장에서 주요한 역할을 하는 대형 기업 그룹으로 모두 100년이 넘는 역사를 자랑한다.

ABCD는 '아처 대니얼스 미들랜드(ADM, 미국)', '벙기(Bunge, 미국)', '카길(Cargill, 미국)', '루이 드레이퓌스(Louis Dreyfus, 유럽)'의 앞 글자를 따온 것이다. 이들 기업은 농업과 곡물은 물론 가공, 운송, 금융과 관련된 다양한 사업을 펼치며 세계 식량 시장에서 막강한 영향력을 행사하고 있다.

세계 식량의 패권을 쥔 글로벌 기업 이야기

ABCD 기업들은 모두 설립 초기에 큰 창고를 지어 곡물을 사들이고 이를 여러 곳으로 보내 교역하고 가공하는 것에서 시작했다. 처음에는 곡물의 운송, 교역, 가공 중 한 곳에 특화되어 시작하다 점차 리스크는 줄이고 부가가치를 높이는 방향으로 사업을 확장하면서 오늘날의 거대 농업 기업의 모습을 갖추었다. 이 과정에서 네 기업 모두 세계 각지에 곡물을 수집하고 저장하며 운송, 선적, 하역, 가공, 유통할 수 있는 엄청난 인프라를 갖추게 되었다. 또한 세계 최고의 곡물 트레이딩 인력을 갖추고 이를 뒷받침하는 금융회사도 함께 운영하고 있다.

ADM

아처 대니얼스 미들랜드(Archer Daniels Midland, 이하 ADM)는 1902년 미국 일리노이주 시카고에서 시작됐다. 일리노이주는 세계에서도 손꼽히는 콘벨트의 중심지였으며, 일리노이주의 가장 큰 도시인 시카고는 상업과 교통, 미국 농산물 교역의 중심지로 농부와 상인이 만나 끊임없이 거래가 이루어지는 곳이었다. 시카고는 1848년, 농산물의 표준거래를 위한 상품거래소가 설립된 곳이기도 하다.

ADM은 이런 입지적 유리함 속에서 탄생했다. 오늘날엔 곡물과 식물성 기름을 중심으로 식품과 음료, 동물 사료, 식품첨가물, 산업 소재 등을 생산하는 270개 이상의 공장과 420개 이상의 곡물 인프라를 운영하고 있다.

벙기

벙기는 세계의 주요 재배 지역에서 유지 종자와 곡물을 생산해 전 세계에 공급하며 축산물을 포함한 식품 가공과 식용유, 마요네즈, 마가린, 설탕, 에탄올, 밀가루, 전분당 등 대부분의 1차 식품 원료를 취급하는 식품 회사인 동시에 비료 공급업체다. ABCD 기업 중 가장 오랜 역사를 갖고 있는 벙기는 1818년 네덜란드 암스테르담에서 설립되었지만, 지금은 미국 미주리주 세인트루이스에 본사가 있다. 현재는 40개국에 300개 이상의 식량 인프라를 가지고 있으며 약 2만 3,000명의 직원을 고용하고 있는 글로벌 기업이다.

창업 이래로 180여 명의 가족 주주가 운영하는 비상장 가족 경영을 하다 2001년에 와서야 뉴욕 증권거래소에 상장되었다. 다만 B2B 업체로서 일반 소비자를 상대로 한 제품은 거의 취급하지 않기 때문에 일반인들에게 잘 알려져 있지 않다.

카길

미국 내 맥도날드에서 소비되는 모든 달걀은 카길 공장을 거치는 것으로 유명하다. 카길은 1865년 당시 곡물 중심지인 아이오와주에서 설립되었다.

카길은 설립자 카길의 후손들이 회사 지분의 90% 이상을 소유한 비상장 가족 기업으로 설립 이후 158년 동안 모두 아홉 명의 외부 전문경영인만 거쳐갔을 정도로 가족 중심의 보수적 경영으로 유명하다. 가족 기업의 특성상 카길의 매출과 수익은 제대로 파악하기 어렵지만 ABCD 중에서도 가장 많은 매출액과 수익을 창출하고 있는 것과 미국 최대 규모의 곡물 기업이라는 것만은 분명하다.

아프리카, 인도태평양, 남아시아, 라틴아메리카까지 카길의 손길이 뻗치지 않은 곳을 찾기 어려울 정도이며, 태국 최대의 가금류 생산 업체의 주인이자 인도에서는 인도 정부 다음으로 두 번째로 큰 곡물 구매처다. 전 세계 66개국에서 15만 5,000명 이상의 직원이 근무하고 있는 카길은 미국 전체 곡물 수출의 25%를 담당하고 있으며, 미국 내 육류 시장의 약 22%를 점유하고 있다.

루이 드레이퓌스   LouisDreyfus

루이 드레이퓌스는 세계 농산물 무역의 약 10%를 차지하는 기업으로 세계 최대의 면화 및 쌀 무역업체이며, 세계 설탕 시장에서 두 번째로 큰 손이기도 하다. 1851년 프랑스 알자스 지역에서 설립됐다. 설립자인 드레이퓌스는 알자스 지역 농부에게 밀을 사들여 13킬로미터 떨어진 스위스 바젤로 운송한 것을 시작으로 국경 간 교역을 통해 막대한 부를 쌓아 이미 20세기 초에 프랑스의 5대 자산가로 꼽히기도 했다. 루이 드레이퓌스는 네덜란드 로테르담에 본사가 있으며, 100개국 이상의 나라에 진출하여 현재 2만 2,000명 이상의 직원이 근무하고 있다.

———

　전통의 곡물 메이저 기업 ABCD를 둘러싼 날 선 비판도 많다. 식량 인프라와 물류망을 과점하고 있어서 전 세계가 어려운 시기일수록 큰 수익을 내기 때문이다. 실제로 코로나 팬데믹과 러시아·우크라이나 전쟁 동안 농산물과 비료 가격이 급등하면서 이들 기업의 순수익도 30% 이상 증가했다.

　이외에도 다양한 내용의 비판들이 있다. NGO들은 다국적 곡물 메이저 기업들이 막대한 자금력을 무기로 개발도상국의 토지를 강탈에 가까운 수준으로 임대하거나 매입하고 있으며, 아동노동 강요는 물론이고 노조를 없애고 노동자의 안전을 외면하며 노동력을 착취한다고 비판한다. 또한 농경지를 확보하기 위해 산림을 무분별하게 파괴하는 데다 생산력을 극대화하는 과정에서 가난한 나라들의 토양과 수질을 오염시키는 사례도 고발한다.

　또한 헤지펀드를 통해 약탈적 M&A와 초과 이익을 누리고 있으며, 후진국 정부와 결탁하여 가격 책정이나 탈세에 개입한다고 폭로한다. 물론 ABCD는 있을 수 없는 일이라고 부인

하며 ESG 등 사회적 책무를 소홀히 하지 않는다고 변호하고
있다.

곡물 기업들이 금융회사를 운영하는 이유, 선물거래

선물(先物, Futures)은 농산물 거래의 꽃이다. 선물은 장래
시점의 가격을 현재 시점에 약정해 미래의 리스크와 수익의
기회가 교환되는 계약으로, 미리 약속한 수량과 품질대로 특
정 자산을 매매하는 표준화된 거래다.

농산물 생산자들은 수확 전에 미리 작물 가격과 판매처를
확정짓고 싶어 했고, 구매자들은 할인된 가격에 안정적인 공
급을 원했는데 서로의 필요가 딱 맞아떨어지면서 초기 형태
의 선물계약이 탄생했다.

농산물 거래의 가장 큰 걸림돌은 불확실성과 운송이다. 선
물거래는 현물(Spot)거래와 달리 불확실성을 사전에 차단하
고 운송 부담이 없는 장점이 있어서 오래전부터 농산물 거래
에 활용됐다. 정확히 말하면 선물거래가 농업에서 탄생했다.

세계 최초의 선물거래는 1637년 네덜란드의 튤립 버블 사
건 때다. 세계 최초의 버블로 유명한 튤립 버블 당시, 튤립 알
뿌리(구근, 球根)의 수요가 공급에 비해 크게 치솟자 수확 이전

에 매매계약을 한 것이 시초다. 우리가 밭떼기라고 부르는 포전매매(圃田賣買)도 선물거래의 일종이다. 유통업자가 파종기에 선금을 주고 밭에서 생산되는 농산물을 수확기에 전부 사가는 것이 포전매매로 지금도 우리 농업 현장에서 활용된다.

농산물에서 시작된 선물거래는 석유나 가스, 철광석, 금속처럼 불확실성과 운송 부담을 내재한 원자재 시장으로 확장되었다. 그리고 1970년대부터는 원자재 이외에 주식, 지수 상품, 채권 등 금융 상품을 기초 자산으로 한 금융 선물까지 개발되면서 선물 시장의 규모와 중요성이 더욱 커졌다. 현재 자본시장에서 거래되는 모든 선물거래의 시작은 튤립이었던 셈이다.

농업과 금융을 함께 발전시킨 선물거래 시장

불확실성은 농산물 거래의 가장 큰 위험 요인이다. 갑작스러운 가뭄이나 홍수, 병충해 발생 등은 수확량을 크게 떨어뜨린다. 수확량과 품질에 변화가 생기면 가격은 크게 요동친다.

농산물은 특수한 상황뿐 아니라 일상적인 상황에서도 수확량과 품질이 변할 수 있다. 우리나라가 1년 동안 생산하는 쌀은 380만 톤 정도다. 가을 수확기 일주일 동안 해가 쨍쨍 내리

쬐면 하루 2만 톤씩 증가하여 총 수확량이 약 15만 톤가량 늘어난다. 반대로 일주일 내내 비가 내리면 비슷하게 감소한다. 이 정도 양이면 그해 쌀 가격에 영향을 줄 수 있는 충분한 양이다.

자연적 요인에 더하여 사회적 요인들도 농산물 시장의 불확실성을 가중시킨다. 최근 러시아와 우크라이나 사이에 벌어진 전쟁이 바로 그 예에 해당한다.

우크라이나는 '유럽의 빵 공장'이라고 불릴 정도로 밀 수출은 세계 5위, 옥수수는 세계 4위이고 해바라기씨유는 압도적 세계 1위의 수출국이었다. 러우전쟁은 우크라이나 농경지를 파괴하여 생산량을 감소시켰을 뿐 아니라 생산된 농작물의 반출 자체를 차단했다. 항구가 봉쇄되었기 때문이다.

러우전쟁이라는 예상하지 못한 변수로 전 세계 밀 가격과 식용유 가격은 크게 요동쳤다. 우크라이나의 해바라기 수출이 급감하자 해바라기씨유 가격을 포함한 대두유, 카놀라유, 올리브유 등 대체재 관계에 있는 다른 식용유 가격도 덩달아 뛰었다. 대두, 카놀라, 해바라기 같은 유지작물을 선물로 구매한 쪽은 큰 이득을 보았고 반대 포지션을 취한 쪽은 큰 손해를 보았다.

농산물 거래에서 중요한 요소 중 하나가 바로 운송 문제다. 농산물은 부피가 크고 무거우며, 신선도 유지가 중요한 경우

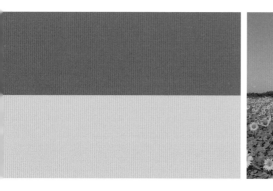

세계적 곡창지대인 우크라이나는 "유럽의 빵 공장"이라고 불린다. 우크라이나의 국기는 우크라이나의 파란 하늘에 나라꽃인 해바라기밭을 형상화한 것으로 세계 1위 해바라기씨유 수출국이기도 하다.

가 많아 운송에 각별히 신경 써야 한다. 때때로 운송 비용이 생산 비용보다 높은 경우도 많다. 특히 장거리 운송의 경우 연료 가격 변동이나 교통 체증, 국경 통과 시 발생하는 지연 등으로 인해 운송 시간과 비용이 예측 불가능하게 증가할 수 있다. 냉장·냉동의 콜드체인(산지의 수확물을 소비지까지 저온으로 운송해 품질을 유지하는 시스템) 운송이 필요한 농작물은 추가 비용이 발생한다.

운송 중 발생할 수 있는 예기치 못한 사고나 지연은 농산물의 품질에도 영향을 미쳐 추가적인 불확실성과 비용을 야기한다. 하지만 선물거래를 통해 생산 이전에 농산물 거래를 완료한 후 미리 배와 기차, 항만, 창고 등 보관과 운송 수단까지 확보해놓으면 비용과 리스크를 크게 줄일 수 있다.

또 다른 문제는 농산물 현물을 보지 못하고 선물로만 계약하면 등급이나 혼입, 상태 등 품질과 관련된 리스크가 발생한다는 점이다. 계약 시점에는 농작물이 아직 수확되지 않았거나 품질이 확정되지 않은 상태이기 때문에 최종 제품의 품질이 기대에 미치지 못할 경우 심각한 문제가 된다. 계약 체결 후 예상치 못한 기상 변화나 병충해 발생 등으로 생산량이 크게 줄거나 또는 생산량이 늘어 현물 가격과 선물 가격의 차이인 베이시스(basis)가 감당하기 어려울 정도로 벌어지는 경우도 많다. 이 경우 페널티를 물더라도 거래를 취소해버리기도 한다. 그게 더 합리적인 선택이기 때문이다.

운송과 저장 과정에서 발생할 수 있는 리스크도 많다. 농산물은 부패하기 쉽기에 적절한 온도와 습도 등의 보관 조건이 적정하게 제공되어야 한다. 실물을 직접 확인하지 않은 상태에서는 이러한 조건이 제대로 갖춰졌는지 확인하기 어렵다. 그래서 상품이 목적지에 도착했을 때 품질이 떨어지거나 수량이 부족한 걸 뒤늦게 알게 되는 경우도 있다.

정치적, 경제적 상황 변화도 예측하기 어려운 리스크 요인이다. 또 무역 정책의 갑작스러운 변경이나 환율 변동, 국제 관계의 변화 등은 계약 이행에 영향을 미친다. 시장 조작이나 허위 정보의 리스크도 존재한다. 실물을 직접 보지 않고 거래하기 때문에, 잘못된 정보나 의도적인 기만에 노출될 가능성도 무시할 수 없다.

그래서 농산물 선물 시장은 금융 공학 및 과학기술의 발전과 함께 발달했다. 농산물의 품질을 정확하게 정량화하고 신속하게 운송하고 안전하게 보관하는 다양한 과학기술과, 인터넷에 기반한 전자 상거래 수단이 발달함에 따라 발전할 수 있었던 것이다. 각 단계와 상황에서 예상되는 리스크를 정량화하여 비용에 포함시키고, 리스크가 발생하면 이행을 강제하거나 정산에 포함하는 금융 기법들이 없었다면 지금의 농산물 선물 시장은 불가능했을 것이다. 그럼에도 거래 사고는 여전히 발생하고 있지만, 과학기술과 첨단 금융 기법이 발전하면서 이를 보완하며 함께 성장하고 있다.

세계 최초의 선물 시장은 어떻게 탄생했을까?

앞서 1637년 네덜란드의 튤립 거래를 세계 최초의 선물거래라고 언급했지만 이를 제대로 된 선물 시장의 형성으로 보기는 어렵다. 튤립 버블은 1636~1637년 절정을 이룬 후 짧은 시간에 급격히 붕괴하는 바람에 선물거래 시스템 확립으로 이어지지 못했다. 선금을 주고 장래의 인도를 약속하는 선도거래(forward) 정도에 머물렀기 때문이다. 선물 시장에서 거래 시스템이 확립되려면 거래 대상 자산(기초 자산)이 표준화되고, 중앙청산소(CCP, Central Counter Party)가 설치되어 증거금을 관리하고 계약불이행 위험을 제도적으로 막아주는 안전장치가 갖추어져야 한다.

세계 최초의 선물 시장은 일본의 에도 시대(일본의 봉건 사회 체제가 확립된 시기로, 1603년부터 1868년까지)인 1697년, 오사카 도지마 쌀 시장(堂島米市場)에서 쌀을 기초 자산으로 시작됐다. 오사카 도지마 쌀 시장은 일본 경제사와 세계 금융 역사에서 중요한 의미를 지닌 곳으로 세계 최초의 선물거래소로 평가받는다. 도지마 쌀 시장은 오사카시의 도지마 지역에 위치해 있어 붙여진 이름이다.

당시 오사카는 '천하의 부엌'이라 불릴 만큼 상업의 중심지이자 쌀 거래의 핵심지였다. 에도 시대에 쌀은 단순한 식량이 아닌 화폐의 역할도 했다. 당시 봉건제하에서 세금은 주로 쌀로 징수되었고, 각 번(藩, 일본 지방의 행정 단위)에서 징수된 쌀 세금은 대부분 도지마 시장으로 운송되었다. 쌀의 시장가격은 각 번의 세수와 직결되었기 때문에 도지마 시장의 가격 동향은 지방정부의 재정 상태에 큰 영향을 미쳤다.

도지마 시장은 막부(1192년에서 1868년까지 일본을 통치한 쇼군의 정부)의 세금 정책 실행에도 중요한 역할을 했다. 막부는 이 시장을 통해 전국의 쌀 생산량과 유통량을 파악하고,

일본의 오사카 도지마 쌀 시장은 세계 최초의 선물거래소로 평가받는다.

이를 바탕으로 세금 정책을 조정했다. 당연히 도지마 쌀 시장의 거래를 표준화하고 거래 시스템을 선진화하는 것은 당시 일본 전체의 경제 상황과 정치 권력에 영향을 미칠 수밖에 없었다.

도지마 쌀 시장의 선물거래 시스템은 특정 몇 사람에 의해 만들어진 것이 아니라 유력 상인들의 자발적인 거래 활동, 지역의 지리적 이점, 그리고 막부의 공식적인 승인이 결합되어 형성되었다. 도지마 선물 시장은 농부들과 상인들에게 미래 쌀 가격 변동의 리스크를 관리할 수 있는 훌륭한 제도가 되었음은 물론이고 번(지방정부)과 막부(중앙정부)의 세금을 둘러싼 갈등 해소에도 크게 기여했다.

오사카 도지마의 독특한 지리적 위치도 선물 시장이 탄생한 배경이 되었다. 오사카는 많은 강과 운하로 연결된 도시였고, 이러한 수로 네트워크는 내륙 지역에서 생산된 쌀을 효율적으로 도지마 시장으로 운반하는 데 핵심적인 역할을 했다. 주로 사용된 운송 수단은 '센고쿠부네(千石船, 1,000석의 쌀을 운반하는 배로, 1석은 180리터)'라고 불리는 큰 평저선이었다. 이 배들은 바닥 면적이 넓어서 많은 양의 쌀을 한번에 운반할 수 있었고, 수심이 얕은 강이나 운하에서도 운행이 가능했다.

도지마 주변에는 수로와 직접 연결된 많은 쌀 창고들이 생겨났다. 이 창고들은 수로와 직접 연결되어 쌀의 하역과 저장을 효율적으로 할 수 있게 만들어졌다. 배가 도착하면 쌀은 창고에 저장되거나 바로 쌀 시장으로 운반되었다. 이러한 시스템은 운송 비용을 줄이고 쌀의 품질을 유지하는 당시 기술이 총동원되어 만들어졌다.

효율적으로 운송하기 위해 쌀은 표준화된 크기의 가마니에 담겨 운송되었다. 저마다 다른 지역에서 재배한 쌀이지만 표준화된 포장으로 쌀의 계량과 저장, 거래는 더욱 쉽고 정확해졌다. 이렇게 도지마 시장에서 이루어진 선물 가격은 일본 전역 쌀 거래의 기준 가격이 되었다.

도지마 쌀 선물 시장은 쌀 가격의 안정화에 기여했고, 이는 전체 경제의 안정에도 중요한 역할을 했다. 도지마 쌀 시장을 통해 쌀의 유통이 원활해져 지역 간 경제 격차를 줄이는 데도 도움이 되었다.

현대적 관점에서 도지마 쌀 선물 시장은 금융 혁신의 중요한 사례로 여겨진다. 오늘날의 복잡한 금융 상품과 거래 시스템의 원형을 이 시장에서 찾아볼 수 있기 때문이다. 농산물 선물거래의 복잡한 개념이 서양이 아닌 일본의 도지마 시장에서 시작되었다는 점도 흥미롭다. 오사카 선물시장은 세계 다른 나라보다 100년 이상 앞선다. 시간이 흐르면서 도지마 쌀 선물 시장의 경제적 중요성은 감소했지만 역사적, 교육적 가치는 여전히 높게 평가된다.

현대 선물거래소의 원형, 시카고 상품거래소

일본에서 쌀을 기초 자산으로 오사카에 선물 시장이 생겨난 것처럼, 미국에서는 시카고를 중심으로 밀, 옥수수, 대두와 같은 곡물을 기초 자산으로 한 선물 시장인 시카고 상품거래소(Chicago Board of Trade, 이하 CBOT)가 탄생했다.

당시 시카고는 중서부 농업 지대의 중심지로 급부상하고 있었다. 비옥한 평원에서 생산된 밀과 옥수수, 대두 등의 농작물이 대량으로 시카고로 모여들었다. 북아메리카 동북부, 오대호와 미시시피강을 접한 요충지에 위치한 시카고는 수로를 통해 광대한 농업 지대의 생산물을 효율적으로 모을 수 있었다. 이는 CBOT이 전국적인 영향력을 갖는 데도 큰 도움이 되었다.

곡물 거래가 활발해지면서 거래 과정에서 여러 가지 문제점들이 드러났다. 농산물의 품질과 수량에 대한 표준화된 기준이 없어 거래 당사자 간 분쟁이 잦았고, 가격 변동성도 매우 컸다. 이런 문제점을 해결하기 위해 지역의 유력 상인들과 정치인들은 농산물 거래를 보다 체계적이고 효율적으로 운용하기 위해 머리를 맞댔다.

1848년, 시카고 지역의 유력한 곡물 상인 82명은 CBOT을 설립했다. 지금도 그렇지만 지금보다 저장 기술과 인프라가 부족했던 당시 농부들은 기후 변화와 저장 상태로 인한 가격 변동이 큰 부담이었다. CBOT은 이에 대응하여 1851년 '선도계약'을 도입했다. 이는 농부들이 수확 전에 미리 가격을 정할 수 있게 해주어 가격 변동의 위험을 줄여준 것이다.

1865년에는 '선물계약'을 표준화했다. 이는 농산물 거래에 혁명을 일으켰다. 표준화된 계약으로 농부들이 더 쉽게 자신의 생산물을 판매하고, 상인들은 더 효율적으로 대량의 농산물을 거래할 수 있게 됐다. CBOT은 농업 생산의 변화에 맞춰 꾸준히 새로운 상품을 개발하고 시장에 도입했다. 1925년에는 최초의 농산물 옵션거래를 도입하여 농부들에게 더 다양

세계 최초의 현대적 상품거래소로 평가받는 시카고 상품거래소(CBOT)는 뉴욕 증권거래소(NYSE)와 함께 세계 금융시장을 주도하는 중요한 기관 중 하나다.

한 리스크 관리 도구를 제공했다.

이렇게 CBOT은 농산물 선물거래의 리스크를 지속적으로 해소했다. 농산물의 품질과 등급에 대한 표준을 정립해 거래의 투명성을 높이고, 생산자와 구매자 사이의 중개 역할을 함으로써 거래 비용을 줄여 시장의 효율성을 끌어올렸다. 또한 농산물 가격에 대한 정보를 중앙화하여 모든 참여자들이 공정한 조건에서 거래할 수 있도록 장을 마련했다. 나중에는 농산물을 기초 자산으로 하는 파생 상품을 도입하여 농업과 금융의 연결성을 높이고, 가격 변동 위험도 분산 관리할 수 있게 했다.

20세기에 들어 CBOT은 농업의 발전과 함께 성장했다. 농업 생산성의 증가로 거래량이 폭발적으로 늘어나자 CBOT의 역할도 점점 커진 것이다. 그렇게 미국 농산물 가격 대부분은 CBOT의 기래를 통해 결정되있고, CBOT의 서래는 전 세계 농산물 시장에 영향을 미쳤다.

CBOT과 선물 시장의 발전은 미국 농업의 현대화와 글로벌화를 반영한다. CBOT의 역할은 농업 생산 방식의 변화, 농산물 유통 구조의 혁신, 그리고 농업 리스크 관리 기술의 발전과 영향을 주고받으며 더욱 탄탄해졌다. 그렇게 CBOT의 농산물 선물거래는 전 세계 농업 경제에 중요한 지표가 되었다. 20세기 중반부터는 농산물뿐 아니라 금, 은과 같은 귀금속, 그리고 국채와 같은 금융 상품으로까지 거래 품목을 확장했다.

2007년, CBOT은 시카고 상업거래소(Chicago Mercantile Exchange)와 합병하여 CME그룹으로 재탄생했다. 이로써 CBOT은 세계 최대의 선물거래소 중 하나가 되었고, 글로벌 금융 시스템에서 더욱 중요한 위치를 다지게 되었다.

CBOT과 선물 시장의 발전은 단순히 농산물 거래와 금융 혁신의 역사를 넘어섰다. CBOT의 형성과 성장 과정은 농업 경제의 근대화와 리스크 관리 기술의 발전, 그리고 글로벌 무역 시스템의 진화를 보여주는 대표적인 사례로 꼽힌다. 오늘날 전 세계의 수많은 선물거래소들이 CBOT의 모델을 따르고 있으며 이제 농업은 금융과 하나의 몸처럼 연결되어 움직이고 있다.

CIA를 능가하는 글로벌 식량 기업들의 첩보전

ABCD 기업은 전 세계 곡물 거래(Trading)는 물론이고 농산물의 생산과 운송, 가공, 유통 등 전 과정에 걸쳐 막강한 영향력을 행사하고 있다. ABCD가 전 세계에 보유한 농산물 생산, 운송, 가공, 유통 시설들은 그 규모를 가늠하기 어려울 정도인데, 이들은 전 세계 농업 가치사슬의 상류부터 하류까지 장악하고 있다. 공간적 활동 범위는 지구 전체라고 해도 과언이 아니다. ABCD는 본사의 법적 등록지만 명확할 뿐 어느 나라 기업이라고 딱 잘라 말할 수 없을 정도로 전 세계 각지에서 활동 중이다.

ABCD는 대규모 농지를 소유하거나 임대계약을 통해 농업 생산에 직접 참여한다. 이를 통해 안정적인 원료 공급을 보장받으며, 생산 효율성을 극대화한다. 또한 전 세계적으로 광범위한 곡물 유통과 물류 네트워크도 운영한다. 대형 저장 시설과 항만, 철도 및 트럭 네트워크를 통해 지구촌 곳곳으로 신속하게 제품을 이동시키면서 수익을 거두는 것이다.

ABCD는 원재료를 생산, 유통하는 것을 넘어서 직접 가공도 한다. 원재료인 곡물을 가공하여 식품, 사료, 바이오 연료 및 산업용 제품으로 만들어 더 큰 부가가치를 창출하며 높은 수익을 올린다. 옥수수를 에탄올이나 진분으로 가공하거나 고단백 사료로 전환하고, 대두를 수확해 식용유를 만들고 동시에 남은 찌꺼기를 동물 사료로 가공하는 식이다. 가공 부문은 ABCD의 가장 큰 수익원으로 진짜 수익은 생산이나 유통보다 가공과 제조 활동에서 나온다.

후발 경쟁자들이 쉽사리 ABCD를 따라하지 못하는 이유는 이들이 보유한 물적 자산(생산 자산, 물류 자산, 가공 자산)에 있다. 이들이 전 세계에 보유한 물적 자산의 규모가 워낙 방대해서 새로운 진입자들의 어지간한 투자로는 이들 규모의 경제를 당해낼 수 없기 때문이다. 실제로 ABCD는 경쟁자가 나타날 것 같으면 진입을 막기 위해 출혈경쟁도 마다하지 않는 것으로 알려져 있다.

ABCD의 또 다른 수익 모델은 트레이딩이다. 트레이딩은 오늘날의 ABCD를 만든 원천 수익 모델로 매출 비중은 가공이나 유통, 생산보다 낮지만 중요한 사업이다. 모든 트레이딩의 기본은 낮은 가격에 사서 비싼 가격에 파는 것이다. 곡물도

ABCD 기업이 전 세계에 보유한 농산물 생산, 운송, 가공, 유통 시설들은 그 규모를 가늠하기 어려울 정도다. ABCD의 공간적 활동 범위는 지구 전체라고 해도 과언이 아니다.

마찬가지다. 하지만 이게 말처럼 쉬운 게 아니다. 금, 은, 석유, 철광석 등 원자재 중에서도 곡물 트레이딩은 가장 어려운 영역에 속한다. 다른 원자재는 무생물이지만 곡물은 생물이기 때문이다.

곡물은 생물이어서 작황이 고정되어 있지 않고 부피가 커서 운송이 어렵다. 저장성이 약해 운송과 보관 과정에서 쉽게 변질되며, 계절성이 있어서 수요처와 소비처가 시시각각 바뀐다. 생산지에서 싼 가격에 매입했더라도 운송 과정에서 문제가 생기면 도착지에서는 비싼 가격이 될 수도 있다.

ABCD는 사용할 수 있는 수단의 조합이 많기 때문에 비용과 리스크를 낮출 수 있다. 원물을 다소 비싸게 사더라도 운송, 저장, 가공 과정에서 자신들의 상품을 우선 취급하거나, 대규모 거래 물량에 상응하는 가격 할인을 요구하거나, 운송 수단을 장기적으로 고정 임대하거나, 자사 금융회사를 통해 파생 상품을 만들어 리스크를 헤지(Hedge)하는 등 이들이 사용할 수 있는 패들이 무척 많다.

ABCD 경쟁력의 또 다른 원천은 자금력과 정보력, 그리고 전문가 네트워크다. 정확한 규모 파악은 어렵지만 전 세계 곡물 거래는 선물거래가 60%, 현물거래가 40% 정도 되는 것으로 추정된다. 이중에서 국제 상품거래소에서 거래되어 대륙을 넘나드는 주요 농산물은 거의 대부분 선물로 거래되고, 즉시 인도 대상이거나 무역이 필요 없는 역내(域內) 생산물들은 주로 현물로 거래된다.

선물거래는 정보를 가진 집단에 절대적으로 유리하다. 미래를 알고 베팅할 수 있고, 예측이 잠깐 빗나가더라도 전략을 수정해 밀어붙일 수 있기 때문이다. ABCD의 정보력은 혀를 내두를 정도다.

국제적 곡물 선물거래 중심지인 스위스 제네바에 포진한 ABCD의 전략 분석가들은 자신들의 정보력이 CIA를 능가할 정도라며 너스레를 떨기도 한다. 이들은 전 세계에 심어놓은 광범위한 기업 네트워크를 통해 실시간으로 시장 정보를 수집하고 분석한다. 이들은 전 세계 주요 농경지를 대상으로 드론과 인공위성을 띄워 재배 지역의 작황과 기상정보는 물론 금융과 정치에 관한 민감한 정보까지 취합해 빅데이터를 구축한다. 그리고 첨단 기술을 활용하여 지구 곳곳의 기상 변화와 시장 동향을 파악하고 작황을 예측해 거래 전략을 세운다.

식량 생태계를 바꾸는 식량 기업들의 인수전

세계 곡물 시장의 30%를 장악한 것으로 알려진 카길은 미항공우주국(NASA)이나 유럽우주국(ESA)이 공개한 위성 데이터를 활용하는 것은 물론, 자사 인공위성까지 보유해 전 세계 곡창지대의 기상과 작황 상태를 하루 3회 이상 체크한다. 게다가 농작물 생산량 예측 능력을 높이기 위해 2018년에는 위성 이미지 분석 기업 데카르트랩(Descartes Labs)과 파트너십을 맺기도 했다. 실제로 카길은 2012년 미국의 극심한 가뭄 시기에 곡물 가격 상승을 정확히 예측하고 대규모로 선물거래를 진행해 큰 이익을 얻은 바 있다.

ABCD의 자금력 또한 강력한 무기가 된다. ABCD 같은 글로벌 식량 기업이나 네슬레 같은 글로벌 식품 기업의 본질은 돈 놓고 돈 먹는 금융업이라고 해도 과언이 아니다. 전 세계 식량 기업과 식품 기업들은 끊임없는 M&A에 노출되어 있다. 수직 계열화나 지리적 확장, 기술 획득, 규모의 경제 실현, 시장 지배력 강화, 공급망 최적화 등 식량 기업과 식품 기업들이 M&A를 해야 할 이유는 차고 넘친다.

이러한 ABCD 기업들의 자금력과 인수합병 전략은 글로벌 농업과 식품 산업의 구조를 지속적으로 변화시키고 있다. ADM은 2019년 영국의 건강기능식품 기업 PIL을 2억 3,500만 달러에 인수했고, 벙기는 2022년 곡물 기업인 비테라(Viterra)와 180억 달러(한화 약 23조 4,000억 원)에 합병했다. 참고로 비테라는 원래 캐나다 회사였지만 현재는 네덜란드에 본사를 둔 글로벌 기업으로, 스위스 기업인 글렌코어가 주요 주주다. 카길은 2015년에는 노르웨이의 연어 사료 생산 업체 EWOS를 15억 달러에 인수했고, 2018년에는 콜롬비아 닭고기 생산 업체 캄폴로(Campollo)를 인수했다.

선물거래를 중심으로 성장한 ABCD는 이제 거대한 공룡이 되었다. 과거보다 선물거래가 이들의 수익에서 차지하는 비중은 적어졌지만 선물거래는 오늘의 이들을 있게 한 토양이었다. 1697년 오사카의 강기슭에서 시작된 선물시장은 과학기술과 운송 수단의 발전, 인터넷과 전자상거래, 금융업의 발전과 더불어 오늘날의 농산물 선물시장까지 이어졌다.

미래에는 블록체인 기술과 인공지능 기술의 발전으로 지금과는 다른 선물거래 시스템이 만들어질 것이다. 새로운 선물거래 시스템은 선물거래의 분석과 예측 능력을 한층 더 고도화시킬 것이고, 알고리즘에 기반한 트레이딩은 더 복잡하고 분산화된 거래도 감당할 수 있는 수순으로 발전할 것이다. 이렇게 되면 지금의 선물거래의 개념도 바뀌고 완전히 새로운 농산물 거래 시스템이 탄생할지도 모른다.

ABCD 패권에 균열을 내는 신생 농업 기업들

ABCD의 견고한 장벽에도 불구하고 새로운 경쟁자들도 게임 체인저로 존재감을 드러내는 중이다. 바로 ABCD NOW와 ABCD PLUS로 불리는 기업들이다. ABCD NOW는 ABCD에 더하여 노블(Noble), 올램(Olam), 윌마(Wilmar)를 지칭하는 말이고, ABCD PLUS는 여기에 다시 글렌코어(Glencore)까지 합쳐서 부르는 말이다.

올램과 윌마는 각각 1989년과 1991년부터 주로 싱가포르를 거점으로 성장해온 중국계 자본이며 글렌코어는 주로 철강 등 비식량 분야에서 활약하다가 식량으로 업력을 확장한 스위스 기업이다.

올램과 윌마, 글렌코어는 전략적 인수합병과 수직계열화 그리고 신흥시장 진출을 통해 비교적 짧은 시간에 메이저 반열에 진입했다. 특히 2000년대 들어 곡물 가격이 상승하고 수요가 늘어나면서 이들 기업은 적극적인 확장 정책을 펼쳤다.

글로벌 공급망 구축에 주력해 생산에서 유통, 가공, 판매에 이르는 전 과정을 통합·관리하는 시스템을 갖추었고, 이를 통해 비용을 절감해 시장 변화에 민첩하게 대응할 수 있었다. 아프리카, 남미, 동남아시아 등 신흥 농업국가들과의 긴밀한 협력관계를 구축하여 안정적인 원료 공급망을 확보한 것도 이들이 글로벌 식량 수요 증가에 효과적으로 대응할 수 있는 기반이 되었다.

금융위기 이후 농산물 가격 변동성이 커지면서 리스크 관리 능력도 중요해졌는데, 이들은 선물거래와 같은 금융 기법을 적극 활용해 가격 변동 리스크도 영리하게 관리했다. 또한 기술혁신에 대한 집중적인 투자로 생산성을 끌어올리고 특히 바이오 연료와 같은 새로운 수요처를 발굴하여 사업 다각화에 성공한 것도 주요했다.

올램과 윌마, 글렌코어가 불과 30여 년 만에 존재감 있는 글로벌 식량 기업이 되었다는 것은 놀랄 만한 업적이다. 바늘 하나 새로 꽂기도 어려운 곡물 트레이딩 판에 새로운 진입자들이 등장해 판을 흔드는 것은 매우 반가운 일이다.

하지만 세계 4위 곡물 수입국인 한국에서 글로벌 곡물 메이저 기업이 등장하지 못하고 있는 것은 정말 안타까운 일이다. 한국의 농업 조건을 고려하면 75%의 곡물을 수입하는 것은 불가피한 상황이다. 하지만 곡물을 사오는 시스템마저 전부 외국 기업의 인프라와 외국 기업의 결정에 의존하고 있는 상황으로 이는 안보 차원에서 경계해야 한다.

한국이 곡물을 비싸게 수입하는 이유, 곡물 엘리베이터

곡물 엘리베이터는 옥수수와 대두 같은 곡물을 수출입하는 시스템의 핵심 시설이다. 농가로부터 곡물을 매입해 창고에 건조·저장·분류한 뒤 선박이나 기차 등 운송 수단에 실을 때마다 곡물을 마치 승강기처럼 들어 올린다고 해서 엘리베이터라는 명칭이 붙여졌다. 외형은 우리나라 지방 국도를 지날 때 종종 볼 수 있는 미곡종합처리장과 비슷하게 생겼다.

미국 전역에는 2,500개 법인이 소유한 8,600여 개의 곡물 엘리베이터가 있다. 생산지에 위치한 엘리베이터가 가장 많고, 항만에 위치한 수출 엘리베이터는 30개 정도다. 모두 150년이 넘는 시간 동안 만들어진 미국의 강력한 농업 인프라다.

미국이 세계적인 식량 강대국이 된 것은 자연환경과 농업 기술에 더해 촘촘하게 잘 갖춰진 수출 인프라가 있었기 때문이다. 곡물 엘리베이터를 소유한 2,500개 법인 중에는 ABCD 같은 곡물 메이저 기업도 있고 농가들이 직접 출자한 농업회사도 있다. 예를 들어 농업회사인 우르사 파머스 코왑은 미주리주와 일리노이주의 4,800여 호 농가들이 직접 출자한 조합으로 미시시피강을 따라 열 개의 곡물 엘리베이터를 운영하고 있다. ABCD는 미국 전역에만 각각 수십에서 수백 개의 곡물 엘리베이터를 소유하고 있다.

일본의 경우 우리나라의 농협중앙회 격인 젠노(全農)의 자회사 ZGC(Zen-noh Grain Company)가 미국의 곡물기업 CGB(Consolidated Grain and Barge Co.)를 통해 미국에 120여 개의 엘리베이터를 가지고 있다. 그러나 우리나라는 (주)하림이 미국 워싱턴주에 한 개를 보유하고 있고, 포스코인터내셔널은 미국이 아닌 우크라이나에서 한 개를 운영하고 있을 뿐이다. 일본과 우리나라는 똑같이 식량자급률이 20%대로 비슷하고, 중국을 제외한 사료 원료의 수입 순위는 일본이 1위, 우리가 2위로 비슷하지만 우리와 일본의 대응은 극과 극이다.

우리는 해외 곡물 메이저에 공급을 의존하지만, 일본은 나라가 나서서 곡물 메이저 기업을 키웠다. 일본은 1979년에 이미 ZGC를 설립하고, CGB를 인수했다. 연이은 실패와 반복되

미국이 세계적인 식량 강대국이 된 데에는 천혜의 자연환경과 농업기술에 더해 오랜 시간 동안 촘촘하게 구축한 수출 인프라가 있었기 때문이다.

는 적자에도 불구하고 마루베니와 이토추의 종합상사들은 젠노와 함께 철저한 현지화 전략으로 미국을 파고들었다.

　1988년에는 미국 중부의 콘벨트에서 수출 항구까지 직접 곡물을 운송하기 위해 젠노와 이토추 상사가 절반씩 투자해 미국의 곡물 전문 운송회사를 인수했다. 우리나라로 치면 미국 시장을 차지하기 위해 농협중앙회와 한국 대기업 한 곳이 공동 투자한 셈이다.

　당시 일본 기업들의 움직임이 사무라이가 미시시피강을 거슬러 올라가는 것과 비슷하다고 해서 미국에서는 '미시시피 사무라이'라는 별명도 생겼다. 한창때는 ZGC가 주도하는 일본 자본이 미시시피 곡물 유통 엘리베이터의 17% 정도를 장악한 것으로 알려져 있으며, 지금도 일본이 1년간 수입하는 옥수수의 30%인 500만 톤 정도가 ZGC의 관리하에 미국 산지에서부터 일본 소비지까지 공급된다.

우리나라도 2009년 농수산물유통공사를 중심으로 미국의 곡물 엘리베이터를 확보하려고 한 적이 있었다. 그러나 인수 대상 회사의 경계와 과도한 프리미엄 요구를 감당할 수 없었고, 공적 자금을 활용하는 과정에서 정부와 국회의 의사 결정 지연도 문제가 되었다. 거기에 적자가 지속되면서 책임에 대한 감사와 문책에 노출되는 한계 때문에 결국 사업을 접을 수밖에 없었다.

여러 요인들이 겹쳐서 이미 우리나라는 전 세계에서 곡물을 가장 비싸게 수입하는 나라가 되었다. 원인 중 하나는 곡물 엘리베이터처럼 곡물 수입에 필요한 인프라를 대부분 빌려 쓰고 있기 때문이다. 곡물을 적정한 가격에 조달하고 위기 상황에도 안정적으로 수입하기 위해서는 곡물 엘리베이터를 충분히 확보해야 한다. 곡물 엘리베이터는 수가 한정적이라 프리미엄은 높고 가격 리스크가 크다. 미국처럼 정치적, 군사적으로 안정된 나라의 곡물 엘리베이터는 안전 프리미엄까지 붙어서 더욱 비싸다.

전부 남의 손을 빌려 쓰니 전문 인력이 육성될 기회도 부족한 편이다. 곡물 엘리베이터가 부족하기 때문에 곡물을 산지에서부터 직접 확보하는 작업인 오리지네이션에 참여할 수도 없다. 식량 사정이 나쁠 때는 생산과 운송의 리스크 프리미엄까지 붙은 가격으로 살 수밖에 없고 그외 별다른 대안도 없다. 에너지는 해외 개발을 통해 리스크를 줄이고 있지만, 식량은 상대의 조건을 그대로 수용할 수밖에 없는 것이 지금 우리나라의 현실이다.

소수 기업들이 독식 중인 글로벌 종자 시장

최근 곡물뿐 아니라 글로벌 종자 산업 또한 승자 독식 현상이 가속화되고 있다. 2020년 기준 10대 다국적 종자 기업들의 세계시장 점유율은 70%를 지나 우상향 중이다. 특히 글로벌 상위 네 개 종자 회사인 바이엘(2018년 몬산토를 인수), 코르테바 애그리사이언스(다우듀폰의 자회사), 켐차이나(2016년 신젠타를 인수), 리마 그레인이 전 세계에서 유통되는 종자의 절반 이상을 공급하고 있다. 이들 기업의 전략에 따라 세계 종자 시장이 좌지우지될 수 있다는 의미다.

흥미로운 점은 소수 기업의 종자 시장 독식이 거세질수록 나라마다 자국 종자를 지켜야 한다는 위기감과 새로운 종자를 개발하기 위한 노력도 커지고 있다는 점이다. 종자 시장은 반도체와는 달리 제품군이 매우 다양하고 글로벌 종자와 로컬 종자 시장이 구분되어 있기 때문에 자국 종자의 주력 시장이 분명히 존재한다.

종자는 품목이 다양하여 일방적으로 수출만 하거나 반대로 수입만 하는 제품군이 아니라 수출입이 동시에 일어나는 특성을 가지고 있다. 프랑스, 미국, 독일, 네덜란드는 세계 종자의 50%를 수출하는 나라들인 동시에 세계 최대 종자 수입국이기도 하다.

무엇보다 중요한 것은 종자는 한 나라의 농업 경쟁력인 동시에 식량 안보의 핵심 수단이기 때문에 시장성만을 이유로 외국에 전적으로 의존하기에는 위험 부담이 크다. 마치 국방과 치안을 외국 용병에 전부 맡길 수 없는 것과 같은 이치다.

파키스탄은 인구 2억 5,000만 명의 인구 대국임에도 종자 수입의존도가 80%에 육박하여 농업 비용이 계속해서 증가하고 있으며 이를 감당하기 어려워 농업 자체가 위축되고 있다. 2022년 파키스탄은 전 국토의 4분의 3이 물에 잠길 정도로 기후변화로 인한 이상 기상이 심각해서 주요 종자의 교체가 시급한데 자국 내 종자 연구 개발 체계가 미약하여 애를 태우고 있다.

　인도의 경우 2000년대 초반에 몬산토가 BT 면화 종자로 인도의 면화 종자시장을 점령한 후 종자 가격을 지속적으로 인상하자 인도 농민들은 종자를 사기 위해 고리대금업을 이용할 수밖에 없었고, 여기에 흉작이 여러 해 겹치면서 10년 사이 20만 명이 넘는 인도 농민들이 경제적 어려움으로 자살했던 비극적 전례가 있다.

　종자를 외국 기업과 민간 시장에만 맡길 경우 기업들은 이익을 내기 위해 수익성이 높은 작물을 우선으로 개발하게 되어 토종 종자들이 사라지고 수익성이 높은 품종만 남게 되는 위험성도 무시할 수 없다.

　종자 산업 지형의 변화도 전개 중이다. 세계 종자 시장을 주도한 지역은 2000년대 초반까지는 주로 유럽이었지만 2000년대 중반부터는 아시아와 중동 지역의 비중이 점차 늘어나는 추세다. 특히 중국은 2000년대 초반부터 일본을 제치고 아시아 최대 종자국으로 거듭났다. 오늘날 중국은 세계 채소 종자 수출 4위, 전체 종자 수출 10위국에 진입해 있고, 세계 10대 종자 기업 중에 3위 신젠타(켐차이나)와 9위 룽핑 하이테크, 두 개를 보유한 종자 강국이 되었다.

　식량 안보와 기후변화에 맞서기 위해 종자 기업들은 전통 육종을 넘어서서 분자 육종과 유전체 육종으로 기술의 중심을 옮기고 있다. 그래야 보다 우수한 종자를 더 빠른 속도로 개발할 수 있기 때문이다.

이를 위해서는 장기간의 자본 투자가 필수인데 선두 기업들만이 이전 단계의 투자금을 회수하고 다음 단계의 투자를 선점하는 선순환 사이클에 올라탈 수 있다. 종자 산업이 반도체 산업의 '히트 앤드 런' 전략을 닮아가는 것이다. 글로벌 종자 시장에서 다국적 선두 기업들의 독식 현상은 더욱 심화될 전망이다.

종자는 농업에서 가장 유망한 신성장 산업이지만 산업으로서의 성격과 기반으로서의 성격을 함께 가지고 있다. 시장성과 공공성 양쪽을 두루 살펴야 한다는 뜻이고, 다른 한편으로는 정부와 기업의 협업이 필요하다는 뜻이다.

우리 종자 기업들도 글로벌 종자 시장은 커지고 로컬 종자 시장은 축소되면서 매우 어려운 시기를 보내고 있다. 농업의 근간인 우리 종자 산업을 위해서는 연구 개발부터 산업화 전략까지 과감한 제도 변경과 구조 전환을 모색해야 한다. 정부가 개발한 종자의 전용 실시권을 광범위하게 열어주는 것과 식량 작물의 정부 보급제를 축소하는 것 등 오래된 금기 사항들에 대한 열린 검토도 시작해야 한다. 종자에 대해서는 7장에서 더 자세히 이야기할 예정이다.

왜
어떤 나라는 풍족하고
어떤 나라는 굶주리는가

—

3

미국 콘벨트의 대형 관개 시스템과 연결된 스프링클러. 광활하고 비옥한 미국의 콘벨트 지대 아래에는 남한의 4배가 넘는 크기의 거대한 대수층 강이 흐르고 있어 관정만 꽂으면 많은 양의 물을 아주 쉽게 확보할 수 있다.

오늘날 세계 최강의 농업국은 단연 미국이다. 비옥한 농지를 바탕으로 다양한 기후대에 꼭 맞는 농업이 크게 발전해 있다. 중서부의 곡물밭, 미시시피강 평원, 캘리포니아의 과수원, 아이다호의 감자밭, 텍사스의 가축 농장 등 미국 전역에는 각각의 토지 조건과 기후 조건에 적합한 대규모 농장이 균형 있게 발달해 있다. 미국의 곡창지대는 신이 선물한 땅이라고 불릴 정도로 농업적으로 완벽한 조건을 자랑한다.

미국은 어떻게 농업 최강대국이 되었나

미국의 초기 농업은 유럽 정착민들이 전통 농업 기술을 소개한 식민지 시대로 거슬러 올라간다. 초기 농업은 주로 옥수수와 밀, 그리고 담배와 같은 작물에 중점을 둔 자급 농업으로 미국 동부 지역을 중심으로 발달했다. 애팔래치아산맥의 동

쪽에서부터 대서양 해안가까지의 농지는 아주 비옥했고 물도 풍부했다. 동부 농업은 식량 생산을 중심으로 담배 같은 약간의 기호품 생산이 더해지는 형태로 발전했다.

남부의 농업은 달랐다. 산업혁명으로 면직물 산업이 발달하고 유럽의 면화 수요가 폭증하던 시기에 미국 남부는 면화를 생산할 수 있는 최고의 적지(適地, 적합한 땅)였다. 처음에는 사우스캐롤라이나와 조지아를 중심으로 면화 생산이 자리를 잡았지만 얼마 가지 않아 미시시피와 앨라배마를 거쳐 루이지애나까지 빠르게 확산되어갔다. 면화는 수익성도 높았으며 많은 수요가 보장되는 황금알을 낳는 작목이었다. 생산은 곧 판매라는 등식이 가능했다.

하지만 면화 농업은 엄청난 노동력이 요구되는 작업이다. 면화는 남부의 작열하는 태양 아래서 일일이 사람 손을 거쳐야 수확할 수 있었고 면화 솜에 박힌 씨를 빼내기 위해 어린 흑인 노예의 고사리손까지 빌려야 했다. 그렇게 미국 남부에서 백인 부농들은 면화 플랜테이션 농업을 통해 막대한 부를 일구었고 정치 세력으로 떠올랐다. 그들에게 노예제도는 무엇과도 바꿀 수 없는 금맥이었다. 미국 남부와 북부(농업적으로는 동부) 농업의 이질성과 노예제에 대한 관점의 차이는 결국 남북전쟁으로 이어졌다.

미국의 두 번째로 큰 행정부처가 농무부인 까닭

미국의 농업이 발전하기까지 획기적인 전환점을 만든 사람은 에이브러햄 링컨이다. 링컨은 남북전쟁이 한창이던 1862년 5월, 미국의 농무부(USDA, United States Department of Agriculture)를 설립했다. 설립 당시 농무부의 직원은 고작 여덟 명이었다. 링컨이 농무부를 세운 이유는 크게 두 가지로 알려져 있다. 하나는 남북전쟁으로 피폐해진 농업 생산 기반과 노동력 부족 문제를 해결하려는 것이었다. 정확한 통계는 없지만 남북전쟁으로 인한 사상자 수는 60만 명 이상으로 추정된다.

다른 하나는 당시 국민의 절반 이상이 직간접적으로 농업이나 농업 관련 산업에 종사하고 있었기 때문에 표를 모으는 데 도움이 된다는 정치적 판단도 작용했다. 이런 맥락에서 링컨은 농무부를 '국민부(Department of People)'라고도 불렀는데 '국민의, 국민에 의한, 국민을 위한' 링컨에게 국민은 곧 농민이었다.

여덟 명으로 시작한 미국의 농무부는 오늘날 11만 명이 근무하는 미국에서 두 번째로 큰 부처가 되었다. 미국에서 가장 큰 부처는 군인들이 있는 국방부다. 미국 GDP에서 농업이 차지하는 비율은 2%에 불과하지만 농무부가 두 번째로 큰 부처라는 것도 주목해야 할 대목이다. 미국 경제 총량에서의 비율이나 농민의 수가 중요한 것이 아니라는 것이다. 식량 생산에 관여하는 국토의 면적, 식량을 공급받아야 하는 국민의 수, 전 세계 농업에서 미국이 차지하는 비중, 농업으로부터 파급되는 전후방산업의 크기 등을 감안하면 농무부가 미국의 두 번째 큰 부처가 되는 것은 전혀 어색하지 않다.

링컨은 농림부를 설립한 해와 같은 해인 1862년 모릴법(Morill Act)을 제정했다. 모릴법은 각 주마다 토지를 할당하여 대학을 설립하고 농업 지식과 혁신을 진전시키는 데 큰 역할을 했다. 지금 우리가 아는 미국 대부분의 주립대학은 모릴법에 입각한 토지공여대학(Land granted University)이며 미국 내 주립대학은 농과대학에서부터 시작되었다. 흥미로운 것은 우리나라의 국립대학도 비슷한 체계로 시작되었으며, 각 도에 있는 국립대학도 모태가 농과대학인 경우가 대부분이다.

미국 농업에서 1862년은 서쪽으로의 진격이 본격화된 해이기도 하다. 미국 동부와 남부의 농업이 자리를 잡자 개척자의 나라 미국인들의 눈에는 기회의 새 땅이 들어오기 시작했다. 해가 저무는 서쪽으로 가면 땅은 얼마든지 있었다.

당시의 서쪽은 캘리포니아 지역이 아니라 지금의 중부 곡창지대를 의미했다. 말이 서쪽이지 이민에 가까웠다. 1862년에는 홈스테드법(Homestead Act)도 제정되었는데, 이 법은 서부로 이주한 많은 미국인과 이민자들이 거의 무료로 160에이커(약 65헥타르)의 토지를 확보할 수 있는 기회를 제공했다. 말할 수 없을 만큼 고된 시간이었지만 험지를 개간만 하면 자신의 농지를 가질 수 있었다. 미국의 농지는 그렇게 서쪽으로 광범위한 개척과 확장을 이어나갔다.

미국 농업에서 가장 중요한 시기 중 하나인 서부개척시대는 미국의 농업과 경제에 영구적인 변화를 가져왔다. 서부개척시대에 가장 중점이 된 것은 곡물 생산을 위해 밭을 확장시키는 것이었다. 밀, 옥수수, 대두와 같은 작물의 재배가 늘어났으며, 이러한 작물 구성은 오늘날 미국 농업의 주요 부문이 되었다.

서부 개척을 촉진하는 데는 철도의 확장도 중요한 역할을 했다. 이민자는 서부로, 농산물은 동부로 운송하는 데 철도는 필수적이었으며 서부와 동부 간의 교역과 연결을 촉진했다. 이때쯤 등장한 트랙터가 말을 대신해 광활한 농지에 당당히 맞설 수 있게 해준 것도 빼놓을 수 없는 행운이었다.

좋은 땅에 좋은 일들이 더해지는 미국

하지만 미국 농업의 진정한 행운은 예기치 못한 곳에서 찾아왔다. 유럽에서 1차 세계대전이 시작된 것이었다. 유럽의 농경지는 전쟁으로 대혼란에 빠졌고 농산물 가격 상승과 인플레이션이 일상이 되었다.

주요 식량 공급국이 된 미국은 유럽 수요를 파악한 상태에서 마음 놓고 농지를 확장할 수 있었다. 미국 농민들의 농지 확장 노력에 미국 정부는 극진한 보조금으로 화답했다. 농지는 늘어나고 철도, 물류, 항만, 곡물 엘리베이터 등 농업 인프라도 체계적으로 정비되었으며 농업자본은 정치 세력으로 성장할 만큼 충분히 부유해졌다.

1918년 1차 세계대전이 끝나고 20년 동안 미국 농업은 안정적인 성장의 시간을 선물받았다. 그리고 2차 세계대전이 발발했다. 유럽에게는 악몽의 시간이었지만 미국은 엄청난 농업 흑자에 표정 관리를 해야 했다.

전쟁 이후 유럽이 복구되는 과정에서 미국 농업의 영향력과 공급망은 절대적이었다. 기업형 농장이 부상하고 가족농이 급감하는 동안 전 세계 식량의 생산과 교역을 장악한 ABCD를 포함한 농업계 대기업들은 어느새 공룡이 되어 있었다.

여기에 더해 1950년대와 1960년대를 지나면서 농업 과학 기술이 비약적인 발전을 했다. 녹색혁명이 본격화된 것이다. 같은 면적에서도 생산량은 훨씬 많아졌다. 식량 가격은 하락했지만 생산자들은 서로 눈치만 볼 뿐 생산을 줄일 수는 없었다. 생산은 유지하면서 새로운 판로를 확장해야 한다는 정치적 해법이 등장했다. 식량을 필요 이상으로 생산하면서도 생산을 멈출 수는 없는 과잉생산의 먹구름이 서서히 미국 농업을 덮쳐오기 시작했다.

미국이 전후 유럽을 지원하며 바뀐 힘의 균형

농업 측면에서 미국과 유럽의 가장 큰 차이점은 미국은 본토에서 전쟁과 처참한 식량 부족을 단 한 번도 경험한 적이 없다는 것이다. 1860년대 남북전쟁이 있었지만 내전 성격에 전쟁 기간도 4년에 불과했고 피해복구도 빨랐다. 이에 비하여 유럽은 1, 2차 세계대전과 전간기 22년간 전쟁으로 인한 농지의 파괴와 식량 부족을 직접 경험했다. 1차 세계대전은 1914~1918년의 5년, 전간기는 1918~1939년의 22년, 2차 세계대전은 1939~1945년의 7년으로 모두 합치면 34년의 꽤나 긴 시간이다.

1947년부터 유럽의 전후 재건이 본격화되었다. 유럽의 전후 재건에 가장 큰 영향을 미친 것은 미국의 마셜 플랜•이었다. 마셜 플랜은 2차 세계대전 이후 유럽의 동맹국을 위해 미국이 계획한 재건, 원조 계획으로 유럽을 재건하고 소련의 영향력 확대와 공산주의의 확산을 막는 것이 목적이었다.

마셜 플랜에 입각하여 미국은 유럽경제협력기구(OEEC, 현재 OECD의 전신)에 가입한 유럽 국가들에게 무상 원조 117억 달러, 차관 11억 4,000만 달러 등 4년간 133억 달러에 해당하는 경제적, 기술적 지원을 쏟아부었다. 여기에는 미국이 제공한 산업 기술 지원의 가치도 빠져 있고, UN 등 국제

• 마셜 플랜의 공식 명칭은 유럽 부흥 계획(European Recovery Program, ERP)이지만, 미국의 국무장관 조지 마셜이 제창했기에 마셜 플랜이라는 이름으로 더 잘 알려져 있다.

기구들을 통해 제공된 원조도 빠져 있으며, 민간 영역에서 미국 법인들과 개인들 그리고 단체들에 의해 이뤄진 유무상 원조 제공과 투자 금액도 빠져 있다. 결과적으로 미국이 유럽의 자유 국가들을 살리기 위해 쏟아부은 총액은 마셜 플랜의 산정액을 훌쩍 초과하는 천문학적인 금액이었다. 미국의 이런 과감한 무상 원조는 미국 내의 정치적 반발도 심했고, 소련은 "미국이 서유럽을 돈으로 사려고 한다"며 비난하기도 했다. 하지만 마셜 플랜은 대성공이었다.

마셜 플랜이 끝난 후 모든 분야에서 서유럽과 북유럽의 산업은 크게 부흥했고 유럽 국가들은 미국의 두터운 우방으로 거듭났다. 마셜 플랜으로 유럽의 고속도로, 철도, 항만, 발전소, 공항, 전력망, 통신망과 같은 사회 인프라들을 미국의 경제적 지원과 기술 지원 아래에 재건했고 일부는 전쟁 이전보다 크게 확장했다. 그리고 그 후 오일쇼크 이전까지 20년 동안 서유럽과 북유럽 국가들은 유례없는 성장과 번영을 누렸다. 조지 마셜은 이에 따른 공로를 인정받아 1953년 노벨평화상을 수상했다.

마셜 플랜은 유럽의 농업 재건에도 핵심적인 역할을 했다. 전쟁으로 파괴된 농지와 농업 관련 설비가 빠르게 정비되었고 사회 인프라와 연결되었다. 미국은 농업기술 이전에도 적극적이었을 뿐 아니라, 평화 식량(Food for Peace)이라는 구호 아래 유럽에 대한 직접 식량 원조와 저렴한 공급도 확대했다. 대서양을 횡단하여 미국 농산물 수입이 급증하면서 유럽의 식량 상황은 빠르게 안정을 찾았다.

미국의 싸고 좋은 곡물이 유럽으로 밀고 들어오면서 역설적으로 유럽 농업에는 또 다른 혁신의 기류가 싹트기 시작했다. 대표적인 것이 네덜란드의 농업이다. 미국발(發) 곡물과의 가격경쟁에서 밀려 설 자리를 잃어버린 네덜란드의 농업은 변화의 길을 걷게 되었다. 곡물 생산은 줄이면서 부가가치가 높은 원예 생산을 늘리기 시작했고, 규모의 경제를 위해 농지의 규모화를 본격화했다. 되돌아가보면 오늘날 시설원예 절대 강국이 된 네덜란드 농업 혁신의 시작점은 미국 곡물이 유럽을 침공한 데 대한 저항으로부터 싹튼 것이다.

하나의 국가처럼 움직이는 유럽 농업의 힘, CAP

유럽 농업의 하드웨어 정비가 마셜 플랜으로 일단락되었다면 유럽 농업의 소프트웨어 정비는 공동농업정책(Common Agriculture Policy, 이하 CAP)으로부터 시작되었고, 지금도 여전히 진행 중이다. CAP은 1950년대 전후 서유럽에 뿌리를 두고 태동하여 1968년에 본격적으로 출발했다.

CAP의 목적은 농가에게 적절한 소득을 보장하고 소비자에게는 적정한 가격으로 품질 좋은 식품을 제공하며, 유럽 농촌의 환경과 문화유산을 보호하는 것이다. 지금의 유럽이 아름다운 농촌 경관을 가지게 된 것은 CAP의 역할이 크다고 할 수 있다.

오늘날 유럽의 농업은 마치 하나의 국가처럼 움직이지만 20세기 중반에는 전혀 그렇지 않았다. 하지만 하나의 대륙으로 육로가 연결되어 있고 농업용수를 공급하는 강을 공유하는 유럽의 농업은 각자가 열심히 하는 것 이상으로 서로가 같은 방향을 바라보는 것이 필요했다. CAP은 유럽 농업을 하나로 결합시키는 가장 강력한 접착제 역할을 했다.

한때 EU의 전체 예산 중에서 60% 정도가 CAP 예산일 정도로 CAP이 유럽의 농업과 농촌에 끼친 영향은 막대했다. CAP은 시대적 농업 상황에 맞춰 유럽 농업의 변화를 주도했다. 유럽 농업의 방향성과 프로그램은 CAP에 의해서 생산자 중심에서 소비자 중심으로, 그리고 환경과 지속 가능성 중심으로 계속 진화했으며 그때마다 CAP은 거대한 나침반 역할을 해왔다. 2021년 EU는 기존의 공동농업정책을 개편하기로 합의하고, 새로운 유럽 공동농업정책 2023~2027 CAP을 수립했다. 2023년 1월부터 시행된 새 CAP은 더 공정하고 친환경적인 정책을 지향하며, 지속 가능한 농업과 임업 시스템을 구축해 유럽 그린딜(European Green Deal)을 달성하는 데 주목적이 있다.

유럽 그린딜은 EU가 기후변화를 인류의 가장 큰 위기로 규정하며 제안한 정책 로드맵으로, 2050년 탄소 중립과 기후 위기 극복을 위해 사회 각 분야에서 수행할 과제를 담고 있다. 이에 따라 새로운 2023~2027 CAP은 EU 농업직불금 예산의 최소 25%를 유기농업과 탄소농업 같은 환경친화적 농업에 사용하고, 최소 35%의 재원을 기후, 생물 다양성, 환경, 동물 복지를 위하는 프로그램에 할당하고 있다. 아직 우리나라는 생산주의 농정에 머물러 있기 때문에 지속 가능 농정을 최우선에 두고 있는 유럽의 농업정책이 부러운 부분이다.

농업 없는 나라 싱가포르에 닥친 위기

대체로 국민소득이 3만 달러가 넘어가면 그 나라 국민들은 농업 노동을 거의 하지 않는다. 대신 자국민들은 농업 경영자의 위치로 이동한다. 자국민들에게는 농업 노동 이외에도 다른 노동 대안이 많기 때문이다. 우리나라의 농업은 동남아 사람들, 미국 농업은 멕시코를 포함한 히스패닉 사람들, 네덜란드 농업은 폴란드 사람들, 스페인 농업은 알제리 사람들의 노동력에 의존하는 식이다.

코로나 팬데믹은 글로벌 식량 공급망을 당연하게 생각하던 전 세계 많은 사람들에게 농업과 식량을 다시 생각하게 만드는 계기가 되었다. 글로벌 식량 공급망에서 충분한 식량 생산은 최소한의 필요조건에 지나지 않는다. 식량 생산이 충분하더라도 글로벌 식량 공급망이 교란되는 이유는 얼마든지 있다. 코로나 팬데믹은 생산에 문제가 없어도 식량 공급망이 차질을 빚을 수 있다는 다양한 사례를 확인시켜주었다.

중국의 경우 도시 봉쇄 조치와 인적·물적 이동 제한으로 농산물의 이동이 차단됐고 가공과 유통에 차질이 생겨 농산물에 접근 자체를 못 하거나, 유통기한이 지나 폐기하는 농산물이 급증했다. 운송 차질과 국경 통제 강화로 농산물 물류비가 증가하고 신선도 유지를 위한 냉장 비용이 추가로 발생하면서 농산물 가격이 치솟은 경우도 많았다.

우리나라를 비롯한 세계 곳곳에서 외국인 계절 농업 노동자의 이동이 제한되자 노동력 부족 사태도 현실이 되었다. 외국인 농업 노동자 부족으로 수확을 제때 하지 못했고 농작물 낙과 피해로 이어졌다.

글로벌 농업 공급망에 교란을 주었던 코로나 팬데믹 전후로 농업정책을 크게 선회한 대표적인 나라는 싱가포르다. 싱가포르는 서울 면적의 4분의 1 정도 되는 작은 도시국가로 인구도 560만 명에 불과하다. 반면에 1인당 국민소득은 7만 달러가 넘는 고소득 국가다. 제한된 국토 면적에 국민소득이 높으니 농업 생산에 불리했고, 식량의 90% 이상은 당연히 수입에 의존해왔다.

그런데 코로나 기간 중 주요 식량 수입국들의 수출 통제와 국경 통제 강화 등의 조치가 취해지면서 식량 공급에 문제가 생겼다. 2020년 3월 말레이시아 정부가 국경을 봉쇄하면서 싱가포르로 들어오는 신선 농산물 수입량이 급감한 것이다. 말레이시아산 농산물은 싱가포르의 전체 과일과 채소 수입량의 약 30%를 차지하고 있었기에 혼란은 불가피했다.

코로나19 공포로 인한 호주의 쌀 수출 제한과 인도의 일시적인 쌀 수출 금지 조치 등도 싱가포르에 직접적인 타격을 주었다. 말레이시아를 통한 육로 대신 항구를 통한 식량 수입도 선박 운항 지연과 항만 노동자 부족으로 원활하지 않았다. 내 눈앞에 떠 있는 선박에 식량이 실려 있는데도 정박과 하역 지연으로 그림 속의 떡과 다를 바가 없었다.

식량 안보는 생존이다, 싱가포르의 뼈저린 각성

싱가포르 국민들은 코로나를 겪으면서 식량의 90%를 수입에 의존하는 상황이 얼마나 위험한지 깨닫게 되었다. 그래서 싱가포르 정부는 자국 내 식량 비축량을 늘리고 수입선 다변화를 모색하는 등의 대책을 마련했다. 어려운 농지 여건을 이유로 등한시했던 자국의 농업 생산성과 식량자급률을 높여야 한다는 현실을 뼈저리게 느낀 것이다.

사실 코로나 이전부터 싱가포르의 식량 공급망은 유사시 싱가포르의 치명적인 약점으로 지목되어왔다. 싱가포르 정부는 이를 타개하고자 2019년 4월에 식량 안보청(Singapore Food Agency, 이하 SFA)을 공식 출범했다. 2019년 12월 중국 우한에서 코로나가 시작되기 8개월 전이었다. SFA는 기존의 농식품수의청과 국가환경청 산하 식품 부서를 통합하여 새로이 설립된 기관이었다. 식량 안보 문제가 점점 더 중요해짐에 따라 싱가포르 정부는 식량 공급망 관리, 자국 내 식량 생산 촉진, 식품 안전 등의 업무를 전담하는 통합 부서가 필요하다고 판단했기 때문이었다.

SFA 설립 당시 할리마 야콥 싱가포르 대통령은 "식량 안보는 싱가포르의 생존을 위해 절대적으로 중요하다"며 SFA의 역할을 강조했다. SFA가 출범한 직후에 실제로 코로나 팬데믹 상황이 펼쳐지고 우려했던 시나리오들이 현실이 되자 그 중요성이 더욱 부각되었다.

SFA가 중심이 되어 추진하는 싱가포르의 새로운 식량 안보 정책은 '30 by 30'이라고 이름 붙여졌다. 목표는 2030년까지 식량자급률을 30%까지 끌어올리는 것으로, 10%에 불과한 식량자급률을 10년 사이에 3배로 올리겠다는 도전적 목표다. '30 by 30'은 수직 농장, 식물 공장, 옥상 농원 등 도시 농업을 확대하고, 식물 공장 자동화와 식용 곤충 양식 등 신기술 개발을 지원하며, 노지 농장(open field)의 스마트팜 전환 등 생산성 향상을 위한 전방위적 전략을 채택했다.

2030년까지 싱가포르 내 건설 예정 부지 중 4분의 1을 농업 용지로 할당하고, 60개 이상의 농장 입지를 새롭게 확보하는 것과 도시 농업 기업에 10억 달러 이상 R&D 자금을 투자하는 내용도 포함됐다. 주요 수입국과 글로벌 식량 조달 체계를 견고하게 정비하는 내용도 있다. '30 by 30'은 제한된 부지에서 최대한의 식량을 확보하기 위한 싱가포르 정부의 종합적인 식량 안보 전략인 동시에 도시 농업과 첨단 기술을 통해 미래 식량 위기에 대비하는 정책으로 평가된다.

싱가포르는 제주도 면적의 40% 정도 되는 작은 나라임에도 강력한 국방력을 키워왔다. 싱가포르군은 동남아시아에서 가장 현대화된 군대 중 하나로 모든 남성 시민권자와 영주권자는 군복무의 의무를 지닌다. 싱가포르가 국방을 대하는 자세와 농업을 대하는 태도는 정반대였다. 국토는 좁지만 소득은 높으니 농업과 식량은 외국에 의존해도 충분할 것이라 생각해왔다. 하지만 코로나 사태 이후 급변하는 세계 정세와 식량 상황을 자각하고 이전과는 완전히 다르게 반응하기 시작했다. 농업은 기반 산업이자 생존 산업이며, 화폐 가치만으로 설명할 수 없는 산업 이상의 가치임을 깨달았던 것이다.

아프리카는 왜 여전히 굶주리는가

다른 대륙과 비교하여 아프리카 농업이 제대로 발전하지 못한 것은 현대사적 관점에서 매우 안타까운 일이다. 이렇게 된 데는 여러 가지 복합적인 이유가 있다.

내부 요인으로는 아프리카 국가들의 정치적 무능과 부패에 더하여 종족 갈등과 내전으로 개발 경제 시대에 뒤처진 점을 꼽을 수 있다. 그리고 외부 요인으로는 아프리카에서만 녹색 혁명이 실패한 것과 식민지 시대 유럽 농업정책의 영향이 가장 크다는 점을 꼽을 수 있다.

아프리카는 전 지구적 농업 혁신인 녹색혁명의 혜택을 제대로 누리지 못한 유일한 대륙이며, 식량 작물 생산 기반을 갖추기 전에 다른 대륙을 위한 상업 작물의 생산 기지가 된 비운의 대륙이다.

아프리카는 아시아에 이어 세계에서 두 번째로 넓은 대륙이다. 아프리카 대륙의 면적은 주변 섬을 합하여 약 3,000만 제곱킬로미터이며 이는 지구 육지 면적의 20%에 해당한다. 아프리카에는 54개 독립국가에 약 13억 5,000만 명의 인구가 있는데, 이는 세계 인구의 15% 정도를 차지한다. 대륙의 면적과 인구수를 보면 아프리카는 농업적 잠재력이 매우 큰 곳이라 할 수 있다.

국제연합식량농업기구(FAO)에 따르면 세계 경지면적은 48억 헥타르이고 이 중 아프리카의 농지는 12억 헥타르다. 아프리카의 1인당 농지 면적은 아시아와 유럽보다 많다. 전체 농경지 면적으로도 아시아와 유럽은 물론이고 남미와 북미에도 뒤지지 않는다. 전 세계의 미개척 농지의 60%도 아프리카에 있다.

하지만 최근 러우전쟁과 기후변화로 인한 아프리카 농업 위기가 심각해지고 있으며 아프리카의 식량 상황은 최악으로 치닫는 중이다. 현재 전 세계에는 약 8억 명의 기아 인구가 있는데 이들 대부분은 아프리카와 남아시아에 있다. 특히 아프리카 인구의 25%는 기아 상태 또는 기아 유사상태에 있는 것으로 파악되고 있다.

가장 심각한 지역은 '아프리카의 뿔'(대륙 동북부) 지역이다. 2020년 말 이후 지부티, 에티오피아, 에리트레아, 케냐, 소말리아, 남수단, 수단 등 아프리카의 뿔에 있는 국가들은 40년

에티오피아 농부가 소와 원시 나무 쟁기로 밭을 가는 모습. 아프리카는 전 지구적 농업 혁신인 녹색혁명의 혜택을 누리지 못한 유일한 대륙이며, 식량 작물 생산 기반을 갖추기 전에 다른 대륙을 위한 상업 작물의 생산 기지가 된 비운의 대륙이다.

만에 찾아온 최악의 가뭄이 지속되는 중이다. 이 지역에는 다섯 차례에 걸친 우기 동안 비가 제대로 내리지 않아 수백만 명의 사람들이 긴급한 수준의 기아에 직면했고 가축도 수백만 마리나 죽었다. UN세계식량계획(WFP)에 따르면 소말리아, 에티오피아, 케냐 일부 지역에서는 2,300만 명 이상이 극심한 식량 불안에 시달리고 있으며 사망률과 영양실조율도 심각한 수준이다.

아프리카의 자연적 농업 환경은 일각의 우려보다 나쁘지 않다. 지역에 따라 편차가 크지만 수자원이 양호한 지역도 꽤 된다. 아프리카 대륙에는 나일강, 니제르강, 콩고강과 빅토리아 호수 등의 수원(水源)이 있으며 이들은 농업용수를 위한 중요한 수원 역할을 한다. 하지만 아프리카 대륙의 토양은 다른 대륙에 비하여 농업적 열위에 있다. 아프리카 일부에는 지구에서 가장 비옥한 땅이 있는 곳도 있지만, 아프리카 대륙 대부분의 토양은 필수 영양분과 유기물이 부족한 상태다. 건조함과 사막화가 대륙의 절반에 영향을 미치는 한편, 나머지 중 절반 이상의 땅은 철과 알루미늄 산화물의 함량이 높고 오랜 세월 풍화된 산성토양이다.

아프리카 농업의 최대 약점은 자연적 환경보다 사회적 환경에 있다. 농지가 조각화, 분산화되어 있고 농지의 소유관계는 복잡한 반면 인건비는 저렴하다 보니 농기계의 활용이 미흡하여 영농 규모를 확대하기 쉽지 않다. 우리나라가 1960년 초반에 농업 개혁의 중심에 농지개혁과 농업 기계화를 두었던 것과 대비된다.

1940년대 멕시코의 밀 혁명에서 시작된 녹색혁명은 남아시아와 동남아시아의 쌀 혁명을 거쳐 1980년대 후반까지 아프리카를 제외한 세계 전체적으로 확산되었다. 특히 녹색혁명의 주인공 노먼 볼로그 박사는 말년에 아프리카의 국제열

대농업연구소(IITA)에서 직접 녹색혁명을 주도하기도 했다. 하지만 유독 아프리카에서만 유의미한 성과를 거두지 못했다.

녹색혁명이 아프리카에서만 성공하지 못한 이유는 복합적이다. 가장 큰 이유는 아프리카 농업의 다양성 때문이다. 아프리카는 식생, 섭생, 기후, 토질 등 자연조건이 매우 다양하여 단일 종자를 개발하기 어려운 지역이다. 아프리카의 주식은 다른 대륙과는 달리 나라와 지역, 계절마다 옥수수, 얌, 카사바, 수수, 조, 기장 등으로 매우 복잡하여 연구 역량을 하나로 집중하기 어렵다. 이런 다양성 때문에 단일 농업 모델을 만들기도 어렵지만 만들어도 다른 지역에 적용하는 것은 사실상 불가능했다.

아프리카의 농업 환경과 농업 인프라도 녹색혁명에는 악영향이었다. 도로와 관개시설(灌漑施設, 논밭에 물을 대고 빼는 시설), 국가농업지원시스템이 너무 부실하다 보니 개량종자가 개발되어도 현장에 연구 성과물을 보급하거나 농민에게 적절한 교육 훈련을 제공할 방법이 마땅하지 않았다. 당시에 식민지에서 독립한 지 얼마 되지 않는 아프리카 정부들은 제조업 발전에 더 큰 관심이 있었고 농업 발전은 뒷전이었다. 하지만 농업의 발전 없는 제조업 발전은 허상일 뿐이었다. 얼마 지나지 않아 국제사회의 산업 구조조정 압박에 노출되어 아프리카의 제조업 발전과 농업 발전은 둘 다 무너져 내리고 말았다.

아프리카의 부패하고 무능한 정부들은 자원 개발이나 국제 원조에서 오는 수익을 기득권층끼리 나누었을 뿐, 농촌과 농민의 삶에는 큰 관심이 없었던 것도 아프리카의 농업 발전을 저해한 원인이 되었다. 그러다 보니 아프리카는 농업 경쟁력을 갖추기도 전에 시장 논리라는 이름으로 농업 시스템이 정부의 지원과 보호에서 내팽개쳐졌고 지금의 취약한 소농 구조로 굳어져버렸다.

배고픈 아프리카는 왜 식량 대신 커피를 재배할까

아프리카가 식민지로서 유럽의 상업 작물 생산 기지 역할을 해야 했던 것도 불행한 일이다. 식민지 시절 유럽은 아프리카의 식량 작물 재배에는 별 관심이 없었다. 유럽에서 필요한 식량은 유럽 내에서 생산해도 충분했기 때문이다.

대신 돈이 되는 환금작물이나 상품 작물 재배에 열을 올렸다. 커피와 카카오처럼 부피는 작지만 가격은 비싸고 노동력이 많이 드는 작물이 주로 아프리카에서 재배되었다. 결과적으로 아프리카에는 식량 작물을 위한 농업 인프라 투자나 기술 개발은 거의 진행되지 않았다. 대신 식량과 무관한 상품 작물 중심으로 농업 투자가 이루어졌다. 지금도 아프리카에서는 식량 작물은 소농이 주로 생산하고 대농은 상품 작물에 집중하는 농업 형태가 남아 있다.

식량이 부족한 아프리카이지만 세계 최대의 카카오 생산국 순위가 코트디부아르, 가나, 인도네시아, 카메룬, 나이지리아인 것은 아프리카가 카카오 생산의 적지이기도 하지만 유럽 농업의 잔재가 섞인 결과이기도 하다. 남미 농업은 아프리카와 달리 미국의 주도로 식량 작물 생산 중심으로 발전해왔다. 유럽이 남미에 대한 식민지 지배력을 상실한 이후에 남미의 농업 생산기술과 농업 인프라는 북미 시스템이 도입되었고 남미는 북미와 유사한 생산 효율을 가지게 되었다.

국제사회가 아프리카를 향한 식량 기술원조보다 식량의 직접 제공에 치중했던 것도 아프리카의 부실한 식량 시스템의 원인이 되었다. 국제사회는 아프리카에 충분한 농업 인프라를 구축하고 기술 투자를 지속하기보다는 구호적 성격으로 식량을 직접 전달하는 방법을 오랜 기간 선호해왔다. 아프리카 농업 인프라 구축이 부족한 데는 막대한 규모의 자금과 시간이 필요한 이유도 있었지만, 아프리카 내부의 불안정한 정치와 부패로 국제 개발 자금의 횡령이 빈번했던 것도 원인이었다.

이에 더하여 식량 공여국 입장에서의 또 다른 이유도 포함되어 있었는데, 국제적인 농산물 과잉생산 문제의 해결이었다. 세계 농업은 1950년대 미국과 유럽의 농업 생산구조가 안정화되고 남미와 동유럽의 대규모 농경지가 개발된 이후, 1960년대에는 녹색혁명으로 다수확 품종이 전 세계에 보급되면서 만성적 과잉생산 구조에 접어들었다. 유럽과 미국이 자국의 잉여 농산물 소비처로 아프리카를 지목한 것은 당연한 일이었다.

선진국의 값싼 농산물이 들어오자 품질은 낮고 가격은 비싼 자국 농산물은 설 자리를 잃어버렸다. 때로는 무역으로, 때로는 원조의 이름으로 아프리카에 들어온 농산물들은 당장의 배고픔은 잠시 잊게 해주었지만, 이는 아프리카의 국가농업 시스템 발전을 저해하는 직접적 원인으로 작용했다.

한국 농업의
숨가쁜 발전사

—

4

통일벼를 자동차로 비유하면 단순한 신
차가 나온 게 아니다. 자동차 생산 라인
시스템이 마련된 것이다. 통일벼의 진정
한 성과는 주곡을 위한 품종 개발과 이
품종을 전국 농가에 보급하고 교육하는
국가 시스템을 구축했다는 데 있다.

통일벼가 포니 자동차라면 지금 우리 논에 심어진 벼들은 제네시스다. 통일벼가 64K D램이었다면, 지금 논에 심긴 벼들은 6세대 HBM 경쟁에 들어가 있다. 우리 눈에 똑같아 보일 뿐이다. 매일 최고급 쌀을 먹고 있지만 한국의 치열한 농업 연구 성과는 우리가 모르는 사이에 삶의 일부가 되어버려 그 가치를 인정받지 못하고 있다.

한국 농업이 지나온 길은 어찌 보면 기적에 가깝다. 우리나라 사람들은 잘 모르지만 한국은 세계적으로도 유래가 없는 농업 압축 성장에 성공한 유일한 나라다. 한국 농업은 선진국이 수백 년에 걸쳐 완성한 농업의 생산성을 광복 이후 불과 70여 년 만에 따라잡는 데 성공했다.

한국은 통일벼로 대표되는 1970년대 녹색혁명과 1980년대 백색혁명(비닐온실 원예농업을 상징하는 말로 작물의 연중 생산을 통해 소비자의 농산물 접근성과 농가 수익을 높인 사업)을 차례로 성공시키며 쌀을 자급자족할 수 있게 됐고 다양한 농산물을 안정적으로 공급할 수 있는 기반을 마련했으며, 토지 생산성과 노동 생산성을 전 세계에서 가장 빠르게 향상시킨 나라가 되었다.

선진국 필리핀과 최빈곤국 한국은 어떻게 달랐나

우리나라 제조업의 발전은 농업의 성장이 선행되었기에 가능했다. 국가 농업이 성장해야 농식품의 안정적 공급이 가능해지고, 농업 부문에서 나온 잉여 노동력과 자본이 2, 3차 상위 산업으로 이동해야 제조업과 서비스업의 성장도 가능해지는데, 이 허들을 넘는 데 실패한 나라가 많다. 대표적인 나라가 필리핀이다.

60년 전 필리핀은 6·25전쟁에 연합군을 파병해주었으며 쌀을 원조해준 나라였다. 우리나라의 통일벼도 필리핀에 위치한 국제미작연구소(이하 IRRI)와의 협업 연구로 탄생했다. 필리핀은 1960년대 농업 기술혁신을 이끌 만큼 농업 선진국으로 꼽히던 나라였다. 하지만 1960년대 2,600만 명이던 필리핀 인구가 2020년에 1억 1,000만 명까지 늘어나는 동안 쌀 수요와 쌀 생산량의 균형을 맞추지 못했고 쌀 가격 안정에 실패하면서 2008년에는 정권까지 위태로워지기도 했다.

현재 필리핀은 삼기작(三期作, 같은 밭에 같은 작물을 1년에 세 번 재배하는 방식)이 가능한 자연조건임에도 세계 최대의 쌀 수입국이 되었다. 더욱 안타까운 점은 필리핀의 경우 농업의 안정화와 선진화에 실패하면서 농업, 제조업, 서비스업으로 이어지는 산업구조 고도화에 실패했고, 산업의 중심이 여전히 농업에 머무르고 있다는 사실이다.

　아프리카의 식민지 독립 정부들도 마찬가지다. 54개의 나라가 있는 아프리카의 경우, 식민지 종식 이후 대부분의 아프리카 정부들은 농업의 안정을 가볍게 여겼다. 그렇게 섣부르고 무리한 제조업 우선 정책을 펼쳤고 지금은 농업과 제조업 모두 무너져버린 나라들로 가득하다.

　우리나라는 이 부분에서 달랐다. 독일 제조업의 성공 신화를 일컫는 '라인강의 기적'과 비교되어 '한강의 기적'으로도 불리는 한국 제조업의 신화적 성장의 뒷면에는 우리에게 잘 알려져 있지 않은 농공병진정책(農工竝進政策)이 있었다. 1962년 농공병진정책을 채택한 이후 1976년까지 약 15년 동안은 농업의 성장 속도가 공업을 능가했고 1980년대 중반까지는 농업의 고용창출력이 공업보다 높았다. 농업의 압축 성장이 공업보다 먼저 이루어졌다는 의미이고, 그랬기에 제조업이 성장할 수 있었다.

한강의 기적을 만든 농업정책 이야기

한 나라의 경제가 성장하는 데 농업이 불안하면 제조업과 서비스업으로 산업구조가 고도화되는 진행 자체가 불가능하다. 1950~1960년대 한국의 식량 사정은 최악이었다. 6·25전쟁의 상흔이 고스란히 남아 있었고 군정 이후 한반도에는 변변한 농업 기술자나 농정 리더를 찾아보기 어려웠다. 작은 위안이라면 전쟁 직전인 1950년 3월, 남한의 농지개혁을 위한 농지개혁법이 만들어졌다는 정도였다.

미국의 원조 없이는 하루를 지탱하기 어려운 위태로운 날들이 이어지고 있었고, 미국의 밀가루와 분유는 영세 서민의 연명식이 되었다. 가을에 수확한 쌀이 떨어지고 봄에 보리가 수확되기 전까지의 보릿고개 시기에는 실제로 아사하는 사람들이 생겨났다. 아슬아슬한 식량 상황은 태풍이나 장마 한 번에도 속절없이 무너져 내렸다. 지금은 TV에서나 볼 수 있는 아프리카와 남아시아의 가장 못사는 나라의 모습이 딱 그대로 우리나라의 모습이었다.

주곡 자급은 지상 최대의 과제였다. 정부 부처 서열이 청와대, 국방부, 농림부 순서였을 정도로 식량 문제는 국가정책의 최우선 과제였다. 한국 경제의 위대함은 1962년 1차 경제개발 5개년 계획을 시작으로 경공업, 중공업, 중화학공업 순서대로 경제개발모델을 이행하고 수출 중심의 산업구조를 만들어왔다는 데 있다. 여기까지는 교과서에도 실릴 정도로 잘 알려진 이야기다.

하지만 이것은 반쪽짜리 스토리에 불과하다. 1962년 정부는 경제정책의 대전환을 위하여 공업 발전과 더불어 농업 발전을 동시에 추진하는 농공병진정책을 채택했다. 공업 발전을 위해 제조업 발전의 기틀을 잡고 국토의 균형 발전을 도모하는 한편, 중농정책을 추진하여 농가 소득을 향상시키고 농업 생산력을 증대시키는 것이었다.

농업 발전을 위해 농지 정비, 수자원 정비, 농업협동조합 설립, 새마을운동, 농업 기계화 등을 동시다발적으로 추진했다. 그 결과 농업에서 유출된 노동력은 제조업으로 이동했고, 제조업에서 획득된 잉여자본은 다시 농업발전 자금으로 순환 투자되었다. 실제로 1980년대 중반까지만 해도 우리나라의 농업과 제조업은 앞서거니 뒤서거니 하며 동반성장을 했는데, 이는 당시 농공병진정책의 성과를 잘 설명해준다.

통일벼의 탄생

정부는 농업 개혁을 위해 농촌진흥조직의 획기적인 개편과 체계화가 필요하다고 판단했다. 농사 시험연구와 기술 보급 체계를 일원화하고 전문성을 높이기 위한 목적으로 국립 연구 기관인 농촌진흥청을 설립해 1962년 4월 1일 발족되었다. 농촌진흥청 설립 당시 한반도에는 2,300만 명 인구에 농민이 1,900만 명일 정도로 한국은 농업 국가였다.

정부는 1962년 농촌진흥청의 직제를 제정함과 동시에 식량 자급과 농촌진흥을 위한 정책을 강력하게 추진했다. 그렇게 1964년부터 1976년까지 12년간 통일벼 개발 및 육성 사업이 진행되었다. 잘 쓰러지지 않고 병에 강한 다수성 신품종을 육성하고 보급하는 것이 당시 가장 큰 목표였다. 필리핀의 IRRI 연구원 57명이 한국에 파견되었고, 한국에서는 IRRI로 연구원 157명을 파견해 벼의 신품종 개발을 진행했다.

인디카와 자포니카*의 교잡이 시도되었다. 인디카는 생산력이 좋았고 자포니카는 한국 지형에서 재배 적합성이 높았기 때문이었다. 하지만 두 품종은 유전적 차이가 커서 생태적으로 후대를 낳을 수 없었다. 이런 불임성을 극복하기 위하여 중간에 또 다른 품종을 끼워 넣는 3원 교배로 극복하는 개발 기술이 시도되었다. 환경이 다른 경기도 수원과 필리핀에서 품종을 선발했고 세대 진전을 시키는 셔틀 육종 기술 체계도

---

* 인디카는 가늘고 긴 형태의 찰기가 없는 장립종 쌀로 주로 동남아에서 생산하며, 자포니카는 둥글고 찰기 있는 단립종 쌀로 주로 한국과 일본에서 생산한다.

1975년 필리핀 국제미작연구소에서 증식한 통일벼 종자가 김포공항을 통해 한국으로 들어오는 모습.

도입되었다. 노먼 볼로그 박사가 미국과 멕시코에서 세대 단축을 위해 고안한 셔틀 육종 방법을 통일벼 육종에도 도입한 것이다.

그렇게 1971년 드디어 통일벼가 개발되었고, 이후 지속적인 연구 개발로 1977년 쌀 생산량이 600만 톤을 넘어서면서 식량 자급을 달성할 수 있었다. 지금이야 한 해 쌀 생산량이 380만 톤에 불과해도 다른 먹을 게 흔해서 쌀이 남아돌지만

1976년, 우리나라 농가에서 통일벼 신품종을 모내기하고 재배하는 모습.

당시에는 쌀뿐이어서 600만 톤은 최소 요구량에 가까웠다.

통일벼의 진정한 성과는 쌀이 아닌 시스템

통일벼의 개발로 우리나라는 만성적인 쌀 부족에서 벗어났고, 1977년에는 드디어 국가적 숙원사업인 쌀 자급자족을 달성했다. 1971년 통일벼가 개발된 지 6년 만에 거둔 성과였다. 이는 단순히 통일벼라는 품종을 개발한 것뿐 아니라 통일벼의 단점을 계속 개선하면서 빠른 농가 보급을 위해 국가 차원의 증식과 보급 체계를 단기간에 확립했기에 가능한 성과였다.

통일벼는 다른 농작물의 품종 개발과 재배 기술을 발전시키는 토대가 되었다. 육종 기술(育種技術, 동물이나 농작물의 유전적 특징을 개량하여 실용 가치가 높은 품종을 만드는 기술)의 발전은 이후 농기계와 농자재 등 관련 산업의 발전으로도 연결되었고, 사계절 신선한 과일과 채소를 공급한 백색혁명의 시발점이 되었다.

통일벼 개발로 인한 1977년의 주곡 자립은 국가의 경제 발전 측면에서 더 큰 의미를 갖는다. 안정적 식량 공급이 가능해지면서 산업구조 고도화와 경제성장의 기반이 마련되었고, 경제개발 5개년 계획의 밑바탕이 되었기 때문이다.

흥미로운 것은 통일벼가 우리 땅에 재배된 기간은 불과 7~8년 정도밖에 안 되었다는 사실이다. 통일벼는 단위면적당 생산량은 매우 높았으나, 아열대 지방의 인디카를 바탕으로 한 품종이라서 냉해에 약했다. 이를 막기 위해 비료와 농약도 많이 필요했다.

찰기가 떨어져 밥맛도 좋은 편이 아니었다. 특히나 강한 비바람이나 태풍 뒤에 번지는 도열병에 취약했다. 쓰러지지 않도록 뿌리와 줄기를 강하게 만들기 위해서는 화학비료도 많이 주어야 하고, 허약한 몸집으로 벼 나락을 유지하다가 생기는 병을 없애는 농약도 쳐야 했다. 비료와 농약의 과도한 사용으로 인해 점차 논에서는 메뚜기와 미꾸라지가 사라졌다. 토양이 산성화되어 황폐해지는 고투입 농법의 시작점이 되기도 했다.

그럼에도 통일벼는 광복 이후 국가 연구 개발 100대 성과에서 당당하게 1위를 차지하는 건국 이래 최고의 업적인 것에는 이론의 여지가 없다. 통일벼가 있었기에 주곡 자립이 가능했고, 식량 생산의 안정화는 전 세계가 '한강의 기적'이라고 부르는 제조업 발전과 산업구조 고도화의 밑알이 되었던 것도 분명하다.

여기서 짚고 넘어가야 할 것이 있다. 통일벼는 자동차로 비유하면 새로운 차가 나왔다기보다 자동차 생산 라인 시스템이 구축된 것이다. 통일벼의 진정한 성과는 신품종 벼라는 일회성 제품이 아니라 주곡을 위한 품종을 개발하고 이 품종을 전국 농가에 보급하고 교육하는 국가 시스템이 확보됐다는 데 있다.

통일벼는 이 땅에서 7~8년밖에 재배되지 않았지만 통일벼를 통해 새로운 벼의 품종을 연구 · 개발하는 노하우를 확보했고 전문 연구 인력을 양성할 수 있었다. 또 신품종을 국가 전체로 전달하는 지도보급 교육 시스템을 확보한 것이 진정한 통일벼의 성과이자 국가 자산이었다. 그래서 통일벼 이후부터는 밀양, 추풍, 삼강, 동진 등 통일벼의 뒤를 잇는 후속 스타 품종들을 끊임없이 개발할 수 있었다. 지금도 우리나라는 벼 품종 개발만큼은 세계에서 최고 수준의 기술력과 권위를 가진 나라다.

1962년 수원에 설립된 농촌진흥청은 혁신도시 공약의 일환으로 2014년 전주로 이전되었다. 이전 기념식에서 축하 연사로 초대받은 당시 과학계 리더가 쓴소리를 했다. 한국의 농업 연구는 통일벼 이후에는 아무런 성과도 없으니 반성하고 각별히 분발하라는 주문이었다. 당시 그 리더는 통일벼의 성과를 프로세스가 아닌 단일 제품으로 이해하고 있었다.

충분히 그럴 수 있고 애정에서 시작된 이야기였지만 기관 이전이라는 축하의 자리에서 농업 연구에 대한 낮은 이해와 선입견을 고스란히 드러내는 대목이라서 당시 참석자들 사이에서는 서운함과 아쉬움이 남을 수밖에 없었다. 과학계 리더의 농업 연구 개발에 대한 이해도가 이 정도였으니 일반인들의 오해와 편견도 크게 다르지 않을 것이다.

농업정책이 전국에 뿌리내리기까지

우리나라 농업 발전에는 농업협동조합정책과 농업기술 개발 정책이 중심에 있었다. 정부는 농민을 조합원으로 하는 단위농협과 단위농협의 연합체인 농협중앙회를 만들었고, 농협은 구매 사업, 판매 사업, 지도 사업, 신용 사업의 네 가지 핵심 활동을 전담했다. 이를 통해 농업 가치사슬 전반의 체계를 정비하고 농민을 조직화했으며, 자본을 모아 전국 곳곳에 농업 관련 시설을 확충했다.

정부는 제조업 부문에서 거둬들인 재정 여력을 농업에 과감히 투입했다. 비료, 농약, 종자 등에 대한 유무상 지원과 각종 수매 사업, 경지정리, 수자원 정비, 도매시장과 유통 정비 등이 일사천리로 진행됐다. 농업기술 개발 정책은 농촌진흥청과 지방농촌진흥기관이 주도했다. 지도직과 연구직 공무원이 확충되고, 4H(농업인 학습단체)와 여성농업인조직 등 전국적인 농민 조직이 결성되었다. 농민에게 기술을 교육하고 보급하기 위한 모세혈관 같은 전국 네트워크도 정비되었다.

정부의 정책은 적중했다. 농업 발전에 필요한 조직과 제도가 정비되고 각종 농촌진흥사업은 정부 주도로 일사불란하게 작동했다. 1977년 식량 자급에 성공하고 식량 상황이 안정되면서 제조업 발전에도 탄력이 붙었다. 정부 주도의 농업 발전 정책에서 농업협동조합과 국가 농업연구기관의 역할은 틀림없는 정답이었다.

돌이켜보면 당시 우리나라의 농업은 고수의 바둑처럼 탄탄한 행마를 밟아왔고, 그랬기에 빠르게 발전할 수 있었다. 하지만 농업의 압축 성장은 필연적으로 오늘날 다양한 농업 난제의 원인으로 이어졌다. 공짜 점심은 없는 것이다.

농업의 압축 성장은 쌀 중심의 농정 구조, 농업의 정치재화, 과투입 농법으로 인한 농촌 환경 훼손, 과도한 관 의존과 농민의 마인드셋 낙후 등 이후 여러 복잡한 농업 난제의 원인이 되었다. 선진국 농업이 진화 과정에서 발생하는 문제를 그때그때 해결하면서 완만한 속도로 발전해왔던 것과 다르게, 우리 농업은 성장 지상주의 경로로 초고속으로 발전하면서 여러 문제와 부작용을 품을 수밖에 없었다.

우리가 농사를 짓지 않을 때 벌어지는 일

혹자들은 GDP에서 생산 농업이 차지하는 비중이 1~2%에 불과하다면 굳이 농업을 해야 하는가 반문하기도 한다. 생산 농업을 전부 포기하는 대신에 농업에 투입되는 국가 재원을 제조업과 서비스업 발전에 더욱 집중하여 외국에서 모든 것을 사다 먹는 것이 더 합리적인 선택이 아니냐는 주장이다. 우리나라처럼 개발주의 산업 정책에 성공해 압축적으로 선진국이 되었고, 농업 문맹인이 많은 상황에서는 더욱 설득력 있게 들린다.

경제적으로 매우 그럴듯해 보이는 주장이지만 세상은 그리 단순하지 않다. 생산 농업 전부를 외국에 의존해서는 안 되는 것은 안보적, 정서적, 공간적, 경제적으로 맞지 않기 때문이다.

국방이나 치안, 교육을 경제성으로만 판단하여 외국에서 전부 아웃소싱하는 나라는 없는 것처럼, 농업 전부를 외국에 아웃소싱하는 나라는 지구상에 없다. 국방, 치안, 교육처럼 농업은 산업적 특성 이외에 기반적 특성이 있으며, 모국어처럼 정서적 기둥이 되기 때문이다. 오히려 코로나를 경험하면서 사막 국가 아랍에미리트(UAE)나 도시국가 싱가포르처럼 농업 여건이 극단적으로 불리한 나라들조차 논 농사를 도입하는 등 생산 농업과 자국 내 식량 생산을 늘리는 추세다.

안보적 관점에서 자국의 농업 생산력이 전혀 없으면 가격 협상력과 위기 대응력에서 급격히 취약해진다. 어떤 품목이든 간에 국내 생산량이 있을 때와 전혀 없을 때의 수입 가격은 차이가 크다. 위기 상황에서는 더욱 그렇다.

우리나라의 경제 규모와 국토 크기, 인구 등을 고려해볼 때 국내 식량 필요량의 25~30%는 국내 생산을 갖추는 것이 전략적으로도 꼭 필요하다. 식량은 생산 리스크 이외에도 물류 리스크도 고려해야 하는데 국내에 생산 기반이 있는 경우와 없는 경우의 대응은 상상할 수 없는 차이를 가져온다.

국내에 생산 기반이 존재하는 경우 국제 식량 체계에 문제가 발생하더라도 국내 생산을 신속히 끌어올릴 수 있는 탄력성이 있고, 국제 시장의 가격 변동성에 대한 완충 효과도 갖게 된다. 또한 식량을 수출하는 국가에 한국 수준에 맞는 높은 기준을 요구하는 것도 가능하다.

하지만 국내 생산 기반이 부재한 경우 식량 수급에 있어 수입 의존도가 높아져 국제 정세나 무역 관계의 변화에 취약해질 수밖에 없다. 안정적인 식량 공급을 위해 더 많이 수입해 비축해야 하며, 리스크 분산 측면에서 수입선 다변화를 강화해야 하기 때문에 결과적으로 더 많은 비용이 들어간다. 또한 운송 지연이나 운송 비용 상승 등 국제 물류의 작은 리스크에도 고스란히 노출될 수밖에 없다. 한국처럼 에너지의 거의 전량을 외국에 의존하는 나라가 식량마저 전량 외국에 의존한다면 그 위험성은 걷잡을 수 없다.

곧 자세히 설명하겠지만 산업적 관점에서도 전방 농업과 후방 농업은 무한히 확장되는 시장으로, 국내 생산 농업이 어느 정도 받쳐줘야 전방 농업과 후방 농업을 성장시킬 수 있다. 농업의 디지털화로 관련 시장은 더욱 커지고 있고 푸드테크처럼 산업적 중요성도 계속 확대되는 중이다. 전방 농업과 후방 농업은 우리나라의 미래를 위해서도 놓칠 수 없는 미래 산업이다. 한국의 종자, 농기계, 농자재 등의 기술력은 우수하며, K-푸드와 K-스마트팜이 미래의 유망 산업군이 될 가능성도 높다.

국토적 관점에서도 농업은 인간에게 다양한 혜택을 제공한다. 농업이 있어야 아름다운 자연 경관이 보존되며 농촌 지역 발전과 농촌 공동체 유지, 농촌 문화 계승, 역사와 전통 유지 등 우리가 모르는 다양한 사회적 역할을 농촌이 하고 있다. 프랑스나 독일, 이탈리아 같은 나라들도 지속 가능한 농정을 정책의 최우선에 두었기에 동화 같은 농촌 풍경을 유지할 수 있는 원동력이 되었고 농업이 버틸 수 있는 힘이 되었다.

농업의 구조를 나눠 보면 블루오션이 쏟아진다

우리에게 친숙한 마데카솔 연고와 홈쇼핑에서 큰 인기를 끌었던 마데카 크림은 센텔라 아시아티카(Centella asiatica), 즉 병풀에서 추출한 성분을 주원료로 하는 연고(의약품)와 화장품이다. 병풀은 상처 치유와 피부 재생에 탁월한 효과가 있다고 밝혀진 천연식물이다.

상처를 치료하는 높은 효과 외에도 마데카솔 연고와 마데카 크림의 장점 중 하나는 부작용이 적다는 것이다. 천연 식물 추출물을 기반으로 하기 때문에 합성 의약품에 비해 인체에 부담이 적다. 마데카 계열은 의약품에서 점차 피부 노화 방지와 튼살 개선, 여드름 흉터 치료, 헤어 제품까지 사용 범위가 확장되고 있으며 관련 제품의 매출도 수직 상승세다.

이렇게 의약품과 화장품 수요가 늘어나면서 최근 강원도가 병풀의 새로운 주요 재배지로 떠오르고 있고, 스마트팜 병풀 재배농가도 늘어나고 있다. 이는 강원도의 지리적 특성과 기후 변화, 그리고 꾸준한 농업기술의 투자가 만들어낸 결과다.

병풀 외에도 K-뷰티로 세계적 인기를 얻고 있는 한국 화장품 브랜드들은 녹차나 쑥 같은 전통적 미용 작물 외에도 유자, 당근, 어성초, 자작나무, 인삼, 쌀, 콩, 동백꽃 등 다양한 작물 성분을 연구해 제품을 차별화하고 프리미엄 마케팅에 적극 활용하고 있다.

이러한 현상을 농업 측면에서는 전방 농업의 발전으로 본다. 농업은 가치사슬에 따라 후방 농업, 생산 농업, 전방 농업으로 나눌 수 있다. 농업의 구조에 대해 자세히 알아보자.

후방 농업, 농업의 병참 산업

후방 농업은 생산 농업에 필요한 투입재를 공급하는 영역이다. 즉 농업 생산에 필요한 종자나 농약, 비료, 트랙터나 드론 같은 농기계, 비닐하우스를 위한 비닐 같은 농자재를 공급하는 것이 후방 농업의 역할이다.

최근 농업의 디지털 전환과 맞물려 후방 농업이 아주 빠르게 성장하는 중이다. 스마트 농업의 개념 자체가 농기계나 농자재를 스마트화 및 디지털화하여 토지와 노동 중심의 전통적 농업을 시설과 장비 중심의 미래형 농업으로 바꾸는 것인 만큼 후방 농업의 중요성은 계속 높아질 것이다.

한국의 후방 농업 산업 규모는 6~7조 원 정도지만 세계 시장은 이보다 100배에서 200배쯤 되는 규모다. 다시 말해 후방 농업에서 한국의 세계시장 점유율은 1% 정도에 불과하다. 후방 농업과 관련된 한국의 기반 기술력을 감안하면 무척 아쉬운 수준이지만 그만큼 성장 잠재력이 큰 영역이기도 하다.

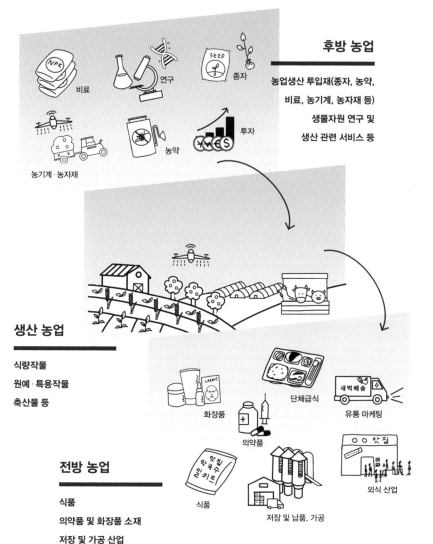

후방 농업

농업생산 투입재(종자, 농약,
비료, 농기계, 농자재 등)
생물자원 연구 및
생산 관련 서비스 등

비료

연구

종자

투자

농기계 · 농자재

농약

생산 농업

식량작물
원예 · 특용작물
축산물 등

전방 농업

식품
의약품 및 화장품 소재
저장 및 가공 산업
유통 마케팅 산업 등

화장품

단체급식

새벽 배송

유통 마케팅

의약품

식품

저장 및 납품, 가공

외식 산업

생산 농업, 우리가 생각하는 전통 농업

생산 농업은 논과 밭, 목장 등에서 직접 농산물 원물을 생산하는 영역이다. 농민과 농촌에 가장 가까운 영역으로 농업의 1차 산업적 특성이 발현되는 고유의 영역이다. 국제기구에서는 생산 농업을 전후방 농업을 모두 포함하는 광의의 농업(Agriculture)과 구분하여 1차 생산(Primary Production)이라는 용어로 표현한다.

우리나라의 생산 농업의 규모는 60조 원 정도로 GDP의 대략 2% 수준이다. 생산 농업의 규모가 2%라고 하면 너무 낮은 것처럼 보일 수 있지만 전혀 그렇지 않다. 생산 농업의 비중 2% 언저리는 선진국 표준에 가까운 수준이다.

네덜란드와 일본도 생산 농업이 GDP에서 차지하는 비중은 2%가 되지 않는다. 세계 최대의 농업 강국이면서 농산물 수출 대국인 미국도 생산 농업의 비중은 1.1%에 불과하다. OECD 회원국 평균은 1.4%, 세계 평균도 4%다. 반대로 저개발 후진국일수록 생산 농업의 비중이 높다. 생산 농업 비중은 아프리카 국가 평균이 23%이고, 인도 18%, 중국 8%, 튀르키예는 6.3%다.

경제 발전으로 산업구조가 고도화된다는 의미 자체가 1차 산업의 비중이 줄어드는 대신 그 빈자리를 2차 산업과 3차 산업이 채우는 것이다. 농경시대 이후 산업화 시대와 지식정보화 시대에서 국가 경제가 발전하여 1차 산업의 비중이 줄어드는 것은 당연하고 바람직한 현상이다.

전방 농업, 무한한 산업적 확장 가능성

전방 농업은 생산된 농업 원물을 원료로 하여 식품이나 소재, 화장품, 의약품을 만들거나 농업, 농촌, 식품 관련 서비스를 제공하는 영역이다. 외식업이나 단체 급식도 큰 틀에서 전방 농업의 영역으로 볼 수 있다. 앞서 언급한 마데카 화장품이나 해외에서 인기가 많은 냉동 김밥이나 불닭볶음면 같은 사례도 전방 농업의 발전으로 본다.

전방 농업의 산업 규모는 대략 200조 원 정도다. 하지만 전방 농업은 농업과 식품을 넘어서는 식문화와 그로 인한 파급 효과까지 고려하면 무한한 가치가 있는 영역이다. 국산 화장품이나 불닭볶음면, 고추장, 쌈장이 수출되면 경제적 이득을 넘어서 우리나라의 문화와 정체성이 함께 세계로 확산되는 것처럼 말이다.

최근 전방 농업은 4차 산업혁명 기술과 융합되어 혁신적인 발전을 이루는 중이다. 9장에서 자세히 설명하겠지만 식품산업은 푸드테크 혁신의 순풍을 타고 산업 패러다임 자체가 바뀌는 중이며, 소재산업은 석유화학 기반 공정이 농업 유래 바이오 기반으로 대체되고 있다. 이러한 트렌드는 소비자 니즈를 충족시키는 동시에 우리의 생활 방식 자체를 변화시키고 있는 중이고, 이 과정에서 새로운 비즈니스 기회도 쏟아져 나오고 있다.

전방 농업은 우리가 특히 잘할 수 있는 영역이다. 한국만큼 식품과 화장품, 바이오 소재를 세련되게 제조하는 기술을 보유하고 한류라는 든든한 문화적 뒷배경까지 가진 나라는 드물다. 우리의 약점인 농산물 원물의 불리함만 극복한다면 전방 농업은 우리 경제의 훌륭한 복안이 될 수 있다.

전방 농업의 성장은 수출에 달려 있다. 마침 K-푸드 수출액은 매년 신기록을 갱신 중이며 한국 화장품은 화장품 강국 프랑스를 뛰어넘는 세계적 인기를 얻고 있다. 이제 한국 경제는 대기업 중심의 수출 주도형 첨단 제조업에서 한 단계 진화해야 한다. 중견기업과 벤처기업이 주도하는 푸드테크와 그린 바이오 중심의 전방농업 육성 전략은 한국 산업의 경쟁력과 안정성을 한 차원 더 높여줄 것이다.

왜 농업 선진국은
원예산업에 집중하는가

—

5

한국의 딸기는 글로벌 히트 작목에 가장 가까이 있는 작목이다. 하나의 작목을 글로벌 히트 작목으로 키우는 것은 결코 만만한 일이 아니다. 블록버스터급 신약을 히트시키는 것과 비슷하다.

우리가 유년기 시절 정확한 의미를 잘못 배우게 되는 단어 중에 원예(園藝, horticulture)가 있다. 우리의 초등 교육현장에서는 원예를 꽃을 키우는 화훼와 동의어로 취급한다.

하지만 원예는 농업에서 식량 작물을 제외한 나머지 모든 것을 가리키는 것으로 채소와 과수, 화훼를 아우르는 말이다. 종류로만 보면 농업에서 원예작물이 가장 많으며, 담배나 인삼 같은 특용작물과 합쳐서 원예특용작물로 부르기도 한다.

우리나라는 원예 기술력이 높은 나라에 속한다. 배추와 무, 고추, 양파, 마늘 등 김치에 필요한 작물뿐 아니라 사과, 감귤, 배 등의 과수와 선인장, 국화, 백합, 나리 등의 한국의 기술력은 세계 선두권이다.

아주 오래된 자료 사진이나 역사적 일상화를 보면 100년 전 식단은 지금 우리의 식단과 전혀 다르다. 종류나 양, 품질, 어느 것 하나 같지 않다. 마찬가지로 100년 후의 식단 역시 지금의 식단과 완전히 다를 것이다.

이제 한국인은 김치와 고추장 없이는 하루도 못 사는 민족이 되었지만, 임진왜란 이전까지 우리 땅에는 고추라는 작목 자체가 없었다. 고추는 임진왜란 전후로 포르투갈에서 일본을 거쳐 한반도에 들어왔다.• 18세기부터 전국적으로 널리 확산되었지만 매운맛 때문에 200년 동안이나 독성 물질로 취급받았다. 지금처럼 우리 식단의 서구화가 계속된다면 100년 이후 우리 식단에서 김치와 고추장이 구석으로 밀려나 있을 가능성도 크다.

식단의 변화는 사람이 나이를 먹는 것과 비슷하다. 하루하루는 비슷한 것 같지만 10년, 30년, 50년, 100년을 놓고 보면 많은 것이 달라져 있다. 식단이 변화하는 이유는 작목이 변화하기 때문이다. 작목은 사회와 상호 교감하며 문화를 형성한다. 작목이 바뀌면 문화도 바뀐다.

농산물 교역이 차단된 과거에는 작목이 사회 문화에 미치는 영향력이 지대했다. 쌀농사에는 물과 노동력이 많이 필요

• 반면 조선 초기부터 이미 한국의 토종 고추와 김치가 있었다는 학설과 증거도 존재한다. 조선시대 초기 여성의 미라에서 고추씨가 발견되었고 임진왜란이 있기 수백 년 전부터 여러 문헌에서 고추와 김치에 관한 기록이 나왔다는 것 등이다. 하지만 지금의 고추와 같은 종인지 불확실하며, 16세기 콜럼버스 교환으로 남미에서 유럽으로 넘어간 고추가 스페인과 포르투갈 상인을 통해 아시아로 전파되었다는 설이 더 유력하다.

해서 고온다습한 아시아 지역에서 번성했다. 쌀농사는 공동 노동이 필요했기 때문에 아이도 많이 낳고 함께 모여 살면서 마을을 형성했다. 공동체 의식이 발달하면서 암묵적 위계질서가 자리 잡았고 계약 문화보다는 자율 규제가 질서를 지키는 수단이 되었다.

밀 농사는 구릉 지역(산지와 평지의 중간 형태인 완만한 지형)의 유럽 지역에서 발달했다. 밀 농사는 공동 노동보다는 땅의 크기가 중요했다. 마을의 밀도는 아시아보다 낮았고 넓은 지역에 분산되어 살았다. 떨어져 살다 보니 가끔씩 만나는 것에 익숙해졌고, 교환을 위한 명확한 거래 질서와 계약 문화가 번성했다. 암묵적 위계는 통하지 않았다.

쌀과 밀처럼 거의 모든 작목은 사회 문화적 맥락과 연결 고리를 가지고 있다. 그중에서 가장 드라마틱한 이야기의 주인공은 바로 감자다. 감자는 벼, 밀, 옥수수와 함께 세계 4대 작물에 해당한다. 고구마, 옥수수와 함께 대표적인 구황작물로 인류를 기아의 공포에서 구한 고마운 작물이기도 하다.

감자로 읽는 세계사

많은 사람들이 감자를 식량 작물로 알고 있지만 생물 분류학적으로 감자는 채소다. 감자는 '국화군 – 가지목 – 가짓과'에 속하는 채소로 원예작물이다. 가짓과에 속하는 다른 채소인 토마토, 가지, 피망, 파프리카, 고추 등과 친척 관계인 것이다. 우리가 식용하는 부위는 뿌리가 아닌 줄기다. 감자는 줄기가 부풀어 오른 부분으로 이를 덩이줄기(괴경)라고 한다. 씨앗이 아닌 씨감자를 심으면 다시 감자가 나오는 것도 줄기를 땅에 심어 키우는 삽식(挿植)과 비슷하다.

실제로 감자는 영양학적으로 탄수화물 외에도 비타민 C와 식이섬유 함량이 높다. 이런 이유로 미국 농무부는 식품공급 통계에서 감자를 채소로 분류한다. 미국인 소비자가 맥도날드에서 햄버거와 감자튀김, 코카콜라로 구성된 세트 메뉴를 먹었다면 영양통계학적으로는 햄버거와 코카콜라에 채소 한 접시를 섭취한 것으로 기록된다.

미국 저소득층과 청소년들의 비만 요인으로 지목되는 상황이지만 서류상으로는 탄수화물과 단백질, 지방에 채소를 균형 있게 섭취했을 뿐이다. 미국 사회에서도 논란이 불거져 개정하려는 노력이 있지만 농식품 기업들의 로비와 기득권과 연결된 문제 때문에 간단히 해결될 것으로 보이지 않는다. 한때 미국 농무부는 학교 급식 재정난을 해소하기 위해 토마토 케첩도 채소로 분류하려는 시도가 있었다.

감자는 남미 안데스 지역이 원산지로 16세기 스페인 침략자들에 의해 유럽으로 왔다. 감자는 '콜럼버스의 교환(The Columbian Exchange)'을 상징하는 작목이다. 콜럼버스의 교환이란 1492년 크리스토퍼 콜럼버스가 신대륙을 발견한 이후 신대륙과 구대륙 사이에서 교류로 인해 발생한 동식물, 사람, 문화, 질병, 기술, 종교, 사상 등 광범위한 상호 이동과 이에 따른 생태학적 변화를 말한다.

신대륙 아메리카에서 유럽으로 들여온 것은 감자를 비롯하여 칠면조, 호박, 파인애플, 카카오, 강낭콩, 바닐라, 옥수수, 토마토, 땅콩, 카사바, 피망, 고구마, 담배, 고추 등이 있고, 유럽에서 아메리카로 건너간 것은 양파, 올리브, 커피, 복숭아, 배, 꿀벌과 양봉 기술, 바나나, 사탕수수, 포도, 양, 돼지, 말, 쌀, 밀 등이 있다.

이때 유럽인들은 아메리카 원주민들에게 질병을 전염시켰는데 수두와 장티푸스가 대표적이다. 유럽인들이 퍼뜨린 생소한 질병에 면역력이 전혀 없었던 원주민들의 숫자는 80%나 줄어들었다.

콜럼버스의 교환은 농업사적 측면에서 엄청난 변화를 촉발했다. 마치 두 개의 지구가 합쳐진 것과 같았다. 감자, 옥수수, 토마토 등이 유럽으로 넘어오면서 오늘날 세계인의 주식이 되어 재배 체계를 갖추기 시작했고 식료의 다양성도 크게 확대되었다. 옥수수와 토마토도 그렇지만 감자는 유럽에 도입된 초기에 고전을 거듭했다. 형태에 대한 강한 거부감으로 인해 관상용이나 가축 사료, 소수의 가난한 하층민들의 식품으로 이용되었을 뿐 널리 보급되지 못했던 것이다. 울퉁불퉁한 모습 때문에 감자를 먹으면 문둥병에 걸린다는 괴담도 돌았다.

감자로 촉발된 아일랜드의 비극

유럽에서 감자를 식품으로 받아들이기 시작한 시기는 도입된 지 200년이 지난 18세기 후반부터다. 같은 면적에서 밀 대신 감자를 심으면 3배 많은 인구에게 식량 공급이 가능했다. 심고 3개월이면 수확이 가능한 속성(速成) 작물인 데다 땅을 가리지 않고 잘 자랐고, 땅속 작물이라 외부 충격에도 안정적인 재배가 가능했다.

종자를 심지 않고 감자 조각을 심기만 하면 다시 감자가 자라는 영양번식 작물인 점도 장점이었다. 씨감자만 있으면 얼마든지 생산이 가능했기 때문이다. 자연스럽게 하층민과 저소득의 가난한 농부들부터 감자의 매력에 빠져들었다.

감자가 구황식품이자 주식으로 자리 잡으면서 감자발(發) 인구 폭발이 시작됐다. 18세기 아일랜드 농촌 지역에서 감자는 주요 식량 자원이 되었다. 당시 영국의 식민지였던 아일랜드는 밀과 옥수수 등 다른 곡식들도 재배했지만 영국의 착취와 수탈로 아일랜드인들은 감자로만 연명할 수밖에 없었다.

감자는 단위면적당 생산성이 높고 저렴한 식량원이었기에 인구 증가를 뒷받침했다. 19세기 초반에 이르자 아일랜드 인구의 3분의 1 이상이 감자에 의존했다. 18세기 중반 430만 명이던 아일랜드의 인구는 감자의 활약으로 100년 만인 19세기 중반 2배 가까이 불어났다.

하지만 산업혁명으로 모직물 수요가 폭발적으로 증가하자 지배자인 영국인 지주들은 아일랜드 감자밭을 양들을 위한 목초지로 바꾸기 시작했다. 돈이 되는 양모를 생산하기 위해서였다. 사람 먹을 감자밭이 양에게 먹일 목초지로 바뀌자 '양이 사람을 죽인다'는 자조와 풍자가 퍼져나갔다.

그런 상황에서 1845년 곰팡이에 의한 감자역병(마름병)이 창궐했다. 당시에는 알 수 없는 원인으로 아일랜드 감자가 시들시들 말라갔고 수확할 것은 눈을 씻고 찾아도 보이지 않았다. 지금은 바이러스 역병에 대비하여 씨감자를 바이러스에 감염되지 않은 무병묘(無病苗)로 공급하지만 당시는 이유조차 알 수 없었다.

1845년부터 1849년까지 아일랜드에는 감자 대기근(Great Famine) 사태가 계속되었고, 1846년부터 1851년까지 5년 동안 아일랜드 사람 약 200만 명이 기근으로 사망했다. 이는 아

아일랜드 더블린 거리에 서 있는 대기근 추모 조각상.

일랜드 인구의 20~25%나 되는 숫자였다.

　당시 지배국이던 영국은 조치를 취하기는커녕 1848년 군대를 동원해 밀과 가축까지 수탈해갔다. 살아남은 아일랜드인들 중 150만 명 이상은 영국 본토와 북아메리카 대륙으로 이주를 감행했지만 60%가 육지에 도착하기 전 배 안에서 사망했다. 영국의 식민지 착취와 단일 작물에 대한 지나친 의존이 대재앙이 되어 돌아온 것이다.

　이때의 앙금으로 인해 아일랜드는 지금도 영국과 사사건건 부딪치는 앙숙 관계다. 이런 역사적 경험 때문에 아일랜드는 국가 주요 사업으로 식량자급률을 엄격하게 관리하는 나라로 손꼽히며 식량안보지수(GFSI)가 2019년에는 2위, 2020년에는 1위를 기록했다. 또한 당시 대기근으로 아일랜드 인구가 급격히 줄어들면서 아일랜드어를 쓰는 사람도 줄어들었다. 그렇게 아일랜드어 대신 영어가 공용어가 되었고 아일랜드 문화 또한 상당히 위축됐다. 식민지 착취 영향도 컸지만 식량 안보가 한 나라에 미치는 영향을 보여주는 가슴 아픈 사례다.

유럽 플로리스트는 네덜란드 꽃을 새벽배송으로 받는다

2000년대 초부터 플로리스트라는 직업이 각광을 받으며 영국과 프랑스, 독일 등지로 유학을 떠나는 한국인들이 늘어났다. 영국의 제인패커나 맥퀸즈플라워, 프랑스의 카트린밀러 같은 플라워 스쿨이 한국인이 많이 찾는 대표적인 곳인데, 이곳에서는 네덜란드 경매장에서 새벽에 직배송된 꽃을 받아 실습을 한다.

우리가 농업 강국으로 알고 있는 네덜란드는 정확히 말하면 원예 강국이다. 원예 중에서도 시설원예(유리온실이나 비닐하우스에서 재배하는 원예) 강국이다. 농업을 다 잘하는 것이 아니라 시설원예를 특별히 잘하는 것이다.

네덜란드는 감자를 제외한 식량 작물은 거의 재배하지 않고 프랑스와 독일 그리고 미국 등지에서 대부분을 수입해서 먹는다. 과일은 스페인과 남부 유럽, 남미 등 적지에서 수입한다. 네덜란드 농업 생산품은 토마토와 파프리카, 오이, 화훼, 감자 그리고 축산물이 전부라고 해도 과언이 아니다. 열 가지도 안 되는 품목으로 '신이 버린 땅'이라 불렸던 네덜란드는 세계 농업 강국으로 손꼽힌다.

네덜란드의 작목 수가 적을 수 있는 이유는 유럽식 분리 생산 모델 덕택이다. 농업적으로 하나의 나라인 유럽은 프랑스는 식량, 스페인은 과수처럼 개별 국가가 가장 잘할 수 있는 작목에 집중한다. 유럽의 분리 생산 모델은 적지를 중심으로 작목을 분할해 효율성을 극대화시켰다.

작목 수가 적어지면 생산의 규모화와 집적화가 가능해지고 투자 효율성이 높아진다. 우리는 중앙정부나 지방정부에서 관리하거나 개입하는 작목이 300여 개에 달한다. 작목 수가 워낙 많기 때문에 단일 작목 시장이 커지기 어렵고 관리 비용도 높다.

우리는 FTA의 확산과 교통 통신의 발전으로 농산물의 국경 이동이 그 어느 때보다 쉬워진 시대에 살고 있다. 글로벌 물류 장벽이 낮아진 만큼 생산자들도 기존의 생산지에서 벗어나 세상 어디라도 더 유리한 적지로 옮겨보려는 움직임이 활발해졌다.

농업의 기본은 적지적작(適地適作)이다. 적지적작이란 말 그대로 가장 적합한 곳에서 가장 적합한 작물을 재배하는 것이다. 적지적작의 조건은 크게 두 가지로 자연환경적 조건과 사회경제적 조건이다. 재배를 위한 적지가 되려면 대상 작물과 기후, 풍토, 강우 등의 자연환경적 궁합은 물론 인건비, 소비자 기호, 시장 접근성 등 사회경제적 궁합도 충족해야 한다.

그래서 적지는 영원히 고정되어 있는 것이 아니고 단기적으로는 사회경제적 여건의 변화, 장기적으로는 자연환경적 여건의 변화로 이동할 수밖에 없다.

많은 전문가들이 적지적작의 기본 원칙을 가장 잘 실천한 사례로 네덜란드의 화훼 산업을 꼽는다. 1980년대까지 네덜란드는 꽃을 재배하기 아주 적합한 위치, 즉 적지였다. 지정학적으로 북해 인근에 자리한 네덜란드는 20도 안팎의 연교차와 선선한 기후로 화훼의 연중 생산에 유리했다. 북해산 저렴한 천연가스로 난방비 부담도 적었다. 생태학적으로도 네덜란드의 화훼는 냉해나 열해, 자연재해, 병충해 등에서 상대적으로 안정적이었다.

본국 농업 노동자의 인건비도 지금처럼 높지 않았고, 알제리와 폴란드 출신의 저렴한 외국인 노동력도 쉽게 조달할 수 있었다. 유럽 특유의 왕성한 꽃 소비 문화로 독일과 프랑스,

영국 등 인근의 소비 시장도 탄탄했다. 로테르담 항구를 중심으로 하는 훌륭한 국제 물류망도 갖추고 있었다.

간척지에 세운 고비용 온실에서 부가가치가 높은 화훼는 매우 매력적인 선택이었다. 이미 17세기 튤립 버블 때부터 품종 개발을 해온 네덜란드의 기술력도 큰 역할을 했다. 품종 교체 주기가 짧고 시장 반응에 따라 품종을 계속 바꿔야 하는 화훼 산업에서 네덜란드의 품종 기술력은 강력한 진입장벽으로 작용해 경쟁 우위를 지킬 수 있었다.

네덜란드의 탄탄한 농산물 물류 체계도 화훼 산업 성장에 한몫했다. 가장 신선한 상태로 개화기 직전 상태의 꽃을 시장에 내보내야 하는 화훼 산업은 물류가 생명이다. 네덜란드는 1960년대에 이미 축구장 240개 규모의 알스미어 화훼 경매장을 만들었고, 한때 전 세계 화훼 물동량의 80%가 이곳을 거쳐 갔다. 그렇게 알스미어 화훼 경매장은 네덜란드 화훼 산업의 상징이 되었다.

케냐에서 키운 '네덜란드 꽃'은 전 세계로 수출된다

그런데 1980년대에 들어서면서 적지의 조건이 빠르게 악화되어갔다. 네덜란드를 포함한 유럽 전역의 인건비가 가파

축구장 240개 크기인 네덜란드의 알스미어 로열 플로라 홀란드 경매장. 18개국에서 재배된 꽃들이 새벽에 입고되어 경매 당일 즉시 유럽과 미국, 아시아 등으로 출고된다. 조합의 엄격한 품질 심사를 통과한 꽃만 경매를 진행하며 90%가 당일 낙찰, 판매되고 남은 10%는 꽃값 보존을 위해 폐기된다.

르게 올랐고 수출 물류비도 빠르게 상승했다. 한국과 일본 등 후발국들의 화훼 기술이 발전하면서 네덜란드 화훼와의 품질 격차가 좁혀지기 시작했다.

위기에 직면한 네덜란드 화훼 조합은 자국 내 생산 효율화 만으로는 한계가 있음을 직감했다. 그들은 자국 영토를 적지 로 유지하는 데 한계가 있음을 인정하고 해외 생산으로 눈을 돌렸고, 아프리카와 남미를 새로운 적지로 개발하기 시작했 다. 본국에서 연구 개발과 시설 투자를 아무리 열심히 해도 적 지의 경쟁력을 당할 수는 없었기 때문이었다.

아프리카와 남미의 적도 고산지대는 서늘한 기후로 난방 이나 냉방 자체가 필요하지 않았기에 에너지 비용 자체가 제 로에 가까웠다. 인건비는 본국 인건비의 10분의 1에서 20분 의 1에 불과했다.

오늘날 남미 콜롬비아에서 생산된 '네덜란드 꽃'은 북미 시 장으로 직수출된다. 아프리카 케냐와 에티오피아에서 생산된 '네덜란드 꽃'은 유럽으로 수출된다. 네덜란드 화훼 산업의 생 산과 물류는 해외 현지에서 발생하지만 수익과 상류(商類)는 네덜란드 본토로 향하고, 본토의 노하우와 R&D는 다시 네덜 란드를 화훼 강국으로 만드는 새로운 글로벌 적지적작 모델 이 만들어진 것이다. 2005년 4만 7,000헥타르에 달하던 네덜 란드 본국의 화훼 재배 면적은 2022년 100헥타르 정도만 남았고 나머지는 해외로 이전되었다. 100헥타르는 매년 봄 네덜란드에서 개최되는 꽃 박람회를 위해 남겨둔 것이다.

우리나라 화훼 산업도 네덜란드와 유사한 발전 경로를 지나고 있다. 1990년대 농업 부문 신성장 동력으로 각광받던 한국의 화훼 산업은 2005년을 고점으로 역성장 중이다. 2005년 1조 원에 이르던 화훼 생산액은 감소해 2017년 5,600억 원, 2020년 5,300억 원으로 반 토막이 났다. 비슷한 기간 농가수는 1만 3,000가구에서 7,000가구로, 재배 면적은 7,500헥타르에서 5,000헥타르로 감소했다. 그나마 경조사 시장을 제외하면 우리나라의 화훼 시장은 훨씬 더 쪼그라든다.

주목할 점은 화훼 산업의 마이너스 성장이 일시적인 것이 아니라 구조적 위기이며, 한국도 화훼 산업에서 더 이상 적지가 아님을 여실히 보여주고 있다는 것이다. 해결 방법은 한국의 화훼 산업도 네덜란드가 했던 것처럼 적지를 향해 이동하는 것이다. 네덜란드가 아프리카와 남미의 적도 고산지대로 이동했던 것처럼, 우리도 이미 오래전에 베트남 등 동남아시아의 적도 고산지대로 적극 이동했어야 한다.

하지만 이게 말처럼 쉽지 않다. 여러 이유가 있겠지만, 해외에서 생산된 싸고 좋은 화훼 제품의 국내로의 역수출에 대한 우려가 가장 크다. 해외에서의 화훼 생산을 강화하면 국내에서 생산된 화훼 제품과 수출 시장에서 경합하여 국내 농가에 피해를 입힌다는 논리가 지배적이기 때문이다.

하지만 이런 논리는 시대에 맞지 않는 주장이다. 네덜란드의 화훼 산업, 한국의 자동차 산업, 반도체 산업 등 소위 잘 나가는 산업들은 글로벌 적지에서 생산하고 글로벌 시장으로 수출한다. 핵심은 자국 내 생산 여부가 아니라 상류와 부가가치, 수익이 본토를 향하고 있느냐는 것이다. 화훼 산업뿐 아니라 축산, 식량 등 농업 생산의 다른 많은 영역과 우리나라의 농업기술들이 하루라도 빨리 글로벌 적지를 향해 떠나야 한다. 그래야 국내 농업이 살 수 있다.

한국 딸기의 달콤한 성장

딸기는 원예작물 중에서도 2000년대 이후 우리나라의 농업 혁신을 대표하는 히트 작물이다. 2000년대 중반에만 해도 생산액은 3,000억 원을 조금 웃도는 정도였고 품종도 대부분 일본산이었다. 2005년 9.2%에 불과하던 국산 딸기의 품종 보급률은 2020년 초반에 96.3%까지 올라서며 일본 품종의 그늘에서 완전히 벗어났다. 설향을 시작으로 매향, 금실, 싼타킹 등 후속 스타 품종이 계속해서 등장했다.

2023년 기준 딸기 생산액은 1조 4,000억 원으로 쌀 다음으로 생산액이 가장 많다. 한국의 경종 작물(논밭을 갈고 씨를 뿌려 얻는 작물) 중에서 쌀을 제외하고 연간 생산액이 1조 원을 넘어서는 조 단위 작목은 마늘과 양파, 딸기 세 개뿐이다. 시설 투자가 집중됐던 토마토와 파프리카도 조 단위 작목에 진입하지 못했던 것을 감안하면 딸기의 성공은 놀라운 수준이다.

딸기는 수출 효자 품목이기도 하다. 2021년 기준 딸기의 수출량은 5,000톤, 금액으로는 7,100만 달러(약 930억 원)에 달하여 2005년과 비교하면 15년 사이 약 12배나 증가했다. 한국 딸기는 특히 동남아시아에서 인기가 많다. 유통기한이 짧고 잘 무르는 딸기의 특성상 수출 시 항공편으로 이송하는데 싱가포르와 홍콩 등의 고급 호텔에서 수요가 높아 12월부터 4월까지 대한항공과 아시아나 전용기로 딸기를 실어 나른다.

우리나라의 딸기는 글로벌 히트 작목에 가장 가까이 있는 작목이다. 하나의 작목을 글로벌 히트 작목으로 키우는 것은 결코 만만한 일이 아니다. 블록버스터급 신약을 히트시키는 것과 비슷하다. 글로벌 시장에서 전 세계 소비자들에게 브랜드로 각인된 히트 작목은 뉴질랜드의 제스프리 키위, 미국의 썬키스트 오렌지 정도다.

글로벌 히트 작목은 제약 공장에서 생산하는 신약과 달리 수많은 생산 농가와 협업을 통해 생산해야 하기 때문에 신약보다 훨씬 더 어렵다. 품종부터 시작해서 재배 기술과 방제 기

한국의 딸기 산업이 미국의 썬키스트나 뉴질랜드 제스프리 브랜드를 능가하는 글로
벌 수출 작목으로 성장하기 위해서는 개별 딸기 농가들이 모여 조합을 형성해 품종
개발부터 브랜딩, 품질 관리, 글로벌 마케팅까지 하나의 기업처럼 운영하는 조직화
가 필요하다.

술, 수확 후 관리 기술, 유통 경로와 시장 판로 마련 그리고 전 과정의 품질이 균일하게 관리되고 사후 관리까지 가능해야 하기 때문이다.

우리나라의 딸기가 이처럼 스타 품목으로 자리매김한 데는 품종 개발부터 재배 교육, 생산, 유통까지 수많은 요인이 성공적으로 이루어졌기에 가능했다. '설향'을 시작으로 재배가 쉽고 수량성(단위면적당 생산 가능한 수량)과 품질이 좋은 품종 개발이 연속으로 이어진 것이 가장 큰 동인이었다. 설향은 일본 품종을 교배했지만 어머니 품종과 구별성을 인정받은 신품종으로, 품종 저작권은 충청남도가 가지고 있다.

뉴질랜드의 제스프리처럼 조직화가 필요한 한국 딸기

딸기는 타식성(자연 상태에서 벌, 나비 등 매개체에 의해 수정되는 작물, 반대말은 자식성)의 영양번식 작목으로 농가의 자가육묘(모종을 사지 않고 직접 모종을 키워 재배하는 것)가 가능하다는 점도 한몫했다. 또 흙에서 재배하는 토경 중심에서 높은 선반에 재배해 허리를 굽히지 않아도 되는 고설 중심으로 변화한 것도 중요한 성공 요인이다. 스마트 시설 투자가 늘어나서 생산성은 높아지고 들이는 노동력이 줄어든 것도 농민들이 딸기를 재배하는 데 매력적인 요인으로 작용했다.

앞으로도 한국의 딸기를 썬키스트 오렌지나 제스프리 키위를 능가하는 2조 원, 3조 원 글로벌 히트 작목으로 성장시키기 위해서는 무엇보다 종자 딸기의 개발과 조직화가 필요하다.

조직화는 썬키스트나 제스프리처럼 개별 생산 농가들이 연합해 조직을 형성하고 하나의 브랜드로 움직이는 것을 말한다. 서울우유는 낙농농가들이 모인 조직(조합)이며, 도드람은 양돈농가들이 모인 조직(조합)이다.

하나의 작목이 육성되어 도약하려면 첨단화와 규모화, 조직화의 세 단계를 거쳐야 한다. 딸기는 20년 가까이 수익성이 좋았기 때문에 개별 농가 차원에서 첨단화와 규모화는 활발히 진행되어왔다. 농가 자발적으로 신기술과 첨단 시설을 도입하려는 의지도 상당히 컸고, 지역에 따라 생산 규모를 30동에서 100동까지 착실히 늘려온 농가도 많다. 그렇지만 딸기의 조직화는 매우 부족한 상황이다.

농업의 조직화는 개별 농가의 한계를 극복하고 조직 전체의 경쟁력을 향상시키는 데 중요한 역할을 한다. 개별 농가 차원에서는 불가능한 규모의 경제를 달성할 수 있고 해외를 상대로 판매 협상력을 높이며, 리스크 분산 등을 통해 농가의 경제적 안정성을 높이고, 정보와 기술 공유로 생산성을 높일 수 있다. 공동 브랜드를 구축하고 품질 관리 체계를 갖추어 농산

물의 부가가치를 높이고 정책 참여와 환경 대응 능력을 강화
하는 것도 조직화가 선행되어야 가능하다.

농업에서의 좋은 기업(조직)이란 거대 자본이 들어와 생산
농가를 고용해 프랜차이즈 형태로 묶어내는 하향식 구성이
아니다. 개별 생산자들이 모여서 자기 지분만큼 소유권을 지
닌 조직을 구성하고, 공동의 이익을 위해 공동으로 의사결정
하고 함께 뛰는 상향식 조직화다. 두 개는 비슷해 보이지만 전
혀 다르다. 전자는 농업 생산자가 종업원이 되어 누군가의 결
정에 따르는 것이고, 후자는 생산자가 주인이 되어 자기결정
권을 갖는 것이다. 이 역시 제조업과 농업의 차이다.

역설적으로 그동안 딸기는 상황이 너무 좋았기 때문에 농
가 입장에서는 조직화의 필요성을 별로 느끼지 못했다. 하지
만 작목의 조직화가 이루어지지 않으면 가격 협상력이나 물
량 확보에서 불리해지기 때문에 본격적인 수출 작목으로 육
성하는 데 한계가 생길 수밖에 없다. 국내 딸기산업 규모를 어
느 한계선 이상 확장할 수 없다는 뜻이다.

미국의 썬키스트나 뉴질랜드의 제스프리가 세계적인 브랜
드가 될 수 있었던 핵심은 첨단화, 규모화와 더불어 체계적인
조직화에 기반한 가격과 품질관리에 있다. 한국의 파프리카가
수출 대표 작목으로 자리매김한 이유도 작목 초기부터 산지
조직화를 강력하게 밀어붙였기 때문이다. 딸기 역시 더 큰 미

래를 원한다면 전국 규모의 조직화를 결성하고, 자조금 체계를 구축하여 구매 일원화와 시설 현대화, 자체 연구 개발 등의 후속 작업을 향한 발빠른 대처가 필요하다.

딸기의 성장과 함께 고민해야 할 것은 딸기에 이어 조 단위 작목으로 도약할 제2의 딸기를 찾는 것이다. 지금까지는 외국에서 기의 먹지 않았지만 최근 인기가 급상승 중인 참외가 될 수도 있고, 기후변화로 한국에서 재배 적지가 넓어지고 있는 키위가 될 수도 있을 것이며, 지금은 주춤하지만 재배 기반이 잘 갖춰진 한라봉이나 레드향 같은 만감류가 될 수도 있다. 이들 작목은 국산 품종 라인업이 확실하고 재배 기술이 잘 정립되어 있다는 공통의 장점이 있어 후보군으로 손색이 없다.

일단 조 단위 작목이 생겨나면 수백에서 수천 농가 이상이 안정적 수익을 거둘 수 있다. 또한 해당 작목을 중심으로 전후방 가치사슬이 확립되어 지역 파급효과와 일자리 창출 등의 선순환이 생겨난다. 무엇보다 해당 작목의 농가들은 자부심이 높아지고 다음 세대로 농업을 물려주려는 세대 간 연결 고리가 튼튼해진다. 조 단위 신생 작목의 위력이 이렇게 빛을 발하는 것이다.

키위 재배 농가들이 모여 만든 세계 1위 브랜드, 제스프리

1980년대 뉴질랜드 키위가 세계적으로 인기를 끌고 수출이 급증하면서 뉴질랜드의 작은 키위 농가들끼리 경쟁을 하게 되자 내부 출혈이 심해졌다. 이런 상황을 타개하기 위해 1989년, 키위 농가들이 모여 키위 수출을 통합하는 '뉴질랜드 키위 마케팅 협회'를 설립하고 '제스프리'라는 브랜드를 론칭했다. 그리고 뉴질랜드의 키위는 오직 제스프리라는 브랜드로만 수출할 수 있도록 수출 창구 단일화법을 제정했다.

그렇게 뉴질랜드 키위 농가는 가격경쟁에서 벗어나 키위를 안정적으로 생산할 수 있게 되었고, 전 세계를 대상으로 전문적이고 일원화된 마케팅으로 뉴질랜드 키위 가치를 높이며 가격을 방어할 수 있었다. 품종 개발과 관리도 체계적으로 진행했다. 제스프리 브랜드를 통해 10년 사이 2배 이상 수출이 늘어났고 고급 키위 브랜드로 입지를 굳혀 현재 연 3조 원이 넘는 매출을 기록하며 세계 키위 시장에서 독보적 1위를 차지하고 있다.

현재 제스프리는 1년 내내 세계에 키위를 공급할 수 있도록 뉴질랜드 외에도 우리나라의 제주도와 전라남도를 비롯하여 일본, 이탈리아, 프랑스, 그리스 등 6개국에서 제스프리의 품종과 재배 시스템으로 키위를 재배하고 있다.

**투뿔한우와 삼겹살,
치킨의 경제학**

———

6

미국을 뛰어넘는 패권 국가를 꿈꾸는 중국을 가로막는 최대 약점은 군사력과 기축통화처럼 보이지만, 그보다 더 큰 위협은 15억 인구를 먹여 살릴 식량에 있다. 시진핑이 '농업 강국 건설'과 '식량 주권'에 매진하는 것도 인구 대비 부족한 농업 생산력에 있다.

국가가 부유해지면 국민의 입맛도 변한다. 후진국에서는 칼로리의 대부분을 곡물 위주의 탄수화물로 흡수하지만 소득이 높아지면 식단의 서구화와 다양화가 빨라진다. 칼로리의 주원천도 탄수화물에서 육류 단백질로 옮겨간다.

선진국이 될수록 땅을 갈아 경작해 수확하는 경종의 비중은 줄고 축산의 비중이 늘어난다. 세계 최고의 시설원예 강국으로 알려진 네덜란드도 생산액만 보면 축산 국가다. 산지가 90%로 경종을 위한 농지가 턱없이 부족한 스위스도 축산 중심의 농업을 전개한다.

우리나라도 비슷한 추세다. 1984년 한국인 1인당 쌀 섭취량은 130kg이었지만 2023년에는 56kg까지 떨어졌다. 2023년 한국인의 3대 육류(돼지고기, 소고기, 닭고기) 소비량은 60.6kg으로 쌀 소비량보다 많다. 한국인은 더 이상 밥심으로 사는 민족이 아니라 고기 힘으로 사는 민족이 되었다.

농업에서 축산이 차지하는 비중도 과거와 비교하면 엄청나게 증가했다. 2023년 기준 우리나라의 농업총생산액 57조 원 중에서 축산의 비중은 전체의 43%로 약 25조 원 규모다. 일본 과 매우 유사한 수준이다. 농업 생산액 10대 품목에서도 축산 물의 무게감은 확연히 드러난다. 10대 품목 중 축산물은 돼지, 한육우, 육계, 우유, 달걀, 오리 등 여섯 개나 된다. 식량 작물은 쌀 한 개, 원예작물은 마늘, 딸기, 양파 세 개다.

축산품 중에서도 단연 일등은 돼지고기다. 우리나라의 한 해 돼지고기 생산액은 8조 원가량이다. 단일 품목으로는 쌀과 1, 2위를 다툰다. 최근에는 쌀의 작황에 따라서 돼지고기 생산 액이 쌀을 앞지르는 횟수가 점차 늘어나고 있고 이런 추세는 더 심화될 전망이다. 국책연구기관인 한국농촌경제연구원의 전망에 따르면 2030년이 되면 한육우 생산액마저 쌀을 능가 하여 쌀은 3위나 4위로 밀려날 것으로 보고 있다.

우리 땅에 식용만을 위한 소가 길러지기까지

논과 밭, 초지에서 동식물을 직접 생산하는 생산 농업 (Primary Production)은 경종과 축산으로 나눌 수 있다. 경종 은 논밭을 갈고(耕) 종자를 뿌려(種) 작물을 거두는 것이다. 축 산은 말 그대로 소, 돼지, 닭, 염소, 달걀 등 육류와 유제품 생산을 위하여 동물을 사육하는 것이다.

과거에는 농업이라고 하면 대부분 경종을 의미했다. 축산은 농가마다 소 몇 마리, 돼지 몇 마리를 키우는 것이 전부였다. 특히 소는 경종을 위한 고단한 농작업을 대신해주는 생산수단으로서 현대 농기계의 역할을 대신해주었다. 그때의 소는 일소(役牛, 역우)로서의 의미가 먼저였고, 지금처럼 고기와 우유는 부가적 목적에 불과했다. 1980년대 중반까지만 해도 서울 외곽 지역에서는 소가 밭을 가는 모습을 심심찮게 볼 수 있었다.

동물의 먹이인 사료도 요새처럼 전화 한 통으로 배달받는 배합사료는 언감생심이었고, 직접 풀을 베어 쇠죽을 먹이는 것이 농가의 일상이었다. 지구 반대편에서 자란 옥수수나 대두박(대두에서 콩기름을 짜고 난 나머지로 단백질 함량이 높다) 같은 곡물 사료를 큰 배로 수입해와서 먹이고, 고기와 우유 생산만을 위해 동물을 사육하는 것은 50년도 채 되지 않았다.

우리나라 최초의 현대식 낙농 목장은 경기도 안성에 위치한 한독목장이다. 한독목장은 독일 차관과 독일 기술을 도입하여 1969년에 경기도 안성에 설립되었다. 1964년 당시 서독에 광부와 간호사를 대거 파견한 것에 대한 외교적 보상 차원에서 독일 정부가 제공한 지원이었다. 당시 우리나라의 소득 수준으로는 우유와 유제품, 그리고 이들을 기초 재료로 하는 빵과 제과 등은 쉽게 접근할 수 없는 고급 품목이었다.

현재 우리나라에서 우유 생산을 목적으로 주로 사육되는 젖소 품종으로, 하얀 바탕에 검은색 점박이가 특징인 '홀스타인'종도 당시 독일 전문가들의 조언에 따라 캐나다에서 수입했다. 이런저런 이유로 경기도 안성 지역은 한국 낙농과 한우 발전의 메카가 되었다. 지금 경기도에 위치한 골프장 중에는 과거에 축산 사료 생산을 위해 조성한 목초지였던 곳이 많다. 한독목장은 현재 농협중앙회 소유의 주말 가족 단위의 체험 농장인 '안성팜랜드'로 변모했다.

당시 소 몇 마리, 돼지 몇 마리는 농가 입장에서 큰 재산이었다. 1970~1980년대까지만 해도 소를 팔아 서울 간 자식들 대학 공부를 시키던 시절이었고 그게 가능하던 때였다. 이때의 농업 대부분은 경종 혼합 농업으로, 논농사 약간, 밭농사 약간, 가축 약간으로 복합 수익을 얻는 형태였다. 지금의 아프리카나 동남아 소농과 크게 다르지 않았다. 그 정도 농업 활동만으로도 농가 소득은 도시 소득과 크게 차이가 나지 않았다. 다 같이 못살던 시절이었고 쌀을 포함한 농산물 가격이 금값이었던 때였다.

지금처럼 쌀 농가, 축산 농가, 원예 농가 등 전문 영역으로 분화된 것은 1980년 중반 이후 정부가 전문농 육성 정책을 펼치면서 본격화되었다. 농가의 전문성과 생산능력이 높아지면

선진국이 될수록 자연스레 농업에서 땅을 갈아 경작해 수확하는 경종의 비중은 줄고 축산의 비중이 늘어난다. 원예 강국으로 알려진 네덜란드도 생산액만 보면 축산국가다. 산지가 90%로 경종을 위한 농지가 턱없이 부족한 스위스도 축산 중심의 농업을 전개한다.

서 농산물 가격이 내려가고 소비자의 접근성이 좋아졌다. 하지만 역설적으로 농산물 가격 하락으로 개별 농가의 소득이 함께 감소하면서 각종 농업 문제와 도농 괴리가 시작된 것도 이때부터다.

경종 혼합 농업에서 가축 사육의 또 다른 목적은 분뇨를 획득하는 것이있다. 가축 사육에서 확보된 가축 분뇨는 경송을 위한 비료가 되었고, 땅은 축산과 경종을 이어주는 매개체였다. 자연의 큰 흐름 안에서 경종과 축산을 이어주는 경축 순환은 지극히 자연스러운 과정이었다. 당시처럼 축분 비료가 귀했던 시절에는 지금처럼 축산 분뇨와 축산 악취가 심각한 사회문제가 될 줄은 상상도 할 수 없었을 것이다.

축산업의 규모가 커질수록 경종과 축산을 함께하는 것이 일반적이다. 가축 사육에 필요한 풀 사료나 곡물 사료를 축산 농가가 직접 재배해서 조달한다는 의미다. 우리나라는 개별 축산 농장의 규모가 작고, 초지가 부족하며, 사료의 95%를 수입해서 조달하기 때문에 축산 농장이 사료를 직접 재배하는 비중이 매우 낮다. 세계적으로 특수한 형태다.

축산 농가가 경종과 축산을 함께 하지 않으면 필연적으로 분뇨 처리 문제가 따라온다. 축산 농가에서 나온 분뇨를 처리할 마땅한 방법이 없는 것이다. 추가 비용을 들여서 분뇨를 처리해야 한다. 정화 처리를 하거나 부숙시켜 퇴비화 등의 절차를 거쳐야 하지만 모두 쉬운 작업이 아니다. 어렵게 퇴비를 만들어도 경종 농가에게 전달하기가 쉽지 않다. 경종 농가는 싸고 사용이 편리하며 효과가 확실한 화학비료를 선호하기 때문이다.

경종과 축산, 그리고 이를 연결하는 경축 순환은 자연 그 자체다. 하지만 현대식 대량 축산과 화학비료 중심의 경종 관행은 경축 순환의 고리를 끊어버렸다. 자연 순환의 큰 흐름 속에서 땅을 매개로 하여 섭리대로 연결되는 경축 순환의 원리를 사람이 억지로 하려니 벌어지는 문제들이 한둘이 아니다.

인류는 어떻게 소에 기생하며 살았는가

소설가 밀란 쿤데라는 『참을 수 없는 존재의 가벼움』에서 '인간은 소의 기생충'이라고 표현했다. 소는 인간에게 살코기와 뼈, 기름, 내장, 가죽, 우유 등을 내주었고 농업을 위한 노동력으로 쓰였으며 운송 수단으로도 활용됐다. 그뿐 아니라 반추위(되새김위)에 자라는 장내 미생물의 역할 및 소가 배출하는 분뇨와 토양 미생물의 공생 관계까지 소는 자신의 모든 것을 인간에게 아낌없이 내어준 가축이다. 소는 인류에게 선물과도 같은 존재다.

소와 낙타, 사슴 같은 반추동물은 반추위가 있어 반추 작용을 하는 동물로 되새김동물이라고도 한다. 반추란 한번 삼킨 먹이를 다시 게워내 씹는 동작으로, 섬유소가 많은 식물을 섭취하는 포유류에게서 볼 수 있는 행동이다. 반추동물은 하루에 3만 번, 열두 시간 이상을 씹고 되새기며 보낸다. 포유류 중에서 낙타, 사슴, 기린, 양, 소가 반추동물에 해당한다.

반추동물은 네 개의 위가 있다(단, 낙타는 세 개다). 각각의 명칭은 양, 벌집양, 천엽, 막창이다. 발굽이 짝수인 우제류(偶蹄類)인 것도 반추동물의 공통점이다. 우제류만 걸리는 전염병이 우리에게도 익숙한 구제역이다. 구제역은 우제류의 입(口)과 발굽(蹄) 주변에 물집이 생기면서 폐사까지 이어지는 무서운 질병으로 우리말로는 입발굽병, 영어로는 FMD(Foot and Mouth Disease)라고 한다. 구제역은 세계동물보건기구(OIE, 사람으로 치면 WHO)에서 지정한 중요 가축 전염병으로 우리나라에서도 가축전염병예방법상의 1종 가축전염병에 속하며 국내 축산을 위협하는 심각한 질병 중 하나다.

반추동물은 세계 적육(Red meat) 생산의 35~40%를 차지하고 젖소, 산양, 면양 등의 반추동물은 인간이 먹고 마시는 젖의 100%를 생산한다. 반추동물은 인간이 식량으로 이용하지 못하는 풀, 작물 부산물 등을 이용할 수 있어서 사람과 직접적인 식량 경합도가 매우 낮다.

이에 반해 돼지 같은 가금(家禽) 사료의 경우 90% 이상이 사람이 먹을 수 있는 원료로 구성되어 있어서 인간과 식량 경합도가 높은 축종이다. 과거 농촌에서 소를 위해서는 꼴을 베어다 먹이고 돼지에게는 사람이 남긴 잔반을 먹인 것을 연상해보면 이해가 쉽다.

투뿔 한우가 탄생하기까지

우리나라 축산업에서 한우의 의미는 남다르다. 한우(韓牛)는 대한민국에서 사육되는 한국의 토종 소를 의미한다. 우리 민족과 5,000년의 역사를 함께해온 동반자로서 고구려와 신라의 벽화에 등장할 정도로 역사가 깊다. 한우는 전 세계 어디에서도 볼 수 없는 우리 고유의 소로서 그 자체로 독립적인 품종이다.

소 그리기를 유난히 좋아했던 이중섭 화가의 소 그림을 보고 있자면 한국인이라면 왠지 모를 끌림을 느낄 것이다. 한우는 살아서는 농경과 운반을 담당했고 죽어서는 소고기와 소뼈에 꼬리와 소가죽까지를 알뜰하게 내주어야만 했다. 한국인만큼 소 한 마리를 통째로 알뜰하게 활용한 민족도 없다. 한우 입장에서 보면 털끝 하나 남김없이 탈탈 털리는 완전한 수탈의 과정이겠지만 말이다.

한우의 지위가 일하는 가축인 역축에서 완전한 식용소로 바뀐 것은 산업 발전 시기에 경운기나 트랙터 같은 농기구의 확산 때문이다. 1960년대 이전에는 농가마다 부업 수준의 소규모 사육이 주를 이루었고 역용과 식용을 겸해서 소를 키웠다. 한우만 전문으로 키우는 농기는 찾아보기 어려웠다. 농가들은 작물 재배가 주업인 상태에서 추가 수입을 위해 부업처럼 한우 서너 마리를 키웠던 것이다. 지금도 동남아시아의 가난한 나라에서 흔히 볼 수 있는 바로 그 풍경이었다.

그러다 1970년대부터 농기구의 확산이 빨라지고 고기 수요가 늘어나면서, 정부 주도로 식용을 목적으로 하는 한우 육종 사업이 본격적으로 시작되었다.

한우 육종 사업은 새끼를 낳는 번식 능력과 살을 찌우는 비육 능력이 수퍼 울트라인 수소를 국가가 체계적으로 관리하는 사업이다. 종모우(種牡牛, 씨수소)가 되는 수소의 집단을 선발하고, 여기서 선발된 소들을 한우개량사업소와 한우 육종만을 전문으로 하는 농가가 관리하여 전국의 한우 농가에게 최우량 정액을 공급하는 것이다. 암소는 수소만큼은 아니지만 암소 검정 사업을 통해 유전적으로 열등한 암소는 계속 도태되고 우월한 암소가 계속 선발되도록 체계를 운영한다. 한우 육종 사업과 암소 검정 사업을 지속해온 덕택에 한우의 몸집과 육질 유전 능력은 놀라울 정도로 향상되었다. 앞으로도 한우의 육종 사업은 지속될 것이고 지속되어야 한다.

그리고 1980년대 들어 축산업이 돈이 되면서 한우 농가들이 늘어나고 정부도 본격적으로 한우 산업을 육성하기 시작했다. 전국적으로 소 사육이 늘어남에 따라 지역농협을 중심으로 한우 브랜드 사업도 시작되었다. 지금은 한우 브랜드가 없는 지역이 없을 정도로 다양한 한우 브랜드가 생겨났다.

한우 브랜드가 많아지면서 각자의 스토리와 장점을 자랑하지만, 한국의 한우는 품질과 맛에서 지역별로 큰 차이가 나지는 않는다. 오히려 지역적 차이보다 개별 농가별 차이가 크다. 개별 농가의 기술과 노하우, 농장주의 성실성과 축산 철학, 후계농의 확보 여부, 농장의 시설 투자 등에 따른 품질과 맛 차이가 훨씬 큰 것이다.

지역 브랜드 한우라고 해서 반드시 그 지역에서 나고 자란 것도 아니다. 횡성한우라고 반드시 횡성에서 나고 자란 것이 아니라는 말이다. 관광객이 많은 강원도는 계절에 따라 한우 소비량이 생산량을 초과하는 경우가 많다. 이런 경우 인근의 상주 등지에서 나거나 자란 소가 횡성으로 이동하여 판매된다. 소비자를 기만한 것은 아니고 법성포 굴비나 청양고추*처럼 한우 브랜드가 생산 지역과 반드시 일치하는 것이 아니라고 이해하는 편이 옳다.

1990년대에는 수입 자유화로 한우 산업이 큰 위기를 맞았다. 그때나 지금이나 수입 쇠고기의 가격은 한우 가격의 30~40%에 불과하기 때문이다. 정부에 의하여 한우 산업을 보호하고 한우와 수입 쇠고기를 구분하기 위해 등급제가 도입되었다.

1990년 등급제 도입 당시에는 일본 제도를 벤치마킹한 1등급, 2등급, 3등급의 3단계 체계였다. 등급제의 효과는 좋았다. 국가 전체적으로 축종 개량에 속도가 붙었고 사양기술이 빠르게 좋아졌다. 문제는 상위 등급 출현율이 지나치게 높아지면서 3등급제가 점차 변별력을 잃어갔다는 점이다. 이를 보완하기 위해 1997년에 1+등급이, 2004년에는 1++등급이 추가되었고 지금의 5등급 체계가 완성되었다. 마블링이 강조되는 '투뿔한우'가 등장한 것이다.

한우 등급제는 소비자에게는 고품질의 쇠고기를 공급하고 생산자에게는 생산 의욕을 고취시키는 데 긍정적인 역할을 했다. 고품질 한우 생산이 증가하고 차별적 가격으로 생산자의 의욕도 높아졌다. 결과적으로 한우 등급제는 한우 산업의 경쟁력을 높이고 농가 소득을 향상하는 데 기여했다. 현재도

• 청양고추는 충청남도 청양과는 아무 관련이 없다. 경상북도 청송과 영양에서 개발된 품종으로 지역명의 앞글자와 뒷글자를 따 청양고추라는 이름이 되었다.

과학적인 평가 방식 등 지속적인 제도 보완이 이루어지고 있다. 그렇게 2000년대에 들어 한우 농가의 전업화와 규모화가 탄력을 받았다. 한우 이력제와 의무 표시제도 시행되었다.

우리나라에서 한우를 포함한 소는 개체 관리 품목이다. 개체 관리는 한 마리 한 마리가 관리된다는 것이고, 사람에 비유하면 출생과 동시에 주민등록번호와 주민등록증을 받는 것과 같다.

소의 주민등록증인 이표(耳票)는 소의 귀에 붙어 있다. 이표에는 출생부터 도축까지 소의 전 생애가 담겨 있다. 이표의 번호만 알면 엄마와 아빠가 누군지, 어느 농장에서 태어나고 어느 농장에서 성장해서 언제 어디서 도축되었는지 마우스 클릭 한 번으로 알 수 있다. 심지어 마트의 정육 코너에 소포장 진열된 단품까지 연결되어 있다. 소비자 입장에서 보면 거의 완벽한 추적성이 확보되어 있는 것이다. 유전자 검사 결과도 연결되어 있다. 이제 수입 쇠고기를 한우로 둔갑해 판매하는 것은 시도하기 어렵다.

소의 개체 관리가 가능한 것은 소가 대동물이고 가격이 비싸기 때문이다. 소를 개체 관리하지 않는 나라도 많다. 소가 너무 많거나 소의 산업화가 되지 않은 경우다.

돼지는 돈방(豚房) 단위로 관리한다. 생육 주기가 같은 돼지는 한 방에서 지내는 데 그 방 단위로 관리한다. 비유하면 같은 산후조리원 출신들은 유치원과 초등학교를 한 교실에서 지내는 것이다(돼지는 생후 180~200일, 100kg 내외로 도축한다). 그렇게 하는 이유는 돼지는 소보다 작고 싸기 때문에 돈방 단위 관리가 최적이기 때문이다.

닭고기는 농장 단위 관리를 한다. 한 농장에서 출하되는 닭을 하나의 묶음으로 관리한다. 몇백 수, 몇천 수가 하나의 묶음이 되는 것이다. 역시 이유는 닭은 돼지보다 작고 싸기 때문에 농장 단위 관리가 최적이기 때문이다.

최근 백화점에서도 자체 한우 브랜드를 출시하는 등 고가 시장이 더욱 세분화되고 있다. 한우의 수출도 꾸준히 증가하여 4,000~5,000톤가량이 수출되고 있다. 최대 수출국은 베트남, 홍콩, 마카오, 싱가포르 등이며 아시아의 부유층을 대상으로 인지도가 올라가 프리미엄 이미지가 구축되는 중이다.

2020년대 들어서는 동물 복지와 스마트 축산의 붐도 활발해졌다. 탄소 중립과 ESG 이슈와 더불어 스마트 축산, 동물 복지, 경축 순환, 가축 분뇨의 에너지화 등은 점차 중요 이슈가 되고 있다. 이렇게 60여 년에 걸쳐 한우 산업은 개량, 등급제, 브랜드화, 규모화 등의 단계를 거치며 발전해왔다. 앞으로는 ESG, 탄소 중립, 에너지 연계를 중심으로 전개될 전망이다. 한우 산업도 아무것도 변하지 않은 것처럼 보이지만 자세히 들여다보면 모든 게 변해 있고 계속 변화하는 중이다.

소의 귀에 붙어 있는 소의 주민등록증인 이표는 엄마와 아빠가 누군지, 어느 농장에서 태어나고 성장해서 언제 어디서 도축되었는지, 심지어 마트의 정육 코너에 소포장 진열된 단품까지 연결되는 거의 완벽한 추적성이 갖춰져 있다.

한우, 육우, 젖소, 같은 소인데 뭐가 다를까?

사람들은 목장이라는 말을 들으면 아마 평화롭고 여유가 느껴진다고 할 것이다. 하지만 현실 속 목장은 이런 로망과는 거리가 멀다.

소를 키우는 축산 목상을 자세히 들여다보면 황색소가 있는 곳과 점박이소가 있는 곳이 있다. 황색소는 한우이며 점박이소는 홀스타인이다. 검은색의 칡소도 있기는 한데 육지에서는 보기 힘들고 울릉도 등지에서 아주 소량을 키운다.

한우는 고기를 목적으로 키우는 고기소다. 암소 한우는 두 번 정도 새끼를 낳게 한 후에 도축하고, 수소 한우는 거세하여 키운 후 도축한다. 수소를 거세 없이 키우면 육질도 질기고 성질도 사나우며 웅취(雄臭) 때문에 상품성이 떨어진다. 암소 한우를 바로 도축하지 않는 이유는 당연히 송아지를 얻기 위해서다. 새끼를 낳지 않은 암소를 도축하면 미경산(未經産) 한우라고 하는데 같은 등급의 다른 소보다 최고 품질, 최고 가격의 소고기로 거래된다.

홀스타인이라고 모두 젖소라고 생각하면 안 된다. 홀스타인 암소만 젖소이며 수소는 육우가 된다. 홀스타인 암소가 소를 출산하면 다시 우유를 생산하는 젖소가 된다. 하지만 수소를 출산하면 2개월령에 거세한 후 20개월 정도 살을 찌워 고기소로 도축한다. 육우가 되는 것이다.

정리하면 우리가 흔히 알고 있는 소 중에서 황색의 소는 한우이며 하얀 바탕의 검은색 점박이가 있는 홀스타인 수소는 육우, 홀스타인 암소는 젖소다.

한우를 키우면 한우 목장, 우유를 생산할 목장으로 홀스타인 암소를 키우면 낙농 목장(또는 젖소 목장)이고, 고기를 목적으로 홀스타인 수소를 키우면 육우 목장이다. 육우 목장과 젖소 목장은 따로 있다. 홀스타인 수소와 홀스타인 암소는 서로 다른 곳에서 키운다는 이야기다. 이렇게 하는 이유는 우유를 생산하는 목장과 고기를 위해 소를 살찌우는 목장은 각자의 전문성과 키우는 방식이 전혀 다르기 때문이다.

다른 기준으로는 비육 목장과 번식 목장이 있다. 번식 목장은 송아지를 전문적으로 낳게 하는 곳으로 암소를 정확한 주기로 반복해서 임신시키는 것이 기술이다. 비육 목장은 출생한 송아지를 키우고 살찌우는 데 주력한다.

이렇듯 두 곳에서 요구되는 전문성과 경제성은 완전히 다르다. 번식 목장은 공태기(암소가 임신하지 못하는 기간)와 송아지의 폐사율(사망률)을 최대한 줄이는 것이 관건이고, 비육 목장에서는 최소의 비용으로 사료 효율과 등급을 높이고 질병율을 낮추는 것이 핵심이다.

축산 농가가 국제 정세에 민감한 이유

축산업 중에서도 소 목장은 경영 부침이 심한 편이다. 사료의 95%를 해외 수입에 의존하여 변수가 많고 전국적인 사육 두수의 변동에도 취약하다. 구제역이나 럼피스킨 같은 전염병에도 각별히 신경 써야 한다.

소 한 마리는 매일 30kg가량의 사료를 먹고 비슷한 양의 분뇨를 배출하는데 사룟값과 분뇨 처리 비용이 만만치 않다. 여기에 동물용 의약품, 톱밥과 왕겨 등의 깔집(bedding) 등 각종 비용이 추가된다. 대내외 경제 변수에 민감해질 수밖에 없는 산업이다.

2024년 기준으로 우리나라에는 한우 330만 마리, 육우 14만 마리, 젖소 38만 마리가 있다. 농장 수로는 한우가 8만 2,000개, 육우가 6,000개, 젖소가 5,500개 정도다. 한우의 종류별 사육 두수는 매달 정확한 데이터로 집계된다. 개체 관리와 이력제가 이루어지고 있기 때문이다.

축산 농장의 경영비에서 사료비가 차지하는 비중은 대략 40~50%다. 단일 항목으로는 가장 크다. 축산은 사료 가격이 아무리 비싸도 정해진 시간에 정해진 양의 사료는 반드시 먹여야 한다. 그리고 사료를 먹는다는 것은 분뇨가 발생한다는 말과 같다. 한국처럼 땅이 좁아 초지가 부족한 나라에서 막대한 분뇨를 처리하는 것은 결국 다 비용이다.

축산 농장이 파산하는 가장 흔한 이유의 하나는 외상으로 구매한 사료비의 이자 부담인 경우가 많다. 무리한 확장이나 시설 투자를 했는데 전쟁이 나고 물가가 올라 사룟값이 급등했다거나, 처음부터 축산을 쉽게 보고 타업에서 축산으로 진입한 경우가 특히 그렇다.

2020년 이후 사료작물 수출 국가인 러시아와 우크라이나의 전쟁으로 인한 사룟값 폭등에다 글로벌 금리 인상이 줄줄이 이어지면서 우리나라의 많은 축산 농장들은 파산하거나 재무적으로 위태로운 상황이다. 러우전쟁을 일으킨 푸틴의 생각이나 미국의 기준금리 변동이 우리 축산에 지대한 영향을 미치는 것이다. 소는 저 홀로 크지 않는다. 누가 소를 키우는지 이제 많은 사람들이 알아야 한다.

요즘 소는 컴퓨터가 키운다

이론적으로 풀 사료(조사료) 100%로 소를 키우면 인간을 위한 완벽한 단백질 공급원이 될 수 있다. 하지만 이는 이론일 뿐 현실과는 다르다. 사양학(飼養學, 가축의 품질과 생산량을 높이기 위해 영양, 사료, 환경 등을 연구하는 학문)은 그 방향으로 진화하지 않았다.

풀만 가지고 소를 키우면 성장이 더디고 생육 기간이 길어지며 육질은 거칠어져서 높은 등급과 좋은 가격을 받기 힘들다. 재래식 생산이라면 몰라도 치열한 원가 경쟁 속에서 돈을 벌어야 하는 상업 생산에서는 채택하기 어려운 방법이다.

마블링 중심의 소고기 등급제와 소비문화가 정착한 한국과 일본에서는 더욱 그렇다. 지방과 단백질이 켜켜이 쌓아올려진 마블링 위주의 등급제는 일본에서 유래되었다. 참치를 좋아하던 일본에서 참치의 대뱃살이나 뱃살과 비슷한 소고기를 비싼 상품으로 취급하면서부터 시작된 것이다.

유독 우리나라와 일본에서만 마블링 소고기를 귀하게 여기지만 소와 인간 둘 다의 건강을 위해서 개선이 필요한 상황이다. 지방이 축적되어 마블링이 잘된 소일수록 도축 직전의 건강 상태가 좋지 못하다. 사람으로 치면 고혈압, 고지혈, 고콜레스테롤 상태와 유사하다.

비슷한 맥락에서 몽골의 대초원과 미국의 대평원에서 소를 키우는 방법은 다르다. 풀이 많고 사료가 없는 몽골은 거의 100% 풀 사료로만 소를 유목하고, 사료가 충분한 미국에서는 소의 생태적 필수 요구량 정도의 풀 사료만 공급하고 나머지는 곡물 사료로 키운다. 전자를 목초 사육이라고 하고 후자를 곡물 사육이라고 한다.

목초 사육의 경우 생산비는 비싸고 육질은 맛이 없지만 건강에는 좋다. 곡물 사육의 경우 생산비가 싸고 맛도 좋지만 건강에는 불리하다. 목초 사육이 건강에 좋은 이유는 곡물 사육에 비하여 몸에 좋은 지방산인 오메가3나 리놀레산이 2배에서 5배가 많기 때문으로 알려져 있다. 그래서 선진국에서는 값이 비싸도 목초 사육우를 찾는 프리미엄 소비자층이 두텁게 형성되어 있다.

소는 생육 단계에 따라 풀 사료와 곡물 사료(농후 사료)를 적절히 배합해서 혼합 사료로 키운다. 우리나라의 소는 26~30개월 정도를 키우는데 최대 효율로 사료 공급을 하는 것을 사양 관리라고 하고 배합된 사료를 TMR(Total Mixed Ration)이라고 한다. TMR을 쉽게 설명하면 소를 위한 비빔밥이다.

사양 관리와 TMR 기법은 개별 농가의 노하우이자 영업 비밀이다. 송아지의 유전적 차이가 크지 않다면 사양 관리 능력은 축산 농가의 성적과 수입을 결정하는 핵심 요인이다. 좋은 유전자를 가지고 태어난 사람이 어려서부터 체계적인 영양 관리를 받으면 쑥쑥 자라는 것과 같은 이치다.

언뜻 보면 각각의 축산 농가마다 사양 관리 수준이 비슷할 것 같지만 전혀 그렇지 않다. 선도 농가와 후발 농가 사이에는 기술력에서 엄청난 차이가 있다. 음식점도 아주 작은 차이들이 모여서 대박집과 쪽박집을 가르는 것처럼 축산 농가도 서로 큰 차이가 있다. 최근에는 인공지능과 빅데이터 기술을 활용하여 선도우수농가의 관리 노하우를 데이터와 알고리즘으로 추출하여 영세 소농에게 전달하고, 이를 통해 전체 축산 농가의 생산성을 높이려는 데이터 기반 스마트 사양 관리 시도도 활발해지고 있다.

소는 왜 신이 내린 선물이라고 할까

소가 인간에게 주는 가치는 유육(乳肉)의 제공에 그치지 않는다. 소의 진정한 가치와 마법 같은 자연의 섭리는 소의 반추위에 존재하는 미생물에 있다. 소가 인간은 소화하지 못하는 셀룰로오스와 리그닌(나무의 딱딱한 껍질 성분)까지도 영양원으로 사용할 수 있는 힘은 반추위에 서식하는 미생물에 있다.

소는 장내 미생물의 생리화학적 도움과 되새김이라는 물리역학적 동작으로 셀룰로오스와 리그닌을 분해하고 영양소로 만들어 흡수할 수 있다. 만약 사람의 위 속에 소의 위 속에 서식하는 미생물이 생존할 수 있다면 사람도 셀룰로오스와 리그닌을 소화할 수 있을지 모른다.

소의 반추위는 미생물 탱크 또는 미생물 캐리어라고 해도 충분할 정도로 미생물이 가득하며, 반추위액 1g당 10^9~10^{10}개의 박테리아가 서식한다. 고밀도 박테리아 농도 덕택에 소의 반추위 속에서는 자연 상태에서 나뭇잎이 분해되는 것과 똑같은 원리로 초고속 분해가 이루어진다. 소는 풀을 먹을 수 있기 때문에 육지 면적의 70%를 먹이 공간으로 이용할 수 있다. 하지만 곡물을 먹어야 하는 인간은 육지 면적의 20% 정도만 사용 가능하다.

소와 풀(초지) 그리고 분(똥), 흙, 미생물의 공생 관계도 신비롭다. 해부학적으로 소의 어금니는 위아래 모두 있지만 앞니는 아래에만 있다. 윗 앞니가 없는 소는 풀의 줄기를 끊어 먹을 뿐 뿌리는 파낼 수 없다. 풀을 먹지만 풀을 죽이지는 않는다는 말이다. 미생물 탱크인 반추위를 거친 소똥 역시 자연순환을 위한 훌륭한 미생물 덩어리다.

소가 발굽으로 땅과 똥을 함께 밟아줌으로써 소똥은 흙과 섞이게 되고, 미생물에 의해 빠르게 비료가 된다. 이런 반복 작용으로 소를 사육하는 초지는 영속적으로 식물이 살기 좋은 땅 상태를 유지한다.

만약 같은 땅에 반추동물이 아닌 사자나 코끼리, 돼지가 산다면 일어날 수 없는 현상이며, 오직 반추동물 그중에서도 소가 단연 으뜸으로 촉발할 수 있는 자연의 대순환이다. 이런 이유로 현실성은 낮지만 사막에 소를 키워서 사막을 비옥하게 하자고 주장하는 과학 논문들도 있다. 풀과 흙을 계속해서 비옥하게 만드는 소는 경종과 축산의 연결 고리가 되는 신이 내린 선물이다.

소의 단점을 꼽자면 온실가스인 메탄 배출량이 많다는 점이다. 과거에는 전혀 문제될 것이 없었지만 지구상 소의 개체수가 10억 마리를 넘어서면서 부각된 단점이다. 지구상에는 80여 종이 넘는 온실가스가 있다. 이 중 가장 강력한 온실가스는 메탄, 이산화탄소, 프레온 등이다. 소가 배출하는 온실가스는 메탄으로 반추동물의 소화 과정에서 필연적으로 발생한다. 메탄은 이산화탄소보다 80배 강력한 온실가스 효과가 있다. 하지만 대기 중에서 자연적으로 사라지는 반감기가 이산화탄소의 4분의 1로 대기에 머무는 시간이 짧기 때문에 실제 온실가스 효과는 이산화탄소의 20배 정도다.

인간이 배출하는 전체 온실가스 배출량에서 가축을 사육하는 과정에서 배출되는 양이 18%라는 것이 널리 알려진 통계다. 이는 모든 교통수단이 배출하는 양인 13%를 넘어서는 것인데 잘못 계산된 과장된 수치다. 가축 사육에 필요한 초지를 조성하고 사육과 도축, 운송, 가공, 소비까지 축산업 전체의 가치사슬을 포함시켜 운송이나 에너지 분야에 포함될 온실가스 배출량까지 중복 계산한 수치이기 때문이다.•

소 자체로는 석유를 연소해 움직이는 차보다 온실가스를

훨씬 덜 배출한다. 환경주의자적 관점에서 육식 소비에 경종을 울리기 위한 목적으로 가공된 수치임을 감안해야 한다.

돼지를 잘 기르는 노하우

돼지는 초지가 없어도 기를 수 있는 장점이 있다. 그래서 많은 나라가 돼지는 자급에 주력하고 부족분을 수입으로 충당하는 정책을 편다. 우리나라도 마찬가지다. 우리나라의 양돈 농장은 약 5,000농가이고 사육 두수는 1,100만 마리, 자급률은 75% 정도다. 항상 고정된 수치는 아니고 사료 가격, 돼지고기 출하 가격, 날씨, 경기변동 등 환경 변수와 경제 변수에 따라 사육 두수가 해마다 조금씩 달라진다. 그에 따라 생산량과 생산가격도 조금씩 변동한다.

돼지고기는 전체 물가에 영향을 많이 주는 품목이다. 그래서 정부는 가축 동향 조사, 예관측 조사 등을 주기적으로 실시하여 생산량과 생산가격을 미리 파악하고 생산 조절, 유통 조절을 통해 가격과 수급 안정화에 열심이다.

• "소가 자동차보다 '기후 악당'?⋯주먹구구식 셈법 '억울하다'", 《한겨레신문》, 2023.01.13.

이상 기후로 덥고 습한 여름이 길어지면서 땀샘이 퇴화한 돼지의 생명을 위협하는
수준에 이르렀다. 돈방의 난방은 물론이고 냉방까지 신경 써야 하는 상황이 된 것이
다. 이래저래 생산비는 높아질 수밖에 없다.

돼지는 180~200일을 키워서 100kg 정도에 출하한다. 덩치는 크지만 6개월만 키우는 것이다. 돼지를 키우는 공간인 돈사 관점에서 보면 1년에 두 번 키울 수 있다. 한우가 출산부터 도축까지 26~30개월 정도를 키우는 것에 비하면 엄청나게 빠른 회전율이다.

어미 돼지를 모돈이라고 하고 새끼 돼지를 자돈이라고 한다. 양돈 농장의 수익성은 모돈 한 마리가 얼마나 많은 자돈을 낳아서 건강하게 키워 시장에 출하하느냐로 결정된다. 모돈이 자돈을 적게 낳거나, 자돈이 출하 전에 폐사하는 경우가 많다면 수익성은 떨어진다. 이를 수치화한 것이 MSY와 PSY이다. 양돈 농장의 성적표인 셈이다. MSY(Marketted-pigs per Sow per Year)는 모돈 한 마리당 연간 생산된 자돈 중 출하 체중이 될 때까지 생존하여 시장에 판매된 마릿수를 의미한다. PSY(Piglet per Sow per Year)는 모돈 한 마리가 1년에 낳는 자돈의 마릿수다. 두 지표는 농장의 생산 효율 지표로서 널리 사용된다.

농장 입장에서는 둘 다 중요하지만 더 중요한 것은 MSY다. PSY가 모돈의 유전학적 능력을 나타내는 생물학적 생산성의 지표인 데 비하여, MSY는 농장의 경제적 실질 효율성을 알려주는 지표, 다시 말해 수익을 나타내는 지표이기 때문이다. 예전엔 PSY와 MSY 사이에 수치 차이가 크지 않았지만 지금은 농장마다 많이 다르다. 양돈 농장의 규모가 커지고 밀집 사육으로 각종 질병과 환경요인에 의한 폐사율이 높은 농장일수록 PSY-MSY의 차이가 크다.

전국 양돈장의 MSY 평균은 18두 내외이지만 선두 그룹은 28두 정도가 된다. 단순히 계산해서 평균 농가보다 단위 매출이 2배인 것이다. 네덜란드 양돈 농가의 평균 MSY는 28.8두로 우리 최고 농가와 비슷한 수준이다. 기술력과 시설 투자의 차이가 만들어낸 격차다.

새끼 돼지는 우리가 짐작하는 것보다 매우 많이 폐사한다. 우리나라 전국 양돈장 평균 폐사율은 18% 정도다. 다섯 마리 중 한 마리가 폐사하는 셈이다. 네덜란드의 4.5%에 비해 4배나 높은 수치다. 새끼 돼지의 폐사율은 양돈 농장의 시설 투자가 열악하거나 농장주의 주의와 기술력이 부족한 경우 크게 올라간다. 못사는 후진국일수록 영유아의 사망률이 높은 것을 연상하면 비슷하다.

요즘에는 기후변화가 폐사율의 복병으로 등장했다. 네덜란드의 연교차는 20도 내외지만 우리나라는 50도를 넘나들기 때문에 한국의 돼지는 더 극한 환경에 노출된다. 돈방의 온도가 크게 출렁이거나 환기가 부족하면 돼지는 호흡기 질병 등에 취약해진다. 하지만 이 모든 것을 고려해도 역시 기술력과 시설 투자의 차이가 아쉬운 대목이다.

기후변화로 덥고 습한 여름이 길어지면 돼지를 키우는 방인 돈방의 온도는 40도를 훌쩍 넘어가기도 한다. 사람과 똑같은 36.5도의 체온을 가졌지만 땀샘이 퇴화한 돼지 입장에서는 생명을 위협하는 온도다. 이제는 점점 더 돈방의 난방은 물론이고 냉방까지 신경 써야 하는 상황이 된 것이다. 이래저래 생산비는 높아질 수밖에 없다는 뜻이다.

돼지고기가 민심인 중국, 그리고 미국과의 기싸움

중국인의 돼지고기 사랑은 유별나다. 돼지고기와 양파를 빼놓으면 중국 요리는 그야말로 팥소 없는 찐빵, 속 빈 강정이 된다.

전 세계 돼지 두 마리 중 한 마리는 중국에서 생산되고 소비된다. 2022년 기준 중국의 돼지고기 소비량은 약 1억 3,000만 톤으로 압도적인 세계 1위다. 사육 두수는 4억 5,000만 마리에 달하지만 15억 중국 인구를 위한 소비량에는 못 미친다. 부족한 양은 수입으로 충당한다. 전 세계 돼지고기 교역량의 30% 정도가 중국을 향한다.

중국에서는 기원전 6,000년경부터 돼지를 가축화한 것으로 알려져 있다. 송나라 이전까지 돼지는 소나 다른 가축보다 홀대받았다고 한다. 중국뿐 아니라 논농사 위주의 아시아 지역에서 각광받는 축종은 단연 소였기 때문이다.

소는 농사에 필수적인 노동력은 물론, 고기와 분뇨를 공급해주었다. 돼지는 고기를 제외하면 큰 쓸모가 없었고 식량을 두고 인간과 경합 관계에 있기 때문에 인기가 없었다. 돼지는 원래 방목 가축으로 습지가 많은 아시아의 자연환경이 돼지 사육에 그다지 적합하지도 않았다. 돼지는 벼농사보다는 밀농사에 적합한 구릉 지형에 더욱 적합한 동물이다. 도토리 먹는 돼지로 유명한 스페인의 이베리코처럼 말이다. 한국도 벼농사 취약 지역인 제주도에서 돼지가 많이 사육되었고, 일본도 벼농사가 어려운 오키나와에서 돼지가 인기가 있었던 것도 우연은 아니다.

중국은 전 세계 돼지고기의 50%, 가금류의 25%, 소고기의 10%를 생산한다. 하지만 먹는 양은 생산량보다 훨씬 많다. 중국인들은 우리나라와 비슷한 연간 약 62kg의 육류를 소비한다. 50년 전과 비교하면 17배 증가한 것이다. 중국의 육류 소비 증가량은 중국의 경제 발전 정도와 대체로 일치한다. 중국인 1인당 돼지고기 연간 소비량은 연간 100kg을 먹는 미국인에는 미치지 못하지만, 전체 총량으로는 이미 미국 소비량의 2배가 넘는다.

중국인들의 육류 소비는 계속해서 증가하지만 중국 내 생산량은 이를 따라가지 못하고 있다. 중국 정부 입장에서도 급증하는 육류 소비를 따라가지 못하는 생산량은 큰 문제다. 중국에서는 육류뿐 아니라 점차 모든 농산물의 공급이 부족해져가는 상황이다. 중국 땅이 워낙 넓은 데다 한국 시장에도 늘 중국산 농산물이 넘쳐나서 농산물 생산이 충분할 것 같지만 그렇지 않다.

농업적으로 완벽하게 축복받은 미국 땅과 비교하면 중국 땅은 농업적 약점이 많은 곳이다. 중국에는 세계 인구의 20%인 15억 명이 살고 있지만, 농경지는 세계 농경지의 9%밖에 되지 않는다. 해안가를 벗어나 중원을 거쳐 북쪽과 서쪽으로 갈수록 중국 땅은 사막과 건조 지대 투성이다. 농업용수 문제는 더욱 심각하다. 중국은 전 세계 담수 자원의 약 6%만을 보유한 세계 13대 물 부족 국가로, 수자원 보유량이 세계 평균의 4분의 1에 불과하다.

미국을 뛰어넘어 넘버원 패권 국가로 가려는 중국을 가로막는 최대 약점은 군사력과 기축통화처럼 보이지만, 그보다 더 큰 위협이 15억 인구를 먹여 살릴 식량에 있다. 중국에서 공자 때부터 정치의 근간을 족식(足食), 족병(足兵), 민신(民信)에 두었고, 시진핑이 '농업 강국 건설'과 '식량 주권'에 매진하는 것도 인구 대비 부족한 농업 생산력에 있다.

식량을 둘러싼 미국과 중국의 기싸움은 겉으로는 조용하지만 십수 년째 진행 중이다. 미국은 생산력 파워로, 중국은 소비력 파워로 맞서고 있다.

먼저 포문을 연 쪽은 미국이었다. 미국은 무역마찰의 공격 수단으로 대두 수출 카드를 행사했다. 돼지고기 생산을 위해 미국의 대두가 꼭 필요했던 중국은 여러 차례 큰 어려움을 겪었다. 이후 중국은 미국 대두의 대체재로 브라질의 대두를 전략적으로 육성했고, 2013년 브라질은 미국을 넘어서 세계 1위의 대두 수출국으로 성장했다.

2019~2020년에는 반도체발 미중 무역 갈등을 겪던 중국이 미국산 대두 수입량을 갑자기 줄이고 브라질산 대두로 대폭 대체하면서 미국의 대두 생산 농가들을 위협했다. 중국에서 소비하는 가축 사료용 대두 양이 1억 톤을 넘고 전 세계 대두 소비의 60%를 가져가는 중국의 물량 파워는 미국도 무시못 할 수준이었다. 물론 수십 년 동안 공을 들여 브라질 대두를 대체재로 확보했기 때문에 가능했던 중국의 반격이었다.

식량전에 대비하는 중국의 전략, 돼지 아파트

중국에서 양돈은 전략산업이다. 양돈이 흔들리면 국가와 정권이 위태로워진다. 하지만 중국의 양돈 기반은 2018년과

2019년에 아프리카돼지열병(African Swine Fever, 이하 ASF) 발생으로 큰 위기를 겪었다. ASF는 치명적인 바이러스성 출혈성 돼지 전염병이다. 이름처럼 아프리카에 서식하는 혹멧돼지나 숲돼지로부터 시작된 것으로 알려져 있다. 제대로 대응하지 못하면 한 나라의 양돈 산업을 전부 절멸시킬 만큼 전염력이 강하다.

네덜란드의 경우 ASF의 피해가 심각해지자 아예 국가 차원에서 돼지 사육 금지법을 제정하고 나라 내의 돼지를 전부 살처분했다가 이후 미국산 돼지 종두를 구입해 다시 돼지 사육을 시작했을 정도다. 만약 중국 전역에 ASF가 손쓸 수 없을 지경까지 이르게 되면 중국의 양돈 산업은 물론이고 세계 대두 산업까지 그 타격을 짐작하기 어렵다.

2018년과 2019년, 중국에 ASF가 크게 퍼진 이유는 중국 전역에 만연한 밀식 사육과 열악한 환경 의식에 더하여 국가 방역시스템이 제대로 갖춰지지 않아 가축 전염병에 너무 취약했기 때문이었다. ASF로 당시 중국 내 사육 두수와 생산량이 40%나 감소했다. 수입량은 2배나 증가했음에도 가격은 5배 넘게 폭등했다. 중국 입장에서는 아찔한 경험이었다.

ASF로 중국 양돈 산업이 붕괴 직전까지 몰렸을 당시 양돈 전문가들은 중국이 사육 밀도를 낮추고 사육 지역을 분산할 것으로 전망했다. 지금까지처럼 눈앞의 돈만 바라보면서 집약도를 높일 수 없을 것으로 생각한 것이다. 하지만 중국의 선택은 정반대였다. 최첨단 기술을 활용하여 자국 양돈업의 집약화와 효율화를 최대치까지 끌어올리기로 한 것이다.

이런 중국의 선택은 후베이성에 건립된 세계 최대, 세계 유일의 26층 돼지 아파트로 현실화되었다. 중국의 26층 돼지 아파트는 2개 동으로 건설되었다. 양돈장 전체를 첨단화, 무인화했고 완전 차단식으로 만들었다. 사료의 반입과 분뇨의 반출 과정에서 사람을 포함한 불필요한 외부 요인과의 접촉을 완전 차단하여 전염병 발생 요인 자체를 없애겠다는 구상이었다.

런던 타워처럼 우뚝 선 돼지 아파트에서는 방호복을 입은 기술자들이 고화질 카메라로 돼지를 감시하고 원격으로 제어한다. 먹이는 하루 450톤 이상 공급하는데 돼지 무게나 건강 상태에 따라 자동으로 사료를 분배하는 스마트 먹이통을 쓴다. 배설물 측정으로 건강관리도 해주고 배설물 일부는 공장을 돌리는 연료로 활용한다.

뉴욕타임스는 "양돈장이 아니라 아이폰 생산 라인의 정밀함을 갖춘 '돼지를 위한 폭스콘 공장(세계 최대의 중국 전자제품 위탁생산 공장)'"이라고 묘사했다. 식물 공장에 이어 동물 공장이라는 비유도 등장했다. 26층 돼지 아파트를 필두로 중국 내 소규모 양돈 업체들은 점점 자취를 감추고 '메가팜(대형 농장)'이 그 빈자리를 채우는 중이다.

중국의 스마트 축산 기반의 돼지 아파트 실험은 매우 고무적이다. 중국의 돼지 아파트는 축산은 최대한 분산될 때 가장 안전하다는 상식을 향한 정면 도전이었기 때문이다. 축산은 분산될수록 안전하고 목가적인 것은 맞지만 생산 비용이 높아진다는 단점이 있다.

축산 전문가들은 중국의 선택이 너무 위험하다고 지적한다. 전염병 리스크가 너무 크고 동물 복지 측면에서도 취약하다는 것이다. 중국 역시 이를 모르는 바가 아니다. 하지만 중국은 스마트 축산 기술을 믿어보기로 하고 자국 축산업의 미래를 베팅 중이다.

축산에서의 첨단 기술과 빅데이터는 번식 관리, 사양 관리, 질병 관리, 환경 관리 등 전 영역에서 활용될 수 있다. 스마트 축산 기술이 발전하면 정밀 사양과 정밀 환경 제어가 용이해진다. 더 적은 사료와 에너지 자원으로도 더 좋은 품질의 육류를 생산할 수 있다.

선도 농가의 기술력이 일반 농가와 취약 농가로 고르게 확산되는 기술의 상향 평준화도 수월해진다. 의도적 속임수나 불투명한 축산 관행도 모두 데이터로 포착될 것이기 때문에 거래의 투명성과 추적성도 크게 개선된다. 이론적으로는 전염병 탐색과 진단이 신속하고 정밀해져서 발병 초기에 최소 비용의 국소적 처치만으로도 초기 대응이 가능하다. 시간이 걸리겠지만 전 세계 축산과 농업은 이 방향으로 한 발씩 전진 중이다. 돼지가 26층 아파트에 사는 세상이 전혀 어색하지 않은 시기가 다가오고 있는 중인 것이다.

왜 한국의 닭 맛은 똑같을까? 양계 산업 이야기

K-드라마나 K-팝의 인기와 더불어 우리나라의 치맥 문화가 동남아와 중국에서 큰 인기를 끌고 있다. 여름철 한국을 여행하는 외국인들 사이에서 치맥 인증샷은 빠질 수 없는 단골 코스가 되었다. 우리나라가 치맥으로 유명해진 것은 분명 좋은 일이지만, 한국이 치킨 강국이 된 것은 되짚어볼 부분이 있다.

외국은 부분육 중심의 소비를 하는 데 비해 우리나라는 삼계탕이나 치킨 등 한 마리를 통째로 먹는 소비에 익숙하다. 그러다 보니 우리나라 육계의 평균 출하 체중은 1.5kg이다. 중국 (2.6kg), 미국(2.4kg), 브라질(2.2kg)에서 보다 훨씬 작은 닭이 주로 팔리는 것이다. 사육 기간도 짧아서 우리는 평균 32일을 사육한다. 중국(55일), 미국(46일), 브라질(45일)보다 상당히 짧다.

양계업이 획일화될수록 전국의 모든 치킨 프랜차이즈에 거의 똑같은 닭이 공급된다. 원재료가 같으니 조리 방법과 부재료에서 차별화할 수밖에 없다. 그 결과 한국에서는 다양한 브랜드와 각종 양념 레시피를 입힌 치킨 산업이 발전했다.

우리나라의 닭이 사육 기간은 짧고 출하 체중이 작은 것은 소비 시장이 10호 닭 중심으로 발전했기 때문이다. 1.5kg의 살아 있는 닭을 조리 가능 상태로 가공하면 1kg쯤 되는데 이를 10호 닭이라고 한다. 1호가 늘어날 때마다 100g이 늘어난다. 11호는 1.1kg, 12호는 1.2kg 정도가 되는 것이다.

10호 닭 중심의 출하 구조로 발전한 이유는 10호 닭이 치킨을 만들기 가장 적합하기 때문이다. 아울러 10호가 닭의 성장 곡선과 농가의 수익 곡선이 만나는 최고점 때문인 것도 무시할 수 없다. 참고로 삼계탕은 5~6호가, 닭도리탕은 13호가 더 많이 팔린다.

한국에서 닭은 계열화가 가장 많이 발달한 축종이다. 패커라고 불리는 회사가 양계 농가에게 생산에 필요한 병아리부터 사료, 동물 의약품, 소모품 등 모든 것을 공급해주고 양계 농가가 생산한 닭을 전량 사간다. 일종의 위탁 생산이다. 자금이 필요한 농가에게는 대출도 해준다. 농가는 프랜차이즈 방식의 생산 매뉴얼대로 생산에만 신경 쓰면 된다. 무엇보다 판로를 걱정하지 않아도 되는 것이 가장 큰 장점이다.

양계업의 수직 계열화는 1990년 우루과이라운드에 대응하기 위하여 정부의 지원과 독려로 추진되었다. 제각각이던 양계 농가를 하나로 모아서 규모화와 표준화를 통해 국내 축산업의 경쟁력을 향상하는 것이 목적이었다.

이렇게 양계업의 수직 계열화 과정에서 가장 성공한 기업이 (주)하림이다. 하림은 국내 대표적 식품 기업으로 성장했을 뿐 아니라 미국 서부에 곡물 엘리베이터와 사료 운반을 위한 해운사인 팬오션까지 인수할 정도로 수직 계열화에 성공했다.

양계업의 계열화는 장점과 단점을 함께 가진다. 생산 농가는 패커에 종속되어 교섭력이 낮아지고 패커가 정한 이윤만 가져갈 수 있다. 무엇보다 생산품의 품질과 스토리에서 차별화할 요인이 줄어든다. 생산 매뉴얼이 정해준 대로 최소 비용으로 생산하고 원가 경쟁에만 집중해야 한다.

국가적으로는 양계업이 획일화되고, 전국의 모든 치킨 프랜차이즈에게 거의 똑같은 원재료가 공급된다. 원재료가 같으니 조리 방법과 부재료에서 차별화할 수밖에 없다. 그 결과 다양한 브랜드와 각종 양념 레시피를 입힌 치킨 산업이 발전했다. 만약 양계 농가가 획일화되지 않고 다양한 스토리와 품종으로 경쟁할 수 있었다면 우리나라의 양계업과 치킨은 다른 경로로 발전했을 가능성이 높다.

프랑스의 닭은 스토리로 경쟁한다

우리나라와 가장 대비되는 나라는 프랑스다. 닭은 프랑스의 상징물이며 국조(國鳥)이기도 하다. 프랑스 부르봉 왕조 초대 국왕인 앙리 4세는 "하느님께서 허락하신다면, 짐은 왕국의 모든 국민들로 하여금 일요일이면 닭고기를 먹을 수 있도록 하겠다"라고 맹세한 것으로 유명하다.

앙리 4세의 선언은 루이 13세의 치세를 거치면서 어느 정도 현실이 되었고 앙리 4세는 국민들에게 대왕의 칭호를 받았다. 21세기에도 일주일에 한 번도 고기를 못 먹는 국민들이 있는 나라가 많은데 프랑스는 이미 16세기에 이뤄낸 것이다.

프랑스에서는 국가가 관리하는 닭의 품종만 30개가 넘는다. 품종이 다양화되었다는 뜻이다. 어떤 품종은 속성으로 키워서 싸게 공급하지만 어떤 품종은 2년을 키워서 최고급 레스토랑의 식재료로 납품한다.

프랑스 양계 농가는 다양한 품종과 세분화된 시장 덕택에 원가 경쟁만 하지 않아도 된다. 농가마다, 지역마다 특색 있는 스토리로 경쟁한다. 서로 다른 환경에서 서로 다른 사육 방식으로 닭을 키우고 가격도 제각각이다. 프랑스의 최고급 닭으로 유명한 브레스 닭은 한 마리에 30만 원이 넘는다. 누구는 대량생산된 닭을 저렴한 치킨으로 먹지만 누구는 일생일대의 프러포즈를 명품 닭요리와 함께한다.

양계업의 발전 과정에서 우리나라의 획일성과 프랑스의 다양성은 각 나라의 발전 경로와 선택의 차이일 수 있다. 하지만

우리 양계업과 치킨이 가진 획일성에 대해서는 다시 생각해
볼 필요가 있다. 획일성의 반대편에서 다양성의 시장도 만들
어낼 여지는 없는지 진지하게 고민해봐야 한다.

인류와 닭의 이야기

지질시대는 지구가 형성된 때부터 현세까지를 지질학적 대
변화에 따라 갈라놓은 구분이다. 지층, 화석, 대멸종, 부정합
등이 지질시대를 나누는 기준이 된다. 우리가 살고 있는 지금
은 신생대 4기의 마지막으로 홀로세(Holocene)라고 부른다.
홀로세의 기간은 대략 1만 년 정도로 농업이 시작된 시기와 유
사하다. 홀로세 동안 지층은 채 1센티미터도 쌓이지 않았다.

2000년 즈음, 네덜란드 화학자 파울 크뤼천(Paul Crutzen)
등 일부 과학자들은 산업혁명 이후 인간의 활동으로 기후와
생태계가 너무 극적으로 변화되었음을 지적했다. 그리고 인
류 문명에 의해 대기의 화학적 조성 변화와 생물 대멸종이 진
행 중이므로 지질학적 명칭인 홀로세 대신에 인간 활동을 강
조하는 인류세(人類世, anthropocene)라는 명칭으로 새로 정
의해야 한다고 주장했다. 이들의 주장은 과학자들 사이에서
큰 호응을 받고 있다. 아주 먼 훗날 지층이 충분히 쌓인 이후

에 화석을 발굴해보면 닭 뼈와 플라스틱이 인류세를 정의하는 화석으로 남으리라는 것이 이들의 분석이다.

실제로 산업혁명 이후 급격한 속도로 많은 동식물이 멸종되는 가운데에서도 닭의 개체 수는 폭발적으로 증가했다. 전 지구에서 사육되는 닭의 개체 수를 합치면 무려 지구상 조류 개체 수의 70%를 차지할 정도다. 플라스틱도 어마어마하다. 2차 세계대전 이후 만들어진 플라스틱을 랩으로 만들면 지구를 한 바퀴 둘러싸고도 남을 만큼이라는 연구 결과가 있을 정도다.

닭고기는 사료 효율면에서 가장 우수한 축종이다. 축산물을 1kg 생산하는 데 소요되는 사료를 옥수수의 양으로 환산하면 소고기는 11kg, 돼지고기는 7kg, 닭고기는 4kg이다. 닭은 사료 소비량이 가장 적은 단백질 공급원인 셈이다. 닭은 대규모 공장식 사육에도 적합하고 농가 단위의 소규모 사육에도 부담이 적은 특징이 있다. 하지만 공장식 축산업이 발달하지 않은 북한의 경우는 닭고기가 돼지고기보다 비싸며 달걀도 밥 한 끼 가격에 육박할 정도로 고급 식재료 지위에 있다.

닭은 생육 기간이 빨라서 두 달이면 도축할 수 있는 것도 장점이다. 우리나라는 이보다 훨씬 빨라서 32일 정도에 도축한다. 이슬람교에서는 돼지고기를 먹지 않고, 힌두교에서는 소고기가 금기이지만 닭고기는 종교에 상관없이 소비한다. 이런 이유로 세계적으로 한 해에 도축되는 닭의 수는 연간 750억 마리에 달한다. 소는 3억 5,000만 마리, 돼지는 13억 마리 정도 도축되는 것과 비교하면 압도적으로 많다.

닭은 육용 닭과 알용 닭으로 구분하는데 각각 육계와 산란계라고 한다. 닭을 지금처럼 식용이나 달걀 생산용으로 대량 생산하기 시작한 건 200년이 채 되지 않는다. 물론 그전에도 다른 가축에 비하면 키우기 쉽고 잡아먹기 쉬웠던 건 분명하지만 지금처럼 흔하게 먹을 수는 없었다. 그렇게 된 배경에는 육종 연구와 양계 산업의 발전이 뒷받침되었기 때문이다.

육종 측면에서 1950년대부터 선택적 교배를 통한 품종개량으로 육계와 산란계 모두 닭의 크기가 많이 커지고 사료 효율도 훨씬 좋아졌다. 품종개량 이전보다 크기는 최소 2배에서 최대 4배가 커졌다. 자라는 속도도 매우 빨라졌으며 같은 양의 고기를 얻기 위한 사료는 절반 정도로 적어졌다. 지금 사육되는 닭은 한 달에서 두 달만 키워도 출하 중량에 도달할 정도로 개량되었다. 사료 효율이 낮은(성장하는 데 시간이 오래 걸리는) 한국 전통의 토종닭이 6개월은 키워야 출하할 수 있는 것과 비교하면 엄청난 개량 성과다.

양계 산업의 발전은 이중적 측면이 있다. 고품질의 닭고기를 저렴하게 공급하여 단백질 접근성을 크게 개선해준 것은 확실한 공로다. 반면에 상업적 이익을 위해 생산량 극대화에만 초점을 맞추어온 것도 사실이다. 서로 쪼지 못하게 병아리 때 부리를 제거하고 A4 용지만 한 케이지에서 밀식 사육하고 24시간 조명을 켜두는 등 닭에게 스트레스를 주는 사육 방식이 서슴없이 행해져온 것이다.

다행스러운 것은 양계를 포함한 축산 전 영역에서 점차 동물 복지에 대한 소비자의 관심이 생산자의 행태를 바꾸고 있다는 것이다. 바른 먹거리를 위한 생산과정과 건강에 대한 소비자의 관심이 높아졌고, ICT 기술로 먹거리 경로에 대한 역추적이 쉬워졌다. 동물 복지를 준수한 프리미엄 생산품이 시장에서 더 비싼 가격을 받을 수 있는 다양한 장치들도 늘어나고 있다. 환경과 동물, 인간의 건강은 하나로 연결되어 있다는 '원헬스(One Health)'• 개념이 유럽을 중심으로 확산되면서 과거 축산의 어두운 관행에 대한 사회적 감시망이 더욱 촘촘해지고 있다.

• 사람과 동물, 환경이 공존하는 최적의 상태를 유지하기 위해 전 세계 다양한 분야의 협력과 노력을 촉구하는 접근 방식을 말한다. 종 간 인수 공통 전염병의 확산과 '인간과 동물의 건강과 생태학적 변화의 상호 의존성'에 대한 위기 의식에 대응하여 세계보건기구와 미국 질병관리본부 등 여러 국제기관에서 강조하는 개념이다.

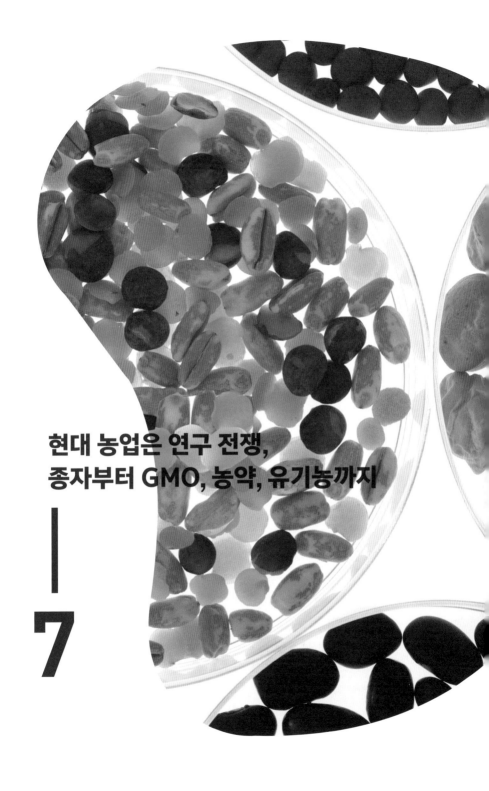

현대 농업은 연구 전쟁,
종자부터 GMO, 농약, 유기농까지

—

7

현재 우리가 먹는 쌀도 상추, 배추도 예전의 것이 아니다. 자동차 모델이 계속해서 변해온 것과 마찬가지다. 지금 우리 식탁 위에 오르는 품종 하나하나는 품종 개발 경쟁에서 이기고 농민에게 선택받은 최후의 승자들이다.

농업 과학의 꽃은 단연 품종개량이다. 넓은 논과 밭에서 자라는 하나하나의 개체들이 비슷한 시기에 꽃이 피고, 균일한 길이로 성장하고, 비슷한 시기에 열매를 맺는 것은 결코 우연이 아니다. 식량을 향한 인간의 집념과 노력, 그리고 과학기술이 투입되어 나타나는 성과다.

지금 우리가 접하는 모든 농산물과 축산물은 오랜 기간 인간의 연구와 실험, 지혜가 녹아 있는 품종개량의 결과물이다. 원시 자연 상태의 옥수수와 콩, 벼, 밀 등의 야생종은 생산량도 턱없이 모자라고 품질도 조악하며 외관도 볼품이 없다.

과수나 채소의 원시종은 더욱 그렇다. 남미 안데스 작물이었던 토마토가 16세기 스페인 정복자들에 의해 유럽에 처음 소개되었을 때, 유럽 사람들은 재래종 토마토의 울퉁불퉁하고 못생긴 외형과 삼지창과 비슷한 잎사귀 모양 때문에 독성이 있는 것으로 오해하여 심하게 기피했다.

감자 역시 울퉁불퉁한 모습과 땅속에서 성장한다는 이유로 감자를 먹으면 문둥병에 걸릴 것이라는 소문이 파다했다. 하지만 오랫동안의 현지 정착과 개량 과정을 거치고 유럽과 아시아로 전파되면서 다양한 기후 조건에 맞는 품종들이 대거 육종되기 시작했다. 그리고 지금은 세계적으로 가장 다양한 품종을 보유한 작물이자 인류의 건강과 칼로리 공급을 위해 없어서는 안 되는 핵심 작물이 되었다.

식물에서 작물로 동물에서 가축으로, 품종개량 이야기

가축도 마찬가지다. 가축화 과정 이전 자연 상태의 소나 돼지, 닭을 보면 지금과 같은 종이라고 믿기 어려울 정도로 확연히 다르다. 형태는 물론 특성도 전혀 다르다. 자연 돼지는 잡식성이긴 하지만 풀을 좋아하는 초식 특성도 발달해 있다. 재래종 닭은 30미터 정도는 거뜬히 날 수 있었지만, 인간이 비육 능력과 산란 능력 향상이라는 목적에 맞추어 개량해오면서 비행 능력이 퇴화되었다.

원시 재래종 소를 본다면 그 초라한 외관에 실망할 수도 있다. 자연 상태의 소는 상업적으로 사육되는 소 크기의 절반도 안 될 만큼 작고 날씬했다. 한우도 마찬가지다. 1960년대에 한우의 크기는 불과 350kg 정도였지만 지금은 평균 750kg까지

개량되었고, 1톤이 넘는 개체도 속속 등장하고 있다. 한우가 이 정도로 개량된 것은 국가적으로 가축 개량 체계와 보급 체계가 작동했기 때문이다. 지금도 국가의 가축 개량 체계가 제대로 갖춰지지 않은 남미의 시골에서는 뼈만 앙상한 소들을 흔히 볼 수 있다.

보통명사인 '동물'과 '식물'에서 '가축'과 '작물'을 가르는 경계도 품종개량 여부다. 품종개량 이전의 야생종 상태로 진화하고 있다면 동물 또는 식물로 부르는 것이 맞다.

약초처럼 인간의 개입 없이 자연 상태에서 번식한 것을 채취한다면 작물보다는 식물이다. 인삼은 작물이지만 산삼은 작물이 아닌 식물이다. 원시 야생종을 낮은 수준에서 국지적으로 개량해왔다면 재래종이 되고, 한발 더 나아가 대량생산을 위하여 최대 효율을 목적으로 상업적으로 개량했다면 상업종이 된다. 지금 재배되는 상업종은 재래종을 오랜 세대에 걸쳐 반복해 개량해온 것이다. 상업종은 수량성과 내병성, 내재해성, 재배 편이성, 기호성 등 모든 형질이 베스트인 말 그대로 1군 프로선수들만 모아놓은 월드 베스트 드림팀이다.

품종개량이 인류의 가장 큰 업적인 것은 부인할 수 없는 사실이다. 하지만 세상 모든 일이 그런 것처럼 품종개량도 빛과 그림자가 존재한다. 제한된 토지와 자원에서 최대한의 생산 효율을 이끌어내 차고 넘칠 만큼 식량을 공급받게 된 것이 품종개량의 빛이라면, 생물다양성의 축소와 품종의 획일성이라는 생태적 위험에 노출된 것은 품종개량의 그림자다.

품종 개발, 버리기 위해 연구한다

품종은 우리가 생각하는 것보다 훨씬 예민하다. 같은 품종도 어느 지역에서 어떤 재배법으로 키우느냐에 따라 결과는 천차만별이다. 품종도 재배법도 고정된 것이 아니고 시간을 두고 바뀌기 때문에 시차를 두고 계속된 수정과 보완이 필요하다.

현재 우리가 먹는 쌀도 상추도 배추도 겉모습은 같지만 예전의 것이 아니다. 도로 위 자동차의 모델이 계속해서 변해온 것과 마찬가지다. 품종은 만들기도 어렵지만 품종을 보급하고 확산하는 일은 더욱 어렵다. 첨단 기술이 품종 개발에 필요한 시간을 대폭 단축하고 있다지만 싹을 틔우고 키워서 수확하기까지 절대적인 시간이 필요하다. 재배 속도가 빠른 채소 종자는 그래도 개발에 속도가 붙지만 식량 종자는 시간이 오래 걸린다.

식량 작물의 신품종 육종에 걸리는 시간은 작물의 종류, 목표 형질, 육종 방법 등에 따라 차이가 많다. 신품종이 만들어

육종 기술에 따른 품종 개발 기간

활용 기술	대상	품종 개발 기간
전통적 육종 방법	단년생 작물 (벼, 보리 등)	6~12년
	다년생 작물 (과수, 목화 등)	15~25년
분자 육종 기술 활용 시	분자표지 활용	5~10년
	배양체 기술	4~8년
생명공학 육종 기술 활용 시	유전자 재조합	8~12년
	유전체 교정 (CRISPR 등)	6~10년
정밀 육종 (생명공학과 정보 기술 융합)	게놈 선발, 디지털 육종 등	4~7년

진 다음에는 지역별로 재배 실험을 완료하고 재배 방법도 정립하고 표준 매뉴얼도 만들어야 한다. 품종 등록까지 하려면 결코 적지 않은 시간이 필요하다. 규제와 안전성 평가 등의 과정을 고려하면 실제 신품종을 상업화하는 데 육종 기간보다 더 걸릴 수 있다.

품종을 만드는 과정에서 수없이 많은 품종이 버려진다. 축구선수 리오넬 메시나 크리스티아누 호날두 한 명이 탄생하기 위해서는 전 세계 무수히 많은 유소년, 청소년 축구선수들이 있어야 하는 것과 똑같다. 스타 축구선수처럼 새로운 품종도 발굴과 육성, 선발의 과정을 거치고 거쳐 비로소 살아남은 최후의 것이다. 육종 기술의 첨단화라는 것도 과학기술의 도움으로 각 단계의 정확도를 높여서 버려지는 것을 최소화하는 것이다. 역설적으로 좋은 육종가는 잘 버리는 사람이다.

그렇게 살아남은 신품종이라고 해도 극히 일부만 시장에서 선택된다. 먼저 생산자인 농업인의 선택을 받아야 한다. 농업인들은 품종 교체에 극도로 보수적이다. 잘못된 선택은 품종 값만 버리고 끝나는 것이 아니라 한 작기 전체의 수익을 포기해야 하기 때문이다. 재배도 편해야 하고, 병충해에도 강해야 하고, 무엇보다 소비자에게 팔려야 한다.

새 품종은 이전에 쓰는 품종보다 거의 모든 측면에서 동등하거나 우월한 상태에서 플러스 알파가 되는 한 방이 있어야한다. 그래도 농민들은 다른 농민이나 품종 회사의 확실한 재배 시연을 보고 나서 조심스럽게 선택한다. 샤인머스캣 같은 인기 품종이 초기에 비싼 값에 팔리다가 3~4년 후 시장에 쏟아져나오는 이유도 신품종의 유효성 확인을 마친 농민들의 선택이 한 시점에 몰리기 때문이다.

다음은 소비자의 낙점이다. 새로운 품종이 맛과 색깔, 가격, 편이성 등에서 종합적으로 끌려야 한다. 1인 가구의 증가처럼 사회구조 변화에도 반응해야 한다. 그래서 음식물 쓰레기가 많이 나오는 큰 수박이나 껍질 처리가 귀찮은 과일 종류는 외면당하며 그 자리는 애플수박, 한입 배, 껍질째 먹는 포도 같은 신품종들이 채우는 중이다.

지금 우리 식탁에 올라와 있는 품종 하나하나는 경쟁에서 이긴 최후의 승자들이다. 그들이 있기까지는 셀 수 없는 패자들과 이들을 버려야만 했던 육종가의 아픔이 숨어 있다.

인간의 욕망이 낳은 스타 품종의 함정

스타 품종들이 써내려온 영광의 역사 뒤에는 생물 다양성 급감이라는 반대급부가 있다는 점도 기억해야 한다. 1900년대 미국 전역에서 재배되던 종자의 다양성이 100이라고 한다면 지금 미국에서 재배되는 종자의 다양성은 4에 불과하다. 최고의 생산 효율과 최대의 수익을 위하여 '품종의 획일화'라는 과정을 거쳐온 결과다.

한 곳에서 하나의 작물만 재배(단일 재배, monoculture)하고, 그 하나의 작물마저도 품종을 최대한 획일화하면 다양한 작물과 다양한 품종을 재배할 때보다 경제적 이익이 커진다. 우선 재배 물량이 많아지는 '규모의 경제' 효과로 고정비용이 크게 줄어든다. 하나의 품종에만 맞추어 시설 및 연구 개발에 투자를 집중하기 때문에 생산성을 높이기도 쉽다. 재배 작물의 크기와 외형, 특성이 균일화되면서 기계 작업도 쉬워진다.

품질이 표준화되어 거래의 편이성이 높아지는 점도 빼놓을 수 없다.

같은 농지에서 동시에 재배하는 작물인데 개체마다 키가 다르거나, 자라는 속도가 들쭉날쭉하거나, 열매 맺는 시기가 서로 달라서 수확 시기가 제각각인 경우를 상상해보자. 수확 시기를 결정할 수 없고, 수확한다고 해도 수율이 떨어질 것이다. 기계 작업을 포기하고 수작업을 해야 한다면 추가 인건비 부담으로 수익 자체가 마이너스가 될 수도 있다.

사람들이 생각하는 것보다 작물의 생육 기간은 짧다. 수확을 위한 최적의 시기도 생각보다 짧다. 식량 작물은 4~5개월, 채소류는 3~4개월 정도면 충분한 생육 기간이다. 조생종, 중생종, 만생종 등 품종특성이나 재배 지역, 재배 품목에 따라 다르지만 대략 이 정도다. 그래서 짧게는 2~3일, 길어도 일주일 이내에 수확하지 않으면 품질이 망가지고 경제성이 하락한다. 사과 같은 과수 작목은 수확 시기의 날씨에 따라 품질 차이가 커진다.

재배 작물과 품종의 획일화는 동전의 앞뒤 같은 양가적 의미가 있다. 동전의 앞면이 경제적 이익의 극대화라면 동전의 뒷면은 생태적 위험의 증가다. 획일화로 인하여 하나의 품종이 과도한 우점 상태가 되면 특정 위기에 취약해져서 한 번의 충격에도 무너질 위험성이 무척 높아진다.

가령 유치원에 같은 반 원생들이 전부 유전적으로 동일한 학생들로 구성되어 있다고 가정해보면, 작은 환경 변화에도 똑같이 감기에 걸리거나 유년기 전염병에 취약해지는 것과 같다. 유전적 동일체라서 면역력 대응 체계가 비슷하기 때문이다. 이런 현상은 우려가 아니라 사실이다.

최근 미국의 콘벨트에 가뭄이 잦아지면서 피해 면적이 커지고 있는데, 옥수수의 유전 형질이 동일한 탓에 가뭄 저항력이 거의 똑같기 때문이다. 한국에서도 점차 채소나 과수에 발생하는 무름병(세균 또는 곰팡이에 의해 식물의 조직이 문드러지는 병)이나 마름병(식물 조직의 급속한 황백화, 갈변, 조직 괴사 등이 나타나는 병)의 발생 빈도가 잦아지고 확산 범위가 넓어지는 이유 중에는 획일화된 품종도 차지한다.

한국에서 조류독감이 빈번하고 피해액이 큰 원인 역시 계열화된 양계 종자의 획일성 때문이다. 앞으로 기후변화로 작물의 성장 환경이 달라지고 이상기상이 잦아질수록 재배 작물의 획일화로 인한 피해도 점차 커질 것이다.

대자연이 언제 그 대가를 요구할지 지금은 알 수 없다. 분명한 것은 언젠가는 반드시 청구서가 날아온다는 점이다. 바로 이것이 경제적 이익을 위한 획일화와 생태적 안정을 위한 다양성 사이에서 균형점을 찾기 위해 사회적 합의와 과학적 논의가 계속되어야 하는 이유다.

포마토에서 GMO까지 품종개량 기술의 발전

육종 기술은 오랜 기간에 걸쳐 여러 단계를 거치며 발전해왔다. 고대부터 20세기 초까지는 전통 육종 기술이 거의 유일한 수단이었다. 20세기 초반부터는 돌연변이 육종 기술이 발전했고, 중반부터는 분자 육종 기술을 포함한 생명공학 육종 기술이 꽃을 피웠다. 지금은 인공지능 기술과 빅데이터 기술이 합쳐지는 디지털 육종, 정밀 육종 기술로 진화하는 중이다.

전통 육종 기술은 인류가 농업을 시작한 이래로 지금까지 사용하는 가장 오래된 육종 방식이다. 식물의 표현형(phenotype, 외부 형질)을 바탕으로 우수한 개체를 선발하고, 이를 엄마(母本)와 아빠(父本)로 삼아서 원하는 형질이 후대에 고정될 때까지 끊임없이 교배를 반복하는 것이다. 전통 육종은 복잡한 기술이 필요 없어 누구나 쉽게 할 수 있고, 자연 고유의 유전적 다양성을 유지할 수 있다는 장점이 있다. 반면에 소요 기간이 길고 정밀도가 떨어져서 육종 효율이 낮고 원하는 형질이 후대에 고정될 확률도 낮다.

다시 설명하면 전통 육종 기술은 우수한 엄마와 아빠를 선발하여 원하는 형질의 자식이 나올 때까지 교배를 반복하는 것으로 엄청난 노동력과 시간이 필요하다. 그럼에도 원하는 형질의 자손이 나올 확률은 낮고, 수고로움에 비하여 정확성

과 경제성이 떨어지는 구조적 약점이 크다.

돌연변이 육종 기술은 20세기 초반부터 활용되기 시작한 방법이다. 물리적 또는 화학적 돌연변이원을 이용하여 인위적으로 돌연변이를 유도하는 육종 기술이다. 방사선(엑스레이, 감마선 등)이나 화학물질(에틸메탄설포네이트, 질산염 등)을 처리하여 염기 서열에 변이를 일으킨 후 목적하는 특성을 가진 돌연변이 개체를 선발하고, 선발된 돌연변이 개체를 세대 진전을 통해 유전적으로 고정되도록 한 후 우수 계통 최종 품종으로 선정하여 종자를 증식시키는 것이다.

돌연변이 육종 기술은 자연 상태에서 획득하기 어려운 새로운 유전적 변이를 창출할 수 있으며, 단기간에 다양한 변이체를 대량으로 만들 수 있어서 육종에 소요되는 시간과 비용을 줄이는 장점이 크다. 하지만 돌연변이 과정에서 여러 부작용이 발생할 수 있다는 단점이 있다. 돌연변이 육종 기술은 벼와 보리, 복숭아, 팥, 사과, 포도, 토마토, 자두, 국화, 대나무 등 거의 모든 작물의 신품종 육성에 널리 활용되어 큰 성과를 거두어왔다.

생명공학 육종 기술은 20세기 후반부터 발진한 첨단 육종 기술로 분자생물학, 유전자공학 등의 생명과학기술을 육종에 접목한 것이다. 전통 육종 기술과 돌연변이 육종 기술이 개체 단위의 접근이었지만, 생명공학 육종 기술은 DNA 기반의 유전체 단위의 접근이라는 점에서 차원이 다른 기술이다.

생명공학 육종 기술은 1980년 즈음부터 지구와 인류를 구원할 신기술로 사람들의 엄청난 관심과 반향을 일으켰다. 1978년 생명공학 육종 기술을 활용해 독일의 막스플랑크생물학연구소의 메르하스 교수팀은 지하에는 감자가 열리고 지상에는 토마토가 열리는 새로운 식물을 만드는 데 성공했다. 포마토(감자+토마토), 또는 토감(토마토+감자)이라고 불리는 자연계에는 존재하지 않는 새로운 식물을 창조해낸 것이다.

동물의 경우 암컷 호랑이와 수컷 사자의 종간잡종인 라이거가 화제가 되었다. 클론(복제) 기술이 도입되면서 매머드와 공룡을 살려내는 이야기도 등장했다. 새로운 시대와 가능성에 대한 기대감이 한껏 부풀어 오르면서 대학교에는 유전공학과가 신설되고 분자생물학이 인기 학문으로 등장하기도 했다.

아직 당시의 기대감에는 못 미치지만, 다시 말해 더 많은 시간이 필요하다는 것이 확인되었지만 생명공학 육종 기술은 육종 발전에 획기적인 역할을 했다. 개체가 아닌 유전체에 직접 접근하는 기술의 효과는 놀라웠다. 유전자 마커(DNA 마커) 기술*과 유전자 지문 분석 기술** 등이 도입되면서 육종의 속도는 빨라지고 정확도는 높아졌다.

분자 육종 기술은 생명공학 기술의 한 분야로 전통 육종 기술에 분자 마커를 활용한 분자생물학 기술을 접목시킨 육종 기술이다. 분자 육종 기술은 직접적으로 유전자 교정은 하지 않지만 분자생물학과 유전체 기술을 활용하는 측면을 강조할 때 주로 쓰는 용어다.

다른 생물 유래의 유용 유전자를 작물에 직접 도입하는 유전자 전이 기술도 빼놓을 수 없다. 유전자 전이 기술의 도입으로 제초제 내성이나 병충해 저항성 등의 특성 부여가 가능해지면서 대두와 옥수수의 생산성이 획기적으로 증가했다.

---

* 식물의 DNA를 분석하여 목표 형질과 연관된 분자 마커를 찾아 원하는 형질을 갖춘 육종 소재를 효율적으로 선발하는 기술.

** DNA 분자 수준에서 개체 또는 품종 간 유전적 차이를 판별하여 유전자원의 순수성을 검정하고 계통 구분, 유전자 지도 작성 등에 활용하는 기술.

하지만 그와 동시에 유전자 변형 작물(Genetically Modified Organism, 이하 GMO)의 안전성에 대한 전 지구적 찬반 논란도 촉발되었다. 최근에는 외래 유전자를 도입하지 않고 작물 내부의 고유 유전자를 직접 편집하는 유전자 교정 기술로 작물 게놈의 특정 유전자를 제거 및 교정하여 새로운 형질을 부여하는 유전자 가위 기술(CRISPR-Cas9, 게놈 편집 기술)이 신기술로 주목받고 있다.

우리는 오래전부터 GMO를 먹어왔다

생명공학 육종 기술을 이야기할 때 빼놓을 수 없는 것이 유전자 변형 작물, GMO에 대한 이야기다. GMO는 전통적인 육종 방법이 아닌 현대 생명공학 기술을 이용하여 특정 유전자를 도입하거나 제거, 변형시켜 만든 생물체를 말한다. 주요 기술로는 유전자 재조합 기술, 유전자 가위 기술 등이 있다. 특히 유전자 가위 기술은 외래 유전자를 도입하지 않고 자체 유전자만 편집하기 때문에 대중의 우려를 크게 낮추면서도 활용 가능성이 높아서 최근 크게 각광받는 기술이다.

20세기 중후반부터 과학자들은 유전자 재조합 기술을 활용하여 병충해 내성, 제초제 내성, 고영양성, 고기능성 등의 새로운 유용 형질을 특정 작물에 넣거나 뺄 수 있게 되었다. 대표적 GMO 작물로는 BT옥수수*, 제초제 내성 대두, 골든라이스 (336쪽 참조) 등이 있다.

2022년 기준 전 세계 옥수수 재배 면적의 약 30%에는 GMO 옥수수가 자라고 있다. 미국과 브라질, 아르헨티나 등이 주요 생산국이다. 전 세계 대두 재배 면적의 약 80%는 GMO 대두다. 미국, 브라질, 아르헨티나에서 재배되는 대두는 95% 이상이 GMO다. 밀과 쌀은 아직 개발 중으로 전 세계에서 상용화된 GMO 밀과 GMO 쌀은 아직 없다.

가축과 미생물도 GMO로 개발되고 있다. 특히 조작이 간편한 미생물 GMO의 활용은 눈부실 정도다. 인슐린, 성장호르몬, 백신 등의 단백질 의약품 대량생산에 활용될 뿐 아니라 섬유, 식품, 세제 등 다양한 산업 분야에서 사용되는 효소도 GMO 박테리아나 GMO 효모를 통해 생산된다. 농업과 식품 분야에서도 해충 방제나 식물 성장 촉진 등의 목적으로 활용되며 발효 식품, 와인, 치즈 등의 식품 가공에도 GMO 유산균이나 GMO 효모 등이 활용된다. 이처럼 미생물 GMO는 의약, 산업, 농업, 환경, 식품 등 다양한 분야에서 이미 활용되고 있

• 바이엘이 인수하기 전 미국 몬산토사에서 개발한 품종으로 BT옥수수에서 생긴 BT 독소가 특정 애벌레의 내장 신경계를 마비시켜 죽게 하는 것에 착안해 해충 방지를 위해 별도로 살충제를 살포할 필요가 없게 형질을 전환한 내충성옥수수.

으며 생명공학 기술 발전에 따라 그 활용 범위가 점점 확대되는 중이다.

GMO는 고부가가치 신품종 개발과 식량 증산에 기여하고 있지만, 환경 위험성과 안전성 등의 이슈로 개발이 시작된 이래 지금까지 끊임없이 사회적 논란이 되고 있다. 일부 과격하고 미신에 가까운 주장들이 아직 많이 남아 있시만, GMO를 둘러싼 안정성과 환경 위해성의 논쟁은 과학의 영역을 떠나서 감성과 기호의 영역으로 정리되고 있다.

무엇보다 인류가 GMO를 직간접적으로 섭취해온 지도 이미 30년에 접어들고 있고 그동안 단 한 차례도 GMO로 인한 직접적 인체 부작용이 파악된 바가 없다. 실제로 콩과 옥수수를 식재료로 먹어온 사람이라면 오랫동안 계속해서 GMO로 먹어온 것이 사실이다.

흥미로운 것은 한국이 유전자 가위 기술 분야에서 자타가 인정하는 세계적 선두 국가이지만, GMO 개방성에서는 세계에서 가장 뒤처진 나라라는 점이다. 우리나라를 제외한 세계의 거의 모든 나라, 특히 가장 보수적이었다는 일본마저 우리보다 GMO에 유연한 입장으로 선회했다. 한국의 생명공학 육종 기술이 발전하고 종자와 식량 산업이 도약하기 위해서는 우리도 GMO에 대한 사회적 유연성과 열린 논의가 시급한 상황이다.

유기농업이 탄생하기까지

"인간은 지구를 파괴함으로써 그 자신도 멸망할 것이다."

_ 알베르트 아인슈타인

1, 2차 세계대전을 치르면서 화학산업은 화학혁명이라 불릴 정도로 비약적 발전을 거듭했다. 화학기술의 발전은 화학 농약과 비료의 대량생산으로 이어졌고 농업 생산성을 획기적으로 증가시켰다.

그러나 시간이 지나면서 지나친 합성 화합물과 비료로 인해 토양이 산성화되어 비옥도가 떨어졌고, 과다한 농약 사용은 생태계를 망가뜨려 인간을 위협하기에 이르렀다. 증산만을 위한 인간 중심의 농업 개발도 점차 생태계의 수용 한계를 위협했고, 농업의 지속 가능성에 대한 우려도 커지기 시작했다.

화학혁명과 녹색혁명으로 1950~1980년, 30년 동안 세계의 농업 생산량은 250%나 증가하는 풍요의 시대가 도래했지만 세계대전 이후 현대 농업은 화학 농약과 비료, 전기와 화석연료에 크게 의존하는 고투입 고산출 농업으로 바뀌면서 지력 저하, 생태계 파괴, 농산물 안전성 문제 등 다양한 부작용을 유발했다. 현대 농업은 증산에는 성공했지만 전통 농업과는 완전히 다른 산업화된 농업이 되어버린 것이다. 실제로 농촌의 푸릇한 이미지 덕택에 농업을 환경 친화적 산업으로 알고 있는 사람들이 많지만, 현대 농업은 UNEP(국제연합환경계획)이 지목하는 환경오염유발 5대 산업이 되었다.

유기농업은 이러한 현대 농업의 급격한 성장과 물질적 풍요의 뒷면에 가려졌던 생태 환경의 중요성과 식품 안정성에 대한 회의와 반성으로부터 대동했다. 유기농업에서 가장 강조하는 것은 건강한 토양과 생태계 그리고 사람을 위한 지속 가능한 농업체계를 유지하는 것이다.

유기농업에서는 이를 위해 화학비료, 농약, 생장조절제 등 합성화학 물질을 사용하지 않는 것을 원칙으로 한다. 대신 동물 분뇨와 짚 등을 이용해서 만들어진 퇴비, 식물의 줄기와 잎 등으로 만든 비료인 녹비, 골분 등 유기물 유래 비료를 사용한다. 또 천적 곤충, 미생물 농약 등을 활용하고 기피와 유인을 위해 서로 도움이 되는 특성을 지닌 동반식물을 같이 심는 섞어짓기(혼작), 해마다 작물을 돌려가며 바꾸어 심는 돌려짓기(윤작) 등을 활용하는 대체 농법을 지향한다.

유기농업의 발단은 20세기 초반으로 거슬러 올라간다. 현대 농업이 촉발할 문제를 미리 예견이라도 했다는 듯이, 1924년 오스트리아 출신의 철학자이자 사회개혁가였던 루돌프 슈타이너(Rudolf Steiner)는 생물역동농업(biodynamic agriculture)을 주창했고, 이는 현대 유기농업의 기초가 되었다. 1940년 영국의 식물학자 앨버트 하워드(Albert Howard)는 자신이 근무했던 인도의 자연농법에서 감명을 받은 후『농업성전(An Agricultural Testament)』이라는 저서를 통해 유기농업의 원리를 체계화했다. 비슷한 시기 영국의 농학자 로드 노스본(Lord Northbourne)은 그의 책『땅을 생각하다』를 통해 '유기농법(organic farming)'이라는 용어를 처음으로 제안했다. 로드 노스본은 이 책에서 산업화된 농업의 문제점을 지적하고, 자연과 조화를 이루는 농업 방식의 필요성을 강조했다.

유기농업은 20세기 중반 이후 유럽을 중심으로 더욱 탄력을 받기 시작했다. 그즈음 환경과 에너지 등의 전 지구적 문제가 대두되면서 유기농업의 확산은 더욱 가속화되었다. 1962년에는 미국의 해양 생물학자이자 환경운동가인 레이첼 카슨의 그 유명한『침묵의 봄』이 출간되면서 화학 농약의 위험성에 대한 대중의 인식이 높아졌고, 이는 유기농업 운동의 확산에 큰 영향을 미쳤다.『침묵의 봄』은 DDT(디클로로 디페닐 트리클로로에탄)와 같은 살충제의 위험성을 대중에게 알렸고 환경보호 운동의 촉매제 역할을 했다. 이는 결과적으로 미국의 환경정책 변화에 큰 영향을 미쳤고, DDT 사용 금지와 미국 환경보호청(EPA) 설립에도 기여했다.

전 세계적으로 유기농 운동이 본격화된 것은 1972년 국제

유기농업을 단순히 친환경 먹거리를 생산하기 위한 기술이나 농법으로만 한정해서는 곤란하다. 유기농업은 기술 이전에 철학이며 사회 운동의 성격을 포함한다. 내가 수고스럽더라도 후손들에게 환경을 올바르게 전달하고자 하는 의식이 바탕에 깔려 있다.

유기농업운동연맹(IFOAM)이 설립되면서부터다. IFOAM은 국제기구나 정치조직이 아닌 민간을 중심으로 탄생했는데, 현재 전 세계 110여 개국의 800여 개 단체가 가입한 세계적인 단체로 발전했다. IFOAM이 제정한 국제 유기농 표준은 많은 국가에서 유기농 제도의 기초가 되었으며, 유기농업의 네 가지 기본 원칙인 건강, 생태, 공정, 배려를 정의하고 있다. 오늘날 IFOAM은 유기농 표준 개발, 정책 개발, 연구 및 교육 지원 등의 활동을 하고 있다.

한국의 유기농업 이야기

우리나라의 유기농업은 1970년대 중반부터 민간을 중심으로 시작되었다. 1976년 정농회(正農會)가 설립되어 유기농업 운동의 첫발을 내디뎠으며, 이는 한국 유기농업의 시작점으로 여겨진다. '정농'이란 말 그대로 '바른 농사'를 의미하며 화학비료와 농약에 의존하지 않는 자연친화적인 농업을 추구한다는 뜻이다. 설립 당시 우리나라 농업은 녹색혁명의 영향으로 화학농법이 주류를 이루고 있었는데 정농회는 이에 대한 대안으로 유기농업을 제시했다.

1980년대에 들어서면서 유기농업 운동이 본격화되었다.

1981년에는 한국유기농업협회가 설립되어 유기농업의 보급과 교육에 힘썼으며 1988년에는 흙살림운동본부가 결성되어 유기농업의 확산에 기여했다. 1990년대에는 유기농업이 제도화되기 시작했다.

1997년 환경농업육성법이 제정되어 친환경농산물 인증제도가 도입되었고, 이는 유기농업의 발전에 중요한 전환점이 되었다. 친환경농산물 인증제도와 더불어 유기농업과 친환경농산물 유통에 핵심적인 역할을 하고 있는 아이쿱(i-coop)과 한살림 같은 생활협동조합, 그리고 초록마을 같은 유기농 전문 유통기업이 등장했고 현재까지도 왕성히 이어지고 있다.

2001년에는 친환경농업육성법으로 법률이 개정되면서 인증 제도가 더욱 체계화되었다. 초기에는 유기농산물, 무농약농산물, 저농약농산물의 세 가지로 구분하여 인증했다. 하지만 2013년부터는 소비자 신뢰도를 높이고 국제 기준에 부합하기 위해 저농약농산물 인증을 폐지하고 유기농산물과 무농약농산물 두 가지로 단순화하였다(표 참조).

유기농업을 단순히 친환경 먹거리를 생산하기 위한 기술이나 농법으로만 한정해서는 곤란하다. 유기농업은 기술 이전에 철학이며 사회 운동의 성격을 포함한다. 패션 분야의 복고, 디자인 분야의 앤티크, 음악 분야의 클래식처럼 유기농업은 전통 농업의 지혜를 과학적으로 증명하고 되살려 내가 수고스

유기 농산물과 무농약 농산물의 차이

구분	유기 농산물	무농약 농산물
농약 사용	사용하지 않음	사용하지 않음
화학비료 사용	전혀 사용하지 않음	제한적 사용 (추천 시비량의 1/3 이내)
합성 생장조절제 사용	사용하지 않음	사용하지 않음
재배 기간	농약, 화학비료, 합성 생장조절제를 사용하지 않고 최소 3년 이상 재배	특별한 기간 제한 없음 (농약 미사용)
인증 필요	필수	필수
토양 관리	허용된 천연비료 사용 등 지속 가능한 토양 관리 필수	허용된 천연비료 등 사용, 화학비료 제한적 사용 가능
환경 보호	생태계 및 생물 다양성 보호에 중점	생태계 보호에 중점, 하지만 유기농보다 화학물질 사용 허용 범위가 넓음

럽더라도 후손들에게 올바르게 전달하고자 하는 의식이 바탕에 깔려 있다. 유기농업은 때로는 자연보호 및 소농의 소득 증대 방편이 되기도 하고, WTO에 대응하여 자국 농업을 보호하는 수단이 되기도 하며, 농촌 복지 증진에 기여하는 적극적인 장치가 되기도 한다.

친환경과 농업의 지속 가능성에 대한 질문에서 출발한 유기농업은 이제 각국의 전통문화를 보전하며, 지역의 특색 있는 식생활과 식문화를 발전시키고, 전 지구적으로는 공정무역의 가치를 주장하기까지 활동 범위를 넓혀가고 있다. 하지만 그 이면에는 초기의 이념적 순수성을 잃거나 경제적 동기를 간과하는 등 다양한 도전에 부딪혀 현실적 문제가 쌓여가는 것도 사실이다.

유기농은 정말 좋은 걸까?

오늘날 세계적으로 약 7,200만 헥타르에서 유기농법이 실시되고 있으며 이는 세계 경지면적의 약 1.5% 정도에 해당한다. 2023년 기준 우리나라의 유기농산물 인증 면적은 3만 5,000헥타르로 전체 경지면적의 2%인데 세계 평균보다 높은 편이다(친환경농산물 인증 면적은 5만 헥타르로 전체 경지면적의 3% 정도다).

다시 말하면 세계 농경지의 98%는 유기농업이 아니며, 이 중에서도 노동 집약적 농업이 주류인 저소득 저개발 국가의 면적을 제외하면 실제 유기농업 면적은 더 줄어든다. 유기농업 비중이 높지 않은 이유는 유기농업의 취지는 훌륭하지만 보편적인 농업으로서의 한계도 명확하기 때문이다.

메타분석 연구에 따르면 유기농업의 수확량은 관행농업에 비해 평균 25% 정도가 낮고, 생산 비용은 30% 이상 높다. 유기농업은 노동 집약적인 방식과 특수 농자재를 사용해야 하기 때문에 생산량은 낮고 생산비는 높아질 수밖에 없다. 이는 소비자 가격 상승으로 이어져 대중 소비자의 접근성을 어렵게 한다.

병해충 관리의 어려움도 빼놓을 수 없다. 화학 농약을 사용하지 않기 때문에, 병해충 발생 시 대처가 늦어질 수 있으며 이로 인한 작물 손실은 불가피하다. 연구 결과에 따르면 유기농업의 병해충 피해율은 관행농업 대비 최소 40% 이상이다.

유기농업이 더 많은 경작지를 필요로 한다는 것도 문제점이다. 수확량이 낮기 때문에 같은 양의 식량을 생산하기 위해서는 약 20~40% 더 넓은 경작지가 필요하다. 전 세계가 지금과 같은 양의 농산물을 모두 유기농업으로 생산하려면 84% 더 많은 농지가 필요하다는 연구 결과도 있다. 유기농 인증 과정의 복잡성과 비용도 난제다. 소규모 농가의 경우 인증 비용이 연간 수입의 10~20%를 차지할 수 있어 진입 장벽으로 작용한다.

처음 인증을 위해서는 최소 3~5년 휴경하거나 화학물질 투입금지 시간이 필요한데 이 기간 동안 수입 손실도 감수해야 한다. 인증 후에도 농가의 의도적 속임수나 부실한 사후 관리로 소비자 사고가 발생하면 유기농업 전체에 대한 불신과 선량한 대다수 유기농업 생산자들의 피해로 이어질 수밖에 없다.

유기농을 둘러싼 논쟁들도 여전히 진행 중이다. 유기농 식품이 더 안전한가? 유기농 식품이 더 건강에 좋은가? 유기농은 환경보호에 기여하는가? 이런 식의 유기농업의 근본 취지에 대한 논쟁들이다. 유기농업으로 생산된 유기농 식품의 안전성에 대해서는 다양한 연구 결과가 존재하며, 유기농 식품이 모든 면에서 절대적으로 안전하다고 단정 짓기는 어렵다.

농약 잔류물 측면에서 유기농 식품이 더 안전하다는 것이 정설이다. 유기농 작물은 관행농법으로 재배된 작물에 비해 농약 잔류물이 평균 50% 적고, 잔류물이 발견될 확률도 일반식품의 약 3분의 1 수준이다. 항생제 내성균 문제에 있어서도 유기농 식품이 유리하다. 2017년 미국과학진흥협회(AAAS)의 연구에 따르면, 유기농 닭고기에서 발견된 항생제 내성균의 비율은 일반 닭고기의 3분의 1 수준이었다.

그러나 식품 매개 질병 위험 측면에서는 결과가 엇갈린다. 많은 연구 결과가 유기농 식품과 일반식품 사이에 식품 매개 질병 위험의 유의미한 차이를 발견하지 못했다. 오히려 일부 연구에서는 유기농 농법에서 사용되는 동물성 퇴비로 인해 대장균 오염 위험이 높아질 수 있다고 지적한다.

중금속 오염 측면에서도 유기농 식품이 오히려 불리할 수 있다. 2018년 독일 연방위해평가원(BfR)의 연구에 따르면, 유기농 쌀에서 일반 쌀보다 무기비소 함량이 더 높게 나타났다. 결론적으로 유기농 식품은 농약 잔류물과 항생제 내성균 문제에서 더 안전한 경향을 보이지만 식품 매개 질병, 중금속 오염 등의 측면에서는 일관된 우위를 보이지 않는다. 따라서 유기농 식품이 모든 면에서 더 안전하다고 단정 짓기는 어려우며, 각 측면을 종합적으로 고려해야 한다.

유기농 식품의 전반적인 건강 증진 효과에 대해서도 명확한 결론을 내리기 어렵다. 다만 영양소 함량 측면에서, 2014년 영국 뉴캐슬대학교의 대규모 메타분석 연구에 따르면 유기농 작물은 일반 작물에 비해 항산화 물질을 평균 17% 더 많이 함유하고 있었다. 특히 플라보노이드는 69%, 안토시아닌은 51% 더 높은 수준을 보였다. 또한 유기농 우유에서는 오메가3 지방산이 50% 더 높게 나타났다.

인체에 축적되는 농약 잔류물 측면에서는 유기농 식품이 확실히 유리하다. 2019년 프랑스 국립농학연구소(INRA)의 연구에 따르면 유기농 식단을 하는 사람들의 체내 농약 잔류물 수준이 일반 식단을 하는 사람들에 비해 현저히 낮았다. 그러나 전반적인 건강 증진 효과에 대해서는 확실한 결론을 내리기 어렵다.

2017년 유럽식품안전청(EFSA)의 보고서는 유기농 식품 섭취와 건강 사이의 직접적인 연관성을 입증할 만한 충분한 증거가 없다고 밝혔다. 장기적인 건강 영향에 대해서도 더 많은 추적 연구가 필요하다. 2018년 프랑스 국립보건의학연구소(INSERM)의 연구에 따르면, 유기농 식품을 자주 섭취하는 사람들이 그렇지 않은 사람들에 비해 암 발병률이 25% 낮았다. 하지만 이러한 결과가 유기농 식품 자체의 효과인지, 아니면 유기농 식품을 선호하는 사람들의 전반적인 생활 습관 때문인지는 명확히 구분하기 어렵다.

결론적으로 유기농 식품은 특정 영양소 함량, 농약 잔류물 축적, 항생제 내성균 노출 등의 측면에서 이점을 보이지만, 전반적인 건강 증진 효과에 대해서는 아직 명확한 과학적 합의가 이루어지지 않았다. 따라서 유기농 식품이 반드시 더 건강에 좋다고 단정 짓기는 어려우며, 균형 잡힌 식단과 전반적인 생활 습관이 건강에 더 중요한 영향을 미칠 수 있음을 인식해야 한다.

미래 환경을 보존하는 유기농법

유기농업이 여러 측면에서 환경보호에 기여한다는 것이 정설이지만, 여전히 일부 쟁점도 남아 있다.

토양 건강 측면에서는 유기농업의 기여도가 높다. 2017년 스위스 농업과학기술연구소(FiBL)의 40년 장기 연구에 따르면, 유기농법을 적용한 토양에서 유기물 함량이 1.3배 높았고, 미생물 다양성도 더 풍부했다. 이는 토양의 생산성과 지속 가능성을 향상시키는 요인이 된다. 생물 다양성 보존에도 유기농업이 긍정적인 영향을 미친다.

2014년 영국 옥스퍼드대학의 메타분석 연구 결과 유기농 농지는 그렇지 않은 농지보다 평균 30% 더 많은 종의 생물이 발견되었다. 특히 꽃가루 매개체는 50%, 포식자의 다양성은 12% 더 높았다. 유기농업은 수질 오염 감소에도 기여한다. 2014년 미국 워싱턴주립대학의 연구에 따르면 유기농 농지에서 질산염 유출이 일반 농지보다 60% 적었다. 이는 화학비료 사용을 제한하는 유기농법의 특성 때문이다.

온실가스 배출 측면에서도 유기농업이 유리하다. 2019년 국제식량정책연구소(IFPRI)의 보고서에 따르면 유기농업은 단위 면적당 온실가스 배출량이 관행농업보다 48~66% 낮았다. 이는 화학비료와 농약 생산 및 사용에 따른 온실가스 배출이 적기 때문이다.

그러나 유기농업의 환경 기여도에 대한 쟁점도 존재한다. 가장 큰 문제는 단위 면적당 수확량이 낮다는 점이다. 2012년

《네이처》에 발표된 메타분석에 따르면, 유기농업의 수확량은 관행농업의 75~80% 수준이다. 이는 같은 양의 식량을 생산하기 위해 더 많은 경작지가 필요함을 의미하며, 이로 인한 산림 파괴 등의 환경 문제가 발생할 수 있다.

또한 유기농업이 모든 환경 지표에서 우수한 것은 아니다. 2018년 《네이처 커뮤니케이션즈》에 발표된 연구에 따르면 일부 작물의 경우 유기농법이 단위 생산량당 더 많은 토지와 물을 사용하며, 이로 인해 부영양화와 산성화 가능성이 더 높을 수 있다고 지적했다.

결론적으로 유기농업은 토양 건강, 생물 다양성, 수질 보호, 온실가스 감축 등 여러 측면에서 환경보호에 기여하고 있다. 그러나 낮은 수확량으로 인한 토지 이용 효율성 문제와 일부 환경 지표에서의 불리함도 존재한다. 정리하면 유기농 식품이 농약 잔류물 측면에서는 확실히 유리하지만, 다른 요인들은 유기농 식품이 압도적으로 유리하다고 단언하기 어렵기 때문에 개인의 철학과 선택의 영역으로 봐야 한다.

또한 유기농업은 건강 증진 효과보다는 환경보호 효과가 더 명확하다. 그래서인지 유기농업이 가장 활발한 유럽에서는 소비자들이 유기농업을 지지하고 유기농 식품을 선택하는 첫 번째 이유가 건강 증진보다 환경보호에 있다. 하지만 우리나라에서는 유독 '유기농=건강 증진' 등식이 더 강하게 형성되어 있다. 생산자들도 마찬가지로 유기농의 친환경 생산 기능보다 유기 농산물이 일반 농산물보다 건강에 좋다는 점을 강조한다. 하지만 일반 농산물이 유기 농산물보다 건강에 무조건 나쁘다고 볼 수 있는 과학적 근거는 아직 명확하게 존재하지 않는다.

인류에게 농약이 없었다면

농약이란 농작물에 해로운 벌레, 병균, 잡초 따위를 없애거나 농작물이 잘 자라도록 도움을 주는 약품을 말한다. 여기에는 화학 농약뿐 아니라 살아 있는 미생물이나 자연에서 만들어지는 물질을 유효 성분으로 하여 만드는 천연제도 포함된다. 요즘은 농약(pesticide)이라는 용어 대신 작물보호제(crop protection agent)라는 용어를 쓰는 추세다. 공식적인 전환점을 찾기는 어렵지만 대략 2010년대를 기점으로 농약의 부정적 이미지를 덜어내기 위하여 국제사회에서는 농약 대신 작물보호제라는 용어를 쓰기 시작했다.

고대부터 병해충과 잡초는 인류에게 끊임없는 골칫거리였으나 이에 효과적으로 대응하기 위한 기술은 부족한 형편이었다. 15세기 이후가 돼서야 각종 화학물질을 이용하여 병해충을 방제하기 위한 다양한 방법들이 탄생하게 되었다. 하지만 15세기에는 납과 수은, 비소 등의 독성물질을, 17세기에는 방제의 목적으로 황산 니코틴이 함유된 담뱃잎 추출액을 사용하는 정도에 그쳤다.

1847년에 발생한 아일랜드의 '감자역병', 1870년 스리랑카의 '커피녹병', 1942년 인도 벵골의 '벼 깨씨무늬병'과 같은 인류가 경험했던 엄청난 대재앙들도 당시 농약만 있었다면 역사가 완전히 달라졌을 것이다. 감자역병으로 200만 명이 굶어 죽고, 150만 명은 고향을 등지고 신대륙으로 이주해야 했다. 스리랑카는 '커피녹병'으로 커피 재배가 완전히 불가능해져서 지금은 녹차 재배로 전환했다. 인도 벵골에서는 '벼 깨씨무늬병'으로 200만 명이 굶어 죽었다.

농약이 본격적으로 개발되고 사용된 것은 20세기에 들어서부터다. 농약은 농작업에 필요한 일손을 줄여주고, 수확량을 최대한 보장해 인류를 굶주림에서 해방시켜주었으며 농산물의 품질을 향상시킨 일등 공신이다.

농약을 사용한 완전방제로 얻는 생산량을 100%로 볼 때, 농약을 사용하지 않고 재배하면 곡류는 59%, 채소는 44%, 과수는 11%만 얻을 수 있다. 농약이 비싸서 거의 사용하지 못하는 사하라 이남 아프리카에서는 지금도 생산 과정에서 곡물의 절반가량이 병충해로 소실되는 것이 현실이며, 사과를 무

이 오이는 검은진딧물로 인해 정상적인 생육이 불가능하다. 인류는 농약의 탄생으로 수확량을 늘리는 한편 굶주림에서도 해방될 수 있었다. 농약은 농작업에 필요한 일손을 줄여주고 농산물의 품질을 향상시킨 일등 공신이다.

농약으로 재배할 경우 탄저병, 흰가루병, 꽃썩음병 등이 다량 발생하여 수확이 거의 불가능할 정도다. 우리나라도 논에 제초제를 사용하면서부터 잡초 제거 시간이 수작업으로 할 때보다 35분의 1로 단축되었고, 벼가 자라는 기간에도 논에서 일하는 사람을 거의 볼 수 없을 정도가 되었다.

세계에서 가장 유명한 살충제인 DDT와 얽힌 이야기는 과학, 환경, 그리고 사회의 변화를 보여주는 흥미로운 사례다.

DDT는 비교적 이른 1874년에 합성되었으나 1939년이 되어서야 스위스의 화학자 파울 뮐러(Paul Müller)에 의해 강력한 살충제로서의 효과가 발견되었다. 이 발견으로 뮐러는 1948년 노벨 생리학 · 의학상을 수상했는데 이는 살충제 연구로 노벨상을 받은 유일한 사례다.

2차 세계대전 당시 DDT는 '기적의 화학물질'로 여겨졌다. 전쟁 중 말라리아와 장티푸스 같은 질병을 예방하는 데 크게 기여했고, 전후에는 농업 생산성을 획기적으로 높이는 데 일조했다. 심지어 DDT의 효과가 너무나 강력해서 일부 과학자들은 곤충의 완전한 멸종을 우려하기도 했다. 그렇게 DDT의 광범위한 사용은 예상치 못한 결과를 낳았다. 『침묵의 봄』은 DDT가 생태계에 미치는 악영향을 고발했는데 특히 DDT가 먹이사슬을 따라 축적되어 조류의 알 껍질을 얇게 만들어 개체 수 감소를 초래한다는 사실이 밝혀졌다. 이는 환경운동의 시발점이 되었고 결국 1972년 미국에서 DDT의 사용이 금지되었다.

DDT와 관련된 흥미로운 사실은 남극에 사는 펭귄에게서도 DDT가 발견되었다는 점이다. DDT가 한 번도 사용된 적 없는 남극에서 이 물질이 발견된 것은 환경오염의 전 지구적 영향을 보여주는 상징적인 사례가 되었다.

엄격하게 관리되는 한국의 농약 사용 제도

우리나라에서도 2017년 8월, 산란계 농장에서 DDT가 검출되는 사건이 발생했다. 이 사건은 당시 유럽에서 시작된 '살충제 계란' 파동과 맞물려 한국 사회에 큰 충격을 주었다. DDT는 1970년대부터 사용이 금지된 유해 살충제로, 이미 수십 년 전에 사용이 중단되었음에도 발견된 것이 큰 문제가 된 것이다.

DDT 검출의 원인에 대해서는 여러 가지 추측이 있었다. 과거에 사용된 DDT가 토양에 잔류하여 이것이 닭에게 전이되었을 가능성, 오래된 축사 건물에 남아 있던 DDT가 영향을 미쳤을 가능성 등이 제기되었지만 정확한 원인을 특정하기는 어려웠다. 다만 과거에 사용된 유해 물질들이 여전히 환경에 잔류하여 먹이사슬을 통해 식품으로 유입될 수 있다는 사실을 확인시켜주었다.

유기농업이 소비자 대중으로부터 주목받기 시작한 가장 직접적인 이유도 DDT를 중심으로 한 농약 때문이다. 기적의 화학물질로 불릴 정도로 광범위하게 사용되던 DDT를 비롯한 농약들이 자신들의 건강을 갉아먹고 암을 유발시키며 생태계 전체를 교란시키고 있다는 사실이 밝혀지면서 당시 소비자들은 견디기 어려운 공포와 배신감을 느낄 수밖에 없었다.

역설적으로 DDT 케이스는 농약의 안정성을 높이는 획기적인 계기가 되었다. 당시만 해도 농약의 약해(藥害)보다는 약효가 강조되고 농약의 위해성보다는 효과성에 중점을 두었지만, 이제는 완전히 달라졌다. 세계적인 농약 개발 추세는 독성을 줄여 인간과 환경에 미치는 부작용을 최소화하는 데 가장 주안점을 둔다.

많은 소비자들의 우려와는 달리 농약은 개발부터 등록까지 의약품에 버금가는 수준으로 철저한 안전성 평가를 통해 관리되며 등록 이후에도 사후 관리로 안전성을 보장하고 있다. 개발 단계에서는 농약 후보 물질들이 선발되어 등록에 필요한 방대한 독성시험과 평가를 통해 새로운 농약이 탄생한다.

농약이 개발된 후에는 안전한 농약의 관리를 위해, 소비자가 평생 매일 먹어도 건강에 아무런 이상이 없는 농약의 최대량을 파악하여 농약의 잔류 기준으로 사용한다. 또한 농업인들이 매일 농약을 살포하더라도 해가 없는 노출 허용량을 설정하고, 농약에 대한 노출량이 노출 허용량보다 적은 농약만 유통될 수 있게 하여 농업인의 건강을 보호하고 있다.

그리고 생태계를 보호하기 위하여 농약의 이동 경로와 농약이 도달하는 환경에서의 잔류 정도를 평가하고, 농약을 뿌리는 지역 주변의 환경과 환경생물에 미치는 독성시험을 실시하여 생태 독성의 정도를 평가한다. 뿐만 아니라 새로운 농약이 개발된 이후에도 국내외 기준에 맞추어 기준에 미달되는 농약은 판매가 금지되는 등의 사후 관리가 실시되고 있다.

2000년대 이후부터는 환경오염 우려가 심각해짐에 따라 세계 각국에서 미생물, 곤충, 선충 등을 이용한 친환경 농약이 빠르게 개발되는 등 유망한 산업 분야로 떠오르고 있다.

우리나라는 2019년 1월 1일부터 모든 농산물에 대해서 PLS(Positive List System) 제도를 시행 중이다. PLS는 정부가 작물별로 사용 가능한 농약을 등재하고 이외의 농약은 사용 자체를 금지하는 제도다. 이에 따라 농약 잔류 허용 기준이 설정된 물질 외에는 사실상 불검출 수준인 0.01ppm의 매우 엄격한 기준을 적용하고 있다. 국내로 들어오는 수입 농산물의 잔류 농약도 엄격하게 관리된다. 따라서 안전 사용관리 기준만 지키고 흐르는 물에 잘 씻어서 먹기만 하면 농약은 일반인들의 건강상에 위해가 되지 않는다.

농약 자체도 중요하지만 농약을 살포하는 방제 작업도 발전하고 있다. 농업인들에게 농작업 중에서 가장 힘든 작업을 물어보면 단연 방제 작업으로 답할 만큼 방제 작업은 노동 난이도가 높다. 그런 측면에서 이제 농촌에서는 숙련된 노동력의 감소로 인해 작업자의 부담을 낮추고 안전성을 확보하기 위한 농약 살포의 무인화가 중요해지고 있다. 이 과정에서 제초용 무인로봇, 무인헬기 방제기술, 드론 등이 개발되어 현장에 적용되고 있으며 특히 드론의 활약상이 눈부시다. 2025년의 전 세계 드론 시장은 85조 원으로 추산되는데 이 중 80%가 농업용 드론 시장이다.

우리나라에서도 2015년을 시작으로 벼농사부터 드론 방제가 본격적으로 도입되었으며, 정부의 지원 정책과 함께 그 활용도가 크게 증가하고 있다. 2020년 기준으로 전국의 드론 방제 면적은 약 30만 헥타르에 달하며, 이는 전체 벼 재배면적의 약 40%를 차지한다. 이 수치는 꾸준히 높아지고 있어서 조만간 전국의 모든 논의 방제는 드론으로 대체될 전망이다. 벼농사에 이어서 방제 작업이 까다롭고 방제 횟수가 많은 과수 농가의 방제도 드론으로 빠르게 대체되는 중이다.

드론 방제의 장점으로는 작업 효율성 향상과 노동력 절감 이외에 꼭 필요한 부분에 꼭 필요한 양의 농약만 살포하는 정밀농업 실현이 있다. 드론 한 대는 하루에 약 30~40헥타르의 면적을 방제할 수 있어 인력 방제에 비해 효율성이 10배 이상 높으며, 고령화되는 농촌 현실에서 노동력 부족 문제를 해결하는 데 큰 도움이 되고 있다.

모두가
토지 보상을 꿈꾸는 시대의
농지 이야기

—

8

경기도 수원시 권선구 국립식량과학원
의 시험 재배 논. 정조가 개인 재산을 들
여 '축만제'라는 저수지를 축조한 곳이
기도 하며 1904년에는 서울대학교 농
과대학의 전신인 농상공학교가, 1905
년에는 농촌진흥청의 전신인 권업모범
장이 들어선 이후 약 100년간 한국 현
대 농업 연구의 메카가 되었다.

농지는 농업의 최대 핵심 요소로, 농업의 모든 것을 결정한다고 해도 과언이 아니다. 세계 4대 문명의 발상지도 당시 기준으로 최고의 농지를 가진 곳이었다. 농지는 한 지역과 국가, 한 대륙 농업의 형태와 한계를 결정한다.

'비님 오시는 날' 비와 물을 다루는 법

농사 속담에 '손은 갈수록 좋고 비는 올수록 좋다'는 말이 있다. 농업에는 농지만큼 중요한 것이 물이다. 농업을 에너지 관점에서 해석하면 광합성을 통해 태양에너지를 화학에너지인 탄수화물로 바꾸는 것이다. 광합성에는 빛과 양분, 물이 필요하다. 빛은 태양에서 오고 양분은 토양에서 오지만 물은 다르다. 물이 안정적으로 농지에 공급되기 위해서는 인간이 만든 관개시설이 필요하다. 4대 문명의 발상지가 비옥한 토양과 풍부한 물이 있었던 강의 하구였던 것처럼 농지와 물이 안정적으로 만날 수 있도록 해줘야 한다.

선진국의 농지는 관개시설이 잘 갖추어져 있지만, 후진국은 수리시설(水利施設)이 턱없이 부족해 천수답(저수지 같은 양수 시설 없이 오로지 빗물에만 의지하는 논) 비중이 높다. 그래서 짧은 가뭄이나 홍수에도 농업 생산량이 크게 휘청한다. 예로부터 농업 생산성은 수리 기술이 좌우했다.

물을 공급하는 가장 쉬운 방법은 하천수를 당겨 쓰거나 지하수를 뽑아 쓰는 것이다. 하천수는 지표 위를 흐르는 강이고, 지하수는 지표 아래를 흐르는 강이다.

예전 미국 중부의 광활한 콘벨트를 지나갈 때 주변에 큰 강이 보이지 않는데 어떻게 농업용수를 공급받는지 궁금했던 적이 있었다. 그런데 알고 보니 콘벨트 아래에는 거대한 지하수 강이 흐르고 있었고, 군데군데 관정만 지하수에 꽂으면 아주 쉽게 물을 확보할 수 있었다. 우리 눈에만 보이지 않았을 뿐이다. 미국 중서부 농경지 지하에는 세계 최대의 대수층(帶水層, 지하수 강을 함유한 지층)인 오갈랄라 대수층이 자리잡고 있는데 그 크기가 남한의 4배가 넘는다. 광활하고 비옥한 농지 아래로 거대한 강이 흐르는 신의 선물 같은 농지를 가진 곳이 바로 미국의 콘벨트다.

남미의 농경지도 이와 비슷한 곳이 많다. 콜롬비아, 우루과이, 브라질, 아르헨티나 등 남미에서 사탕수수나 대두를 대규모로 재배하는 광활한 농경지 아래에는 거대한 지하수 강이 흐르는 곳이 많다. 이런 곳에서는 지하수를 뽑아 올리는 관정 기술자가 우리의 반도체 기술자와 비슷한 위치에 있다. 수입도 높고 사회적 인식도 좋아서 결혼 상대자로도 인기가 많다. 양쪽 모두 자기 나라의 경제를 책임지는 핵심 기술자들이다.

하천수나 지하수의 유량이 연중 안정적이면 좋겠지만 그렇지 못한 경우가 대부분이다. 강이 작을수록 계절과 강우량 변화에 따라 수량이 출렁인다. 이런 경우 물을 가두어두는 시설인 저수지가 필요하다. 우리나라처럼 연중 강수량의 편차가 크면서도 물이 많이 필요한 벼농사 위주의 농업 국가에서는 더욱 그렇다. 벼농사는 한자어로 수도작(水稻作)이라고 하는데 물 '수(水)'와 벼 '도(稻)' 자를 합친 것이다. 벼농사에서 물이 얼마만큼 중요한지 잘 나타내고 있다.

정조가 사비를 털어 만든 저수지

우리나라에는 1만 8,000여 개의 크고 작은 저수지가 있다. 저수지의 대부분은 하천의 수량을 조절하고 농업 용지를 안정적으로 공급하기 위하여 축조되었다. 저수지의 역사도 오래

됐다. 문헌상 가장 오래된 저수지는 4세기 초 백제시대에 축조된 것으로 『삼국사기』에 기록된 전북 김제의 벽골제다. 벽골제를 시작으로 국가적 규모의 대형 저수지를 계속해서 짓기 시작했다. 충북 제천의 의림제, 전북 정읍의 눌제, 전북 익산의 황등제, 충남 당진의 합덕제 등 전국 곳곳에 크고 작은 저수지들을 지어 농업 생산력을 끌어올렸다.

조선시대 저수지 건축의 백미는 1799년 정조가 수원에 만든 축만제다. 조선의 수도를 한양에서 경기도 수원으로 옮기는 천도를 계획했던 정조는 수원 화성과 함께 축만제를 축조했다. 축만제는 천년만년 만석의 생산을 축원한다는 뜻이다. 축만제는 화성의 서쪽에 위치했기 때문에 축만제라는 이름보다 서호(西湖)로 더 많이 알려져 있다.

정조는 임금의 개인 재산인 내탕금 3만 냥을 들여 서호를 축조할 만큼 저수지 건설에 진심이었다. 지금으로 비유하면 국가 최대의 첨단 산업 단지를 만들기 위해 국가 최고 지도자가 자기 재산을 헌납한 것이다. 서호가 위치한 경기도 수원시 권선구 서둔동은 1904년 서울대학교 농과대학의 전신인 농상공학교가 설립된 곳이고, 1905년 농촌진흥청의 전신인 권업모범장이 들어서면서 이후 약 100년간 한국 현대 농업 연구의 메카가 되었다.

조선시대 내내 농업용 저수지가 축조되면서 1910년 전국의 저수지는 약 2,800개가 되었다. 일제강점기 시절에도 미곡증산정책으로 전쟁 물자 수탈과 일본 내 식량 조달을 위해 저수지는 계속해서 늘어났다. 광복 후에는 쌀 증산이 시급하다고 판단했던 한국 정부도 농업용수 개발에 집중적인 투자를 이어갔다.

과거와 다른 것은 중장비가 보급되고 기술력이 좋아지면서 과거에는 불가능했던 대규모 저수지 건설이 가능해졌다는 것이다. 1970년대 들어 아산호, 남양호, 삽교호, 대호, 담양호, 장성호, 영산호 등 대규모 저수지가 연이어 만들어졌다. 저수지의 반대쪽에는 둑과 제방을 이용한 대규모 간척지도 크게 늘어났다. 정부는 저수지 건설을 위한 자금을 세계은행과 아시아개발은행 등을 통하여 차관 자금으로 조달하기도 했다.

농업용수를 공급하는 저수지가 땅에만 있는 것은 아니다. 높은 산속 만년설과 빙하는 그 자체로 거대한 저수지다. 물질 순환 관점에서 보면 지구상의 물은 새롭게 만들어지는 것이 아니라 끊임없이 순환한다. 오늘 아침 정수기에서 내려 마신 물이 쥐라기 시대 공룡이 마셨던 물일 수 있다는 말이다.

지구 표면에 존재하는 물의 97.4%는 바닷물이고, 민물은 2.6%에 불과하다. 바닷물은 비와 눈이 되어 하늘로 올라가 다시 만년설이나 빙하가 된다. 만년설과 빙하는 자연이 산꼭대기에 만들어준 거대하고도 아름다운 저수지로 봄부터 가을까지 천천히 녹아내리면서 주변의 강을 채운다.

티베트고원의 만년설은 황허강과 양쯔강, 메콩강을 채우며 중국과 동남아시아의 급수탑 역할을 한다. 히말라야는 갠지스강과 브라마푸트라강을 통해 남아시아의 농지에 물을 공급하는 저수지다. 힌두쿠시산맥과 파미르고원의 빙하수는 카자흐스탄이나 우즈베키스탄 등 중앙아시아의 농업을 책임지고, 안데스산맥의 빙하수는 페루와 볼리비아, 에콰도르의 식량을 위한 생명수를 공급한다.

기후변화가 무서운 이유 중의 하나는 만년설과 빙하가 빠르게 녹아내리면서 대자연이 산꼭대기에 건설한 저수지가 말라버리기 때문이다. 저수지가 마르고 물이 고갈되면 농업도 없다. 농업이 없으면 인류의 생명도 사라진다.

태종이 모내기를 금지한 이유

1970년대 우리가 세계에서 유래를 찾기 어려울 정도로 단기간에 주곡 자급에 성공할 수 있었던 것은 품종 개발, 농지정리와 함께 저수지를 중심으로 관개시설을 지속적으로 확충했기에 가능했다는 것을 기억해야 한다.

지금도 우리나라의 벼농사는 어지간한 가뭄과 홍수에는

영향을 받지 않는다. 벼농사에서만큼은 국민 대부분이 풍작과 흉작을 느끼지 못할 정도로 안정적인 생산이 가능한 상태인데, 이 역시 우리나라가 수리 관개시설이 아주 잘 갖추어져 있기 때문이다. 휴대폰으로 주문만 하면 다음 날 쌀이 문 앞에 와 있는 우리에게는 너무 익숙해서 당연한 것 같지만 결코 당연한 것도, 공짜로 주어진 것도 아니다. 관개시설이 턱없이 부족한 아프리카와 남아시아에는 물이 없어 하늘만 쳐다보다가 한 해 농사를 완전히 망치고 다음 해를 쫄쫄 굶는 나라들이 아직도 많다.

지금은 사라졌지만 1990년 중후반까지만 해도 농활이라는 것이 있었다. 농업 노동력이 가장 많이 필요한 농번기에 대학생들이 팀을 꾸려 농촌을 찾아가 바쁜 농사일을 돕는 행사였다. 대학생뿐만 아니라 직장 조합과 군장병들도 농번기 농촌 지원 활동에 꽤 열심히 참여했다. 지금은 농업 기계화 비율이 벼농사는 99%, 밭농사는 50%를 넘어서면서 논에서 사람들이 일하는 모습은 물론이고 농번기라는 단어 자체도 사라진 상태지만 과거에는 달랐다.

벼농사에서 농업 노동력이 가장 많이 필요한 작업은 모내기와 추수였다. 모내기와 추수는 전국에서 거의 같은 시기에 진행되기 때문에 농촌에서는 인력 확보에 비상이 걸렸다. 이제는 모내기는 이앙기가, 추수는 콤바인으로 완전히 대체되면서 역사의 한 페이지가 되었지만 말이다.

모판에서 볍씨를 틔워 키운 후 논에 옮겨 심는 기술인 모내기는 볏모(秧)를 옮겨심는(移) 이앙법(移秧法)이라고도 하며 지금은 당연한 재배법이 되었지만, 이앙법이 처음 도입되었던 조선시대에는 그렇지 않았다. 세종대왕 때 발행된 대표적 농업기술 서적인 『농사직설』에서는 이앙을 매우 위험한 재배법으로 규정했다. 그 이전 태종 때부터도 국가가 나서서 모내기를 엄격히 금지했다. 농업 국가 조선에서 모내기를 위험한 재배법으로 금지한 이유는 물 때문이다.

논에 벼를 심는 방법은 직파법과 이앙법 두 가지다. 직파법은 논에 직접 볍씨를 뿌리는 방법이고, 이앙법은 모판에서 기른 모를 논에 가지런하게 옮겨 심는 방법이다. 직파법은 벼가 무질서하게 자라 김매기(논밭의 잡초를 뽑는 일)가 어려워 많은 노동력이 들어간다. 경작 횟수도 4월에 파종해 10월에 수확하기까지 1년에 1회만 경작이 가능했다.

그러나 이앙법은 가지런한 모심기로 김매기가 쉬워 노동력을 4분의 3이나 절감할 수 있다. 더욱이 5월에 봄보리를 수확한 뒤에 논에 물을 대고 모판에 기르던 벼를 옮겨 심으면 되기 때문에 1년에 보리와 벼의 이모작이 가능했다. 같은 땅에서 벼와 보리를 함께 재배할 수 있으니 생산 효율이 압도적으로 높았다. 같은 땅에 농작물을 돌려 짓는 것을 작부체계(作付體

系)라고 하는데 지금도 잘 짜여진 작부체계는 농업 생산성을 높이는 아주 유용한 방법이다. 뿐만 아니라 모내기는 논에 물을 가두는 동안 토양 미생물 생태계가 회복되어 연작장애의 위험도 크게 줄일 수 있다.

이처럼 모내기는 수확량은 크게 늘어나고 노동력은 줄어드는 획기적인 신기술이었다. 하지만 문제는 물이었다. 이앙법은 충분한 물을 전제로 했다. 조선의 5월은 봄 가뭄의 시기로 비를 기다리다가 모내기 때를 놓치는 경우가 빈번했다.

그 당시는 관개시설 부족으로 가뭄 때 따로 물을 조달할 수 없으니 모내기 때를 놓치면 한 해 농사 전부를 망치는 경우가 많았다. 그러다 보니 한두 해만 모내기에 실패해도 굶주림으로 아사를 피할 수 없었다. 세도가와 양반 등 권력자들이 자신들의 지위를 이용해 자신의 논에 물을 먼저 끌어다 쓰는 갈등도 속출했다.

저수지와 수리시설이 부족한 상태에서 조선 초기의 이앙법은 유혹은 크지만 모든 것을 잃을 수 있는 도박에 가까운 기술이었다. 조선 조정은 수리시설이 안정된 지역에 한해서 조심스럽게 이앙법을 허용하는 정책을 펼 수밖에 없었다. 이처럼 같은 농업기술도 시대와 조건에 따라 우열과 선택이 얼마든지 바뀔 수 있으며, 실제로도 계속해서 바뀌어왔다.

농사 지을 땅을 지키는 유럽의 농지 정책

1859년 작품, 밀레의 그림 〈만종〉의 배경이 된 프랑스의 작은 마을 바르비종에 가면 가난한 부부가 기도하던 밀밭이 그대로 남아 현재까지 경작되고 있다. 밭 옆에 〈만종〉의 배경이 된 곳임을 알려주는 관광객들을 위한 팻말이 있을 뿐, 그 뒤로 여전히 트랙터가 다니며 밀을 재배한다. 프랑스 오베르 쉬르 우와즈 지역에서 고흐가 그린 〈까마귀가 있는 밀밭〉 그림 속 밀밭도 마찬가지며 1880년 소설 『알프스의 소녀 하이디』에 묘사된 스위스의 옛 모습도 오늘날까지 그대로 유지되고 있다. 바로 유럽의 농지 정책 때문이다.

유럽의 농지 정책은 농지를 일반 토지와는 다른 최상위 공공재로 접근한다. 300년이 지나도 바뀌지 않는 농지 철학과 현실을 반영하는 농지 제도는 유럽 농업의 힘이다.

땅이 넓은 나라와 좁은 나라의 농업은 다를 수밖에 없다. 땅이 넓으면 조방농업이 발전하고, 땅이 좁으면 집약농업*으로

• 조방농업(粗放農業) : 넓은 토지를 활용해 상대적으로 적은 노동력과 자본을 투입하는 농업으로 단위 면적당 생산량은 낮지만 환경 파괴가 적다.
집약농업(集約農業) : 작은 면적의 토지를 집중적으로 활용하기 위해 단위 면적당 많은 노동력과 높은 자본을 투입하여 생산량을 극대화하는 농업으로 환경 부담이 크다.

농촌의 고단한 삶을 그린 밀레의 작품 〈만종〉의 배경이 된 바르비종의 밀밭. 프랑스의 강력한 농지 정책으로 현재까지 온전히 밀밭으로 남아 있다.

향한다. 나라마다 농지의 물리적 특성과 사회적 특성이 다르기 때문에 농업의 조건도 달라진다.

4차 산업혁명 시대 첨단 기술로 각광받는 식물 공장, 인도어팜, 배양육 등 새로운 형태의 농업 생산 시스템이 속속 등장하고 있지만 뒤집어 생각해보면 결국 농지의 한계를 기술로 극복해보려는 노력들이다. 기술이 아무리 발전해도 인간이 농업을 하는 동안 농업의 핵심은 농지일 수밖에 없다. 그래서 농업정책은 농지 정책과 만나게 되어 있고 농업기술 정책의 끝에는 토양학이 있다.

한 나라의 농지 정책에는 그 나라 국민의 수준과 역사가 녹아 있다. 유럽의 농촌이 아름다운 것은 유럽의 농지 철학이 단순하기 때문이다. 규칙은 단순할수록 지키기 쉽고 지킬 수 있는 힘이 강해진다.

단순한 유럽의 농지 철학은 농지를 농업에 사용하고 대물림하는 것이다. 농지 농용(農地農用)과 농업 상속(農業相續), 이두 가지는 유럽 농지 철학의 핵심이다. 유럽의 농지 제도는 시대에 따라 크고 작은 변화가 있었지만 농지 철학은 300년이넘는 시간 동안 일관되게 같은 방향을 향해왔다. 농지 투기의 유혹은 차단하고, 농지 소유자가 쪼개지는 것을 방지하며, 농업 상속에는 인센티브를 부여하여 대물림을 장려하는 것이 유럽 농지 제도의 핵심이다.

유럽에서는 농지를 농업 외 목적으로 사용한다는 것은 시도는 물론이고 구상 자체가 어렵다. 혹여라도 농지를 농업 외 목적으로 사용하게 되더라도 원상 복구를 전제로 한시적 전용으로 제한한다.

농업을 대물림하는 것도 중요하게 여긴다. 농업을 농업 자체로 대물림하는 농가에게는 강력한 보조금을 제공한다. 하지만 농업을 청산하고 현금화하여 자손에게 상속하려는 이에게는 높은 세율의 양도세를 부과하고 상속세 감면 혜택을 주지 않는 등의 강력한 페널티가 뒤따른다. 농업을 내가 평생 일군 공간 그대로 나의 사랑하는 자손이 이어가리라는 것이 확실해야만, 농업과 농지를 위한 지속적인 투자가 계속된다는 것을 아주 잘 알기 때문이다.

우리나라도 후계농이 있는 농가와 후계농이 없어 폐농을 준비하는 농가를 비교해보면, 농업과 농지를 대하는 태도가 확연히 다르다. 후계농이 있는 농가는 기술 투자와 환경 투자에 인색하지 않지만, 폐농을 준비하는 농가는 자손이 땅값을 높게 받는 일에만 초점이 맞추어져 있다. 이는 당연하고도 합리적인 선택이라서 개인을 탓할 수만은 없다.

강력한 국가 개입, 프랑스의 농지 정책

오늘날 프랑스는 세계 4위의 식량 대국이자 가장 아름다운 농촌 풍경을 보유한 나라다. 프랑스는 농지 거래 과정에 국가가 강력하게 개입하는데, 1960년 '농업기본법'을 바탕으로 세이퍼(SAFER)라는 농지 관리 기구를 창설했다. 세이퍼의 임무는 농지의 재분배와 재정리다. 세이퍼의 강력한 힘은 선매권에서 나온다. 세이퍼는 농업경영 구조개선과 환경보호 등 공공 목적에 부합한 경우 사인간 거래에 개입하여 농지를 선취득한다. 이후 공공 목적에 적합한 수요자에게 배분하여 농지 구조 개혁을 촉진한다.

막내에게 우선 상속, 스위스의 농지 정책

스위스의 농업 상속은 막내부터 영농 의사를 타진하여 농지 일체와 경영권을 한 사람에게 몰아준다. 맏이부터 묻지 않는 이유는 젊은 막내보다 영농 기간이 짧고, 혁신에 보수적일 가능성이 크기 때문이다. 한 자식에게 몰아주는 것은 농지의 규모화는 유도하고 영세화는 방지하기 위함이다. 우리의 장자 우선이나 땅을 쪼개 자녀들에게 균등 배분하는 것과 사뭇 다른 제도로 농지와 농업의 특성을 우선 고려한 것이 돋보이는 부분이다.

쪼개진 땅을 규모화하는 네덜란드의 농지 정책

네덜란드 농업 혁신의 시작도 출발점을 거슬러 올라가보면 농지 혁신에서 만난다. 네덜란드도 기술혁신 이전에 농지 혁신이 먼저 있었다. 신이 버린 땅에서 인간이 빚은 농업이라 불리는 네덜란드 농업 혁신의 시작은 방조제와 경지 정리였다. 1920년부터 1927년까지 총 두 차례에 걸쳐 32킬로미터의 방조제를 완공하여 에이셜호라는 담수호와 다섯 개의 간척지를 조성하여 23만 헥타르의 경지를 확보했고 꾸준한 경지 정리를 추진하여 오늘날의 규모화와 집적화까지 연결했다.

1940년 네덜란드는 쪼개지고 볼품없던 당시의 농지를 규모화, 획지화하는 농지 병합(Land Consolidation)을 농업 선진화의 첫 단추로 보고 전격적으로 사업을 추진했다. 농지를 대형화하는 농업인에게는 보조금을 지급하고, 농지를 팔고 떠나는 이에게는 농지가 적정가격에 거래되도록 지원하여 규모화를 촉진했다. 단순한 방법이지만 이 방법을 25년간이나 계속 실천했다는 것이 핵심이다.

네덜란드의 농지는 점차 반듯해지고 1인당 경작면적은 계속 커졌다. 2021년 기준 네덜란드의 1인당 경작면적은 30헥타르로 우리의 25배에 달한다. 농지가 규모화되어야 적정 소득이 보장되고 농업이 산업으로 경쟁할 수 있는 힘이 생긴다. 네덜란드는 규모화를 위한 일관된 시간을 기꺼이 감내해냈고, 축적된 시간은 다음 단계 기술혁신의 주춧돌이 되었다.

잘게 쪼개지고 건물이 들어서는 한국의 농지

한국은 농지 측면에서 불리한 조건을 가진 나라다. 산지가 70%라서 평지가 많지 않기 때문이다. 우리나라의 농지 면적은 약 150만 헥타르고 이 중 절반이 논, 절반이 밭이다. 우리의 농지 조건을 고려하면 최대한 공급 가능한 식량은 1,500~2,000만 명 정도다. 농지가 절대적으로 부족하다.

근현대 시기의 우리나라는 일관된 농지 정책을 유지하기에는 경제성장이 너무 빨랐다. 산업 인프라 확충을 위해 농지는 상시적 개발 압박에 노출되어왔다. 급격한 도시화로 부재지주 비율(땅을 소유하지만 실제로 거주하지 않는 비율)이 50%를 넘어갈 정도로 소유와 영농도 분리되어버렸다.

게다가 다자녀 상속으로 농지의 소유권은 계속 쪼개져 파편화되었다. 헌법 제121조는 '경자유전(耕者有田) 원칙'에 따라 농지의 소유 자격을 원칙적으로 농업인과 농업법인으로 제한하고 있으며, 농지법 제6조 1항에 따라 농지는 자기의 농업경영에 이용하거나 이용할 자가 아니면 이를 소유할 수 없도록 규정하고 있다. 하지만 여러 차례에 걸친 농지법 개정을 통해 비농업인의 농지 소유는 대폭 넓어졌고 농지를 취득하는 문턱은 매우 낮아졌다.

헌법에 경자유전이라는 원칙이 있다고 해도 법과 현실이

따로 된 지도 오래다. 지금은 농지와 관련된 어떤 사안도 이해관계와 기득권이 첨예하게 대립하여 합의는커녕 말을 꺼내는 것조차 쉽지 않다.

우리나라의 농업정책이 현장에서 잘 작동하지 않는 이유는 농지가 원인인 경우가 대부분이다. 외국에서는 미친 가격이라고 표현할 정도로 한국 농지가 비싼 데다, 자식 간에 조각조각 파편화되어 있고 소유주와 사용자가 분리된 경우도 너무 많아 합의점을 찾기 어렵기 때문이다.

농지를 단순한 부동산으로 봐서는 우리나라 농업의 미래가 없다. 식량 공급과 삶의 바탕으로서 농지의 특별한 가치가 지켜지도록 농지 철학을 바로잡고 농지 제도를 확고히 하는 것이야말로 진정한 농업 혁신의 시작이다.

다시 블루오션으로
떠오르는
글로벌 식량 산업

9

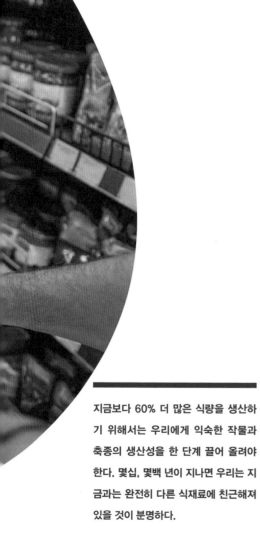

지금보다 60% 더 많은 식량을 생산하기 위해서는 우리에게 익숙한 작물과 축종의 생산성을 한 단계 끌어 올려야 한다. 몇십, 몇백 년이 지나면 우리는 지금과는 완전히 다른 식재료에 친근해져 있을 것이 분명하다.

인류의 역사는 직립보행을 시작한 호모에렉투스가 약 180만 년 전에 나타났고, 현생 인류의 선조격인 호모사피엔스는 그 보다 훨씬 뒤인 약 20만 년 전에 출현했다. 원시시대의 농업이 시작된 것은 1만 년 전이니까, 인류는 대부분의 시간 동안 수렵과 채집을 생계 수단으로 삼았다.

1만 년의 농경 기간 동안에도 지금처럼 식량 공급량이 수요량을 초과한 것은 불과 100년이 되지 않는다. 농경이 시작된 이후에도 99%는 배고픔의 시간이었고, 풍요의 시간은 겨우 1%에 불과했다.

위기에 처한 해피타임

지금 우리가 향유하는 1%의 해피타임은 농업 과학기술과 인프라 덕택이다. 우리가 누리는 풍요의 시간이 결코 오래된 축복이 아님에도 우리는 지금의 풍요에 너무 익숙해 있고 앞으로도 당연히 계속되리라는 착각에 빠져 있다.

그러나 지금의 해피타임이 지속될지는 매우 불확실하다. 지구촌 기후변화는 회복력의 한계점인 티핑 포인트를 넘나드는 중이며, 생물 다양성은 19세기와 비교할 때 20분의 1로 쪼그라져 있다. 전쟁처럼 인간이 초래하는 사회경제적 사건들도 지구촌 곳곳에서 쉼 없이 벌어지는 중이다. 아슬아슬한 평균대 위에 올라서 있는 것처럼 당장 아래로 떨어져도 이상한 상황이 아닌 것이다.

기술 낙관론자들은 18세기 맬서스의 저주를 반박했을 때처럼 지금의 농업적 우려 또한 기우로 끝날 것이라고 말한다. 그들은 과거에 그래왔던 것처럼 인간은 이번에도 새로운 기술적 돌파구를 발견하고 멋지게 위기를 극복할 것이라고 낙관하고 있다.

대표적인 기술 낙관론자인 레이 커즈와일(Ray Kurzweil)은 '기술 가속화 이론과 특이점'이라는 개념으로 미래를 낙관한다. 정보 기술의 발전 속도가 지수함수적으로 가속화되고 있으며, 2045년경 인공지능이 인간 지능을 넘어서는 기술적 특이점에 도달하면 현재로서는 예측 불가능한 기술 발전이 전개될 것이라는 설명이다. 커즈와일의 관점에서 보면 미래 농업도 걱정할 것이 없다. 농업 혁신 기술의 가속화로 농업 생산성과 식량 공급이 크게 향상되고 농업의 패러다임 자체가 완전히 바뀔 것이기 때문이다.

현실이 되고 있는 기술 비관론자들의 경고

기술 낙관론자의 반대편에는 기술 비관론자들이 있다. '기후변화의 대부'로도 유명한 제임스 핸슨(James Hansen) 같은 기후변화 비관론자들의 경고는 섬뜩하다. 그들은 지구 온난화와 이상기상 현상의 증가로 농업 생산량이 감소하고 식량 부족이 심화되는 미래는 피할 수 없는 막다른 길이라고 경고한다. 지구 온난화는 이미 농업이 감당할 수 있는 수준을 넘어섰다는 것이다.

게다가 기후변화로 가뭄이 심화되고 있으며 강수량 변화로 수자원 확보가 어려워져서 물 부족도 피해갈 수 없다고 말한다. 극심한 기상 현상과 토양 관리 부실로 경작지 토양의 황폐화가 진행 중이며, 기후변화가 유발하는 새로운 해충과 질병도 대응의 한계를 시험받는 중이다.

사실 기술 낙관론자와 비관론자 사이의 논쟁이 어제오늘의 일은 아니다. 지금으로서는 그들 중 누구의 견해가 현실이 될지는 알 수 없다. 위안이 되는 점은 현대 과학기술이 자리 잡은 이후로 낙관론자들의 승률이 비관론자들보다 높았다는 점이다. 비관론자들은 어느 시대에나 있었지만 그들이 예상하는 파국은 오지 않았다. 과학기술이 파국이 오기 전에 항상 새로운 방법을 찾아냈기 때문이다. 관건은 과연 이번에도 그럴 것이냐는 것이다.

실제로 기후변화 비관론자들의 오래된 경고들이 하나씩 현실이 되고 있다. 1980년대부터 계속되어온 그들의 경고가 이제는 우리 주변에서 아주 흔하게 일어나고 있다. 극심한 가뭄과 잦은 산불, 이상기상과 극한 기후, 빙하의 붕괴와 해수면의 상승 등 그들의 예측은 빗나가지 않고 있다. 그들이 주장하는 농업의 미래와 관련한 부정적 시나리오도 점차 현실이 되고 있다.

다행스럽게도 낙관론자든 비관론자든 그들이 기대하는 미래 농업의 모습은 대체로 일치한다. 미래 농업의 모습은 전통적 농업기술에 IT기술(정보기술)과 BT기술(생명공학기술)이 더해져서 지금과는 전혀 다른 형태로 거듭나는 것이다. 정밀 농업과 스마트팜, 수직 농장과 식물 공장, 유전자 편집 작물, 바이오 농약, 해수 담수화와 물 절약형 농법, 대체 육류와 배양육, 곤충 단백질, 농업 로봇과 드론 등에 더하여 사막 농업과 우주 농업까지 지금의 농업과는 근본부터 다른 농업이 펼쳐지리라 예상하고 있다.

우리에게 필요한 것은 희망을 가지고 상상력을 더하는 것이다. 기술 발전에 힘입어 지속 가능한 농업 관행을 채택하고 국제 농업의 협력을 강화하면 새로운 농업의 미래를 개척할 수 있다는 것도 기억해야 한다.

필요한 것은 시간이다. 우리에게 주어진 시간이 그리 많지 않기 때문이다. 기후변화의 시계를 되돌리고 지속 가능한 미래 농업을 전개하려면 전 세계는 2050년까지 탄소 제로 농업을 달성하고 지속 가능한 농업 환경을 구축해야 한다. 운 좋게 2050년까지 탄소 제로를 달성하고 농업의 지속 가능성을 향상시키더라도 지구 온도는 우리의 희망 범위를 벗어나 있을 가능성이 매우 높다. 하지만 지금으로서는 이외의 별다른 방법이 없다. 제시간 안에 미래 농업의 복잡한 퍼즐을 풀지 못하면 지금의 해피타임은 신기루처럼 사라질 수 있다.

팜유와 맞바꾼 지구의 허파

UN이 추산하는 2050년 세계 인구는 97억 명이다. 지금의 80억 명보다 17억 명이 증가한 수치다. 이들에게 안정적으로 식량을 공급하기 위해서는 2050년까지 지금보다 60% 많은 식량을 생산해야 한다. 60%나 더 많은 식량이 필요한 이유는 인구수도 늘어나지만 기존 인구들의 섭생이 탄수화물 위주에서 단백질 위주로 변화하기 때문이다. 같은 양의 칼로리를 곡물 대신 육류로 공급하려면 3~8배 많은 사료용 곡물 생산이 필요하다.

식량을 더 많이 생산하려면 농경지를 늘리는 것이 가장 쉬운 방법이다. 그러나 지구상에는 더 이상 농경지로 전환할 초지나 산림이 남아 있지 않다. 오히려 전 세계 농경지는 기후변화와 도시화로 감소하는 추세다. 1950년 세계 도시인구는 전체의 30%였지만 2018년에는 55%로 증가했다. 2050년에는 세계 인구 열 명 중 일곱 명은 도시에 거주할 예정이다. 우리나라의 농경지도 1970년 대비 33% 감소했다. 우리나라의 총 농경지 면적은 1970년 230만 헥타르에서 지속적으로 감소해서 2021년에는 154만 헥타르까지 줄어들었다.

18세기 이래로 인류는 농업 생산을 위해 초지나 산림을 꾸준히 농지로 전환했다. 남미 아마존 산림의 20%는 1980년대 이후 사료용 대두 생산을 위한 농지로 바뀌었다. 아마존은 지구 전체 산림면적의 4%에 불과하지만 지구 산소의 20%를 공급하기 때문에 지구의 허파로 불리는 지역이다. 아마존의 산림이 20%나 농지화되었다는 것은 그만큼 지구가 산소를 생성하는 능력과 이산화탄소를 흡수하는 능력이 소실되었다는 의미다.

전 세계 팜유의 90%는 인도네시아와 말레이시아에서 생산되는데, 인도네시아는 1970년대 이후 보르네오 산림의 35%를 팜유 생산을 위해 농지로 바꾸었다. 팜유는 가장 저렴한 식물성 유지로 제과 제빵 같은 식료품부터 화장품, 세제 등의 생활용품까지 폭넓게 사용된다. 인류는 이 산소를 내뿜는 열대우림과 저렴한 팜유를 맞바꾼 것이다.

농약과 비료도 지금보다 사용량을 대폭 줄여야 한다. 작물이 흡수하고 남은 비료는 땅속에 들어가 아산화질소 같은 강력한 온실가스를 배출한다. 비료가 지하수나 수계를 따라서 강이나 호수, 바다로 들어가면 부영양화를 유발한다. 남은 비료가 조류의 먹이가 되어 온실가스를 배출하는 원인이 되기도 한다.

농약은 생물 다양성을 저해하고 토양의 황폐화를 초래하는 원인이 된다. 농약은 작물을 해충과 병균으로부터 보호하는데 효과적이지만 남용하거나 부적절하게 사용할 경우 생태계에 악영향을 미친다. 과도한 농약 사용은 토양 미생물 활동을 저해하고 토양의 비옥도를 떨어뜨려 장기적으로 토양이 척박해지는 농지 황폐화를 초래한다. 농약이 지하수나 강물 등으로 유입되면 수중 생태계를 교란시킨다.

한국인처럼 살려면 지구 세 개가 필요하다

농업에서 사용하는 에너지도 줄여야 한다. 농업의 본질은 에너지 전환이다. 작물 생산은 태양에너지를 생물 에너지인 탄수화물로 전환하는 과정이고, 축산업은 사료라는 탄수화물 에너지를 단백질 에너지로 전환하는 과정이다. 이렇게 생산된 에너지는 최종적으로 인간의 활동 에너지로 소비된다.

농업은 그 자체로도 에너지 부하가 높은 산업이다. 농업이 사용하는 에너지는 인간이 사용하는 전체 에너지의 약 7~8%다. 인간이 사용하는 전체 전력 중의 3%는 질소비료를 만드는 데 사용된다. 농업에 사용되는 에너지는 주로 농기계 가동, 관개, 농산물의 건조와 가공, 온도와 습도 등의 환경 제어에 사용된다. 농산물의 수송과 식품의 제조, 유통 채널과 가정 내에서 식품 저장을 위해 사용되는 간접 에너지까지 포함하면 에너지 소비 비중은 훨씬 더 높아진다.

농업이 토양과 에너지를 많이 쓰는 만큼 온실가스 배출량도 많다. 인간이 먹거리의 생산, 이동, 유통, 저장, 폐기를 위해 배출하는 온실가스 양은 인간이 배출하는 총량의 24%다. 농업의 그린 이미지 때문에 농업을 환경친화적 산업으로 오해하기 쉽지만 실제로는 그렇지 않은 것이다.

현대 농업은 많은 것을 투입하여 더 많은 것을 생산하는 고

투입 고산출의 산업이었다. 농업 기술혁신도 같은 방향으로 이루어져왔다. 농경지, 물, 에너지, 농약, 비료, 농기계, 농자재 등 농업 생산에 필요한 투입재를 늘려서 생산량을 확대하는 '많은 것을 활용해 더 많이 생산하는(Production more with more)' 방식의 농업 혁신이었다.

문제는 미래의 농업은 더 이상 이 같은 방식으로 유효하지 않다는 것이다. 확대할 농경지도 없으며 기후변화와 생물 다양성을 고려한 지속 가능성 측면에서 지금의 농업 방식을 유지해서는 안 된다.

과학자들은 지구인들이 지금과 같은 농업과 삶의 방식을 지속하려면 지구가 1.6개 필요하다고 지적한다. 미국인들처럼 살려면 다섯 개의 지구가 필요하고, 한국인처럼 살려고 해도 최소 세 개의 지구가 필요하다고 말한다.

미래의 농업은 지금보다 60% 많은 식량을 생산하면서도 농업에 필요한 모든 것을 줄이는 방향으로 전환해야 한다. 농업에 소요되는 농경지, 농약, 비료, 에너지, 물 등 모든 것을 줄여야 한다. 농업에서 발생하는 온실가스도 줄여야 한다. 2010년 기준 전 세계가 농업에서 배출하는 온실가스는 12Gt CO_2e(온실가스 발생 총량을 이산화탄소로 환산한 양, 1Gt=10억 톤)이었는데 2050년까지 이보다 67% 적은 4Gt CO_2e까지 감축해야 한다. 농경지도 줄여야 하는데, 전체 농경지 중 인도의 2배 면적을 초지나 산림으로 다시 전환해야 한다. '적은 투입, 더 많은 생산(Production more with less)'이 전 세계 미래 농업에게 주어진 숙제다. 그동안 단 한 번도 해본 적이 없는 새로운 도전이다.

딸기가 자라는 모습을 데이터화할 수 있다면

'적은 투입, 더 많은 생산'을 향한 첫걸음은 농업을 지금보다 훨씬 더 정밀하게 만드는 것이다. 기술은 크게 상관없다. 빅데이터, 인공지능, 드론, 로봇, IoT, 센서 등 어떤 기술이라도 농업을 정밀하게 만드는 데 동원하면 된다.

그동안 농업은 정밀함과는 가장 거리가 먼 산업이었다. 농업의 본질은 자연과 교감하며 생명체를 다루는 것이다. 그래서 항상 생명현상의 복잡성과 자연환경의 불확실성을 마주하게 된다. 생명현상과 자연환경은 특유의 불확실성이 있고, 작물이나 가축 같은 농업 생산물은 하나하나가 조금씩 다른 개체성이 있다.

농업을 정밀하게 하려면 표준화와 데이터화가 선행되어야 하지만 농업 환경과 농업 생산물은 불확실성과 개체성 때문에 표준화하거나 데이터로 표현하기에 지나치게 복잡하고 경우의 수가 많다. 비용적 측면도 문제다. 농산물은 저가의 일상품이기 때문에 표준화와 데이터화를 위해 필요한 비용을 충분히 투자할 수 없다.

언뜻 보면 증권이나 은행 같은 금융업이 데이터도 많고 알고리즘도 복잡해 보여서 표준화와 데이터화가 가장 어려울 것 같지만 금융업은 데이터 처리의 난이도가 가장 낮다. 거래 단위가 명확하고, 모든 것이 화폐 단위로 완벽한 표준화가 되어 있기 때문이다.

금융 데이터는 대부분이 문자와 숫자의 정형 데이터이기도 하다. 금융은 데이터화의 난이도가 낮은 대신 데이터 처리에서 무결점의 정확성과 리스크 관리가 요구된다. 단 한 번의 실수도 용납되지 않는 것이다. 그래서 역으로 데이터 처리에 엄청난 비용 투자가 가능하다. 현대 금융업은 사실상 데이터 처리 산업이다.

농업은 표준화와 데이터화의 관점에서 보면 금융과 대척점에 있다. 농업 대부분의 데이터는 문자와 숫자가 아닌 이미지와 영상의 비정형 데이터이며 표준화의 단위가 제각각이다. 금융에서 입금, 출금, 대출 등의 거래처럼 명확한 처리 단위도 없다. 작물의 생장이라는 생명체의 동적 변화를 정밀하게 데이터로 표현해야 하는 생소한 과업이 있는 곳이 농업인 것이다. 금융보다 데이터 처리의 난이도는 높지만 다른 대안들이

그동안 농업은 정밀함과는 가장 거리가 먼 산업이었다. 생명현상의 복잡성과 자연환경의 불확실성이라는 장벽과 마주하게 됐다. 하지만 최근 인공지능과 빅데이터 등 4차 산업혁명 기술은 이러한 농업의 한계에 새로운 가능성을 열어주고 있다.

많아서 데이터 처리를 위해 비용 투자를 꼭 해야 하는 것도 아니다.

최근 주목받는 인공지능과 빅데이터 등 4차 산업혁명 기술은 이러한 농업의 한계에 새로운 가능성을 열어주고 있다. 시간이 갈수록 데이터 처리 기술은 좋아지고 데이터 처리 비용은 낮아지고 있기 때문이다. IBM의 체스 컴퓨터 프로그램인 '딥블루'가 체스 세계 챔피언 가리 카스파로프를 이긴 것은 1997년이었다. 그렇지만 구글 딥마인드의 '알파고'가 바둑 세계 챔피언 이세돌을 이긴 것은 그보다 19년이나 지난 2016년이었다.

바둑과 체스는 비슷해 보이지만 데이터 관점에서는 완전히 다르다. 바둑은 체스보다 경우의 수가 압도적으로 많아서 처리해야 할 데이터가 방대하고 무엇보다 기계 학습, 머신 러닝, 딥 러닝이라는 완전히 새로운 접근법이 아니었으면 컴퓨터가 사람을 이기기 어려웠을 것이다.

데이터 관점에서 비유하면 금융은 체스, 농업은 바둑에 가깝다. 솔직히 그동안의 정보통신기술(ICT)은 복잡한 농업을 정밀하게 만들기에는 역부족이었다. 농업의 불확실성과 비정형성, 개체성을 ICT가 감당하기 어려웠고, 감당할 수 있는 기술은 너무 비쌌다. 하지만 이제는 그렇지 않다.

인공지능과 빅데이터 기술의 발전 속도와 비용 하락 속도를 감안하면 앞으로 20년이면 농업에도 획기적인 변화가 기대되는 수준까지 거뜬히 발전할 수 있을 것이다.

데이터로 농업계의 구글을 지향하는 존디어

농업은 정밀해질수록 낭비 요소는 줄이고 생산성은 높일 수 있는 기대가 가장 큰 산업이다. 정밀 농업, 데이터 농업, 디지털 농업, 스마트 농업 등 각각의 이름은 다르지만 핵심은 표준화와 데이터화를 통해 농업을 훨씬 더 정밀하게 만드는 것이다.

정밀 농업은 생산성과 효율성을 극대화할 수 있다는 장점이 있다. 토지, 물, 비료, 농약 등 농업 생산 자원을 적재적소에 최적의 양만 공급한다면 자원 낭비를 최소화할 수 있다. 이를 통해 생산비는 낮추고 환경 부하는 저감할 수 있다.

수확량과 품질 향상에도 유리하다. 작물과 토양의 상태를 정밀하게 파악하여 최적의 재배 관리를 실시함으로써 수확량을 높일 수 있고, 생육 환경을 세밀하게 조절하면 작물의 품질도 향상시킬 수 있다. 드론, 센서, 위성 영상 등의 데이터를 기반으로 농작업 의사 결정을 높은 수준으로 끌어올릴 수 있고, 예측 모델링을 통해 미래 상황을 대비할 수도 있다.

구분	시기	특징	주요 기술	생산성
농업 1.0	기원전 1만 년 ~17세기	수작업 중심의 전통 농업	간단한 도구 사용, 가축의 힘 활용	낮음, 자급자족 수준
농업 2.0	18세기 ~20세기 중반	산업혁명의 영향을 받은 기계화 농업	트랙터, 수확기 등 농기계 도입	향상, 대규모 상업농 출현
농업 3.0	20세기 후반 ~21세기 초	정밀농업의 시작	GPS 기반 농기계, 원격 센싱, GIS	더욱 향상, 자원 사용 효율성 증대
농업 4.0	현재	디지털 기술 기반의 스마트 농업	Iot, AI, 빅데이터, 로봇공학	획기적 향상, 지속가능성 강화
농업 5.0	미래	완전 자동화 및 맞춤형 농업	양자 컴퓨팅, 나노기술, 생체공학의 융합	극대화된 생산성과 환경 조화

노동력 절감에도 유리하다. 자동화된 기술 체계를 통해 인력 의존도를 낮출 수 있다. 로봇, AI, 자율 주행 기술 등이 농업에 접목되면 인력 절감 효과는 더욱 커질 것이다. 무엇보다 정밀 농업 과정에서 수집되는 방대한 농업 데이터를 축적, 분석하여 반복해서 다음 작기에 피드백한다면 생산 효율은 지속적으로 높아질 수 있다.

이미 전 세계는 농업을 정밀하게 만들기 위한 글로벌 레이스를 달리고 있다. 미국, 호주, 브라질처럼 땅이 넓은 조방농업 국가는 노지를 중심으로, 네덜란드와 우리나라처럼 땅이 좁은 집약농업 국가는 스마트팜을 중심으로 전개 중이다. 이 과정에서 기후 데이터 서비스(Climate Corporation, Farmobile, FarmersEdge 등의 기업들), 토양 데이터 서비스(Agriweb, AgriData Inc 등의 기업들), 작물 생육 모니터링 서비스, 농기계 및 수확량 데이터 서비스 등 농업 데이터를 돈을 주고 사고 파는 새로운 기업 생태계도 구축되고 있다.

세계 최대의 농기계 회사인 존디어는 트랙터, 콤바인 등의 농기계에 센서와 카메라를 장착해 여기에서 수집한 데이터를 기반으로 농업계의 구글을 지향하고 있다. 여기서 확보된 데이터가 축적되면서 다시 농기계를 진화시키고 있고, 수집된 데이터 자체가 농기계보다 비싼 영업자산이 되고 있다. 글로벌 넘버원 농업 데이터 플랫폼 회사가 되면 영속적으로 시장을 장악할 수 있다는 판단에서다. 존디어의 혁신 활동의 핵심은 하드웨어 체인지에 있는 것이 아니라 농기계의 디지털 역량을 높여 농기계 산업의 게임의 룰을 바꾸는 데 초점이 맞추어져 있다.

일본은 정부 주도로 클라우드 기반의 농업 데이터 연계 플랫폼인 와그리(Wagri)를 구축 중이다. 이를 통해 농가, 생산자 단체, 유통 업체 등 일본 내 농업 데이터 전부를 한곳에 모으고 있다.

미래 농업이 데이터 중심의 정밀 농업을 향해 가는 것은 확실한 사실이다. 그리고 이러한 전환 과정에서 엄청난 비즈니스 기회가 있는 것 또한 분명하다. 하지만 섣부른 접근은 금물이다. 농업은 그리 단순하지 않으며 변화의 여정은 더 길어질 수 있기 때문이다.

몬산토의 종자와 농약 패키지 사업 성공, 그 이후

노먼 볼로그가 다수확 밀 종자를 개발한 이후, 20세기 종자 기술의 획기적인 진보는 종자와 농약의 커플링에 있었다. 육종가들의 헌신으로 훌륭한 종자들이 많이 개발되었지만 문제는 잡초였다. 아무리 우수한 종자라도 잡초의 강인한 생명력을 이겨내는 건 여간 어려운 것이 아니었다. 잡초가 번식할수록 작물의 활력과 수확량은 그에 비례하여 줄어들었다.

종자 회사 몬산토는 기발한 방법으로 이 문제를 해결했다. 특정 농약에 내성이 있는 종자를 개발한 것이다. 1974년 몬산토는 라운드업(Roundup)이라는 제초제를 발명했는데 라운드업은 화학 합성물인 글리포세이트를 주성분으로 하는, 당시로서는 획기적인 농약이었다.

문제는 라운드업이 비선택적 제초제였다는 것이다. 잡초도 죽이지만 재배 작물도 무사하지 못해서 별 소용이 없었다. 몬산토는 20년이 넘는 끈질긴 연구를 통해 1996년 라운드업에 내성이 있는 라운드업 레디(Roundup Ready) 대두 종자를 출시했다. 라운드업 레디는 글리포세이트 내성 유전자를 작물에 도입하여 라운드업 제초제를 살포해도 작물은 죽지 않게 한 GMO였다.

라운드업과 라운드업 레디는 불티나게 팔렸다. 농가 입장에서는 잡초를 죽이고 높은 수익을 보장해주는 놀라운 제품을 마다할 이유가 없었다. 라운드업과 라운드업 레디 제품은 1996년 대두를 시작으로 옥수수, 면화, 알팔파(콩과의 여러해살이풀로 주로 풀 사료로 쓰인다) 등 다른 작물로 확대되었다. 글리포세이트는 전 세계에서 가장 많이 사용된 농약이 되었고, 미국에서 생산한 대두의 95%, 옥수수의 80%를 몬산토의 GMO가 장악했다. 종자와 농약의 패키징은 전 세계 농업에 지대한 영향을 미쳤고, 몬산토에게는 천문학적인 수익을 안겨주었다.

이 과정에서 여러 논쟁거리도 만들어졌다. 라운드업 제초제가 발암 가능성이 있고 몬산토가 이를 알고도 판매했다는 것이 대표적이다. 몬산토는 2018년 630억 달러에 바이엘에게 인수되었고, 바이엘은 현재 세계 최대의 종자 · 농약 기업이 되었다. 하지만 라운드업 문제로 인해 13조 원 소송에 걸려 있는 상태다.

첨단 농업기술의 발전은 종자 산업의 특성과 지형에도 변

모든 식물을 무차별적으로 고사시키는 비선택적 제초제인 라운드업은 생물에 필수적인 세균들까지 죽이기 때문에 일반 작물 재배는 불가능하다. 보통 넓은 농지에 항공기로 라운드업을 뿌려 땅을 황폐화시킨 후 항공기로 라운드레디 종자를 살포해 대량으로 재배, 수확한다.

화를 촉발하고 있다. 종자가 단순한 씨앗에서 종자·농약의 커플링이 되었다가 이제는 한발 더 나아가 종자·농약·농기계가 한 몸처럼 움직이는 농업 솔루션의 중심이 되고 있는 것이다.

다국적 종자 회사들은 종자·농약 판매로만 만족하지 않았다. 종자·농약에 이어서 빅데이터를 활용한 처방식 솔루션을 제공하면서 종자 판매 이후 단계에서 더 큰 수익 모델을 구축하기 시작했다. 여기에 필요한 데이터는 주로 농기계가 농작업 중에 수집한다. 농기계의 역할이 단순한 작업기에서 데이터 콜렉터로 확장된 것이다.

솔루션이란 언제 종자를 심을 것인지, 언제 어떤 농약을 칠 것인지, 작물의 생육 상태는 어떠한지, 다른 생산자와 비교하여 내 작물의 상태는 어떠한지, 언제가 최적의 수확 시기인지, 언제 어떤 시장에 판매하면 좋은지 등과 관련된 굵직한 영농 의사 결정 사항을 데이터가 알려주는 것이다. 농가별 맞춤형 대출이나 수확물 판매 금융 서비스를 제공하고 기후, 가격 리스크 완화를 위한 보험 상품도 소개한다.

종자 회사들의 처방식 솔루션을 경험한 농업인들은 수익이 확실히 늘어나기 때문에 계속해서 영농 솔루션을 사용하고 자연스럽게 데이터를 제공하게 된다. 그러면 시간이 지날수록 데이터가 풍부해져서 영농 솔루션의 품질이 더욱 좋아지기 때문에 농가는 영농 솔루션 서비스에서 이탈하기 어려워진다. 글로벌 종자 회사들이 최종적으로 원하는 것은 구글처럼 농업계의 데이터 플랫폼 기업이 되는 것이다.

식량 위기가 닥치면 인간은 뭘 먹고 살까?

농식품 산업이 지금보다 60% 더 많은 식량을 생산하기 위해서는 디지털 기술과 바이오 기술을 최대한 활용해서 지속 가능한 방법으로 우리에게 익숙한 작물과 축종의 생산성을 한 단계 끌어 올려야 한다.

과학자들은 60% 더 많은 식량을 확보하는 데 디지털 기술 15~20%, 바이오 기술 15~20%, 재활용과 새활용 기술 10%, 식량 분배 개선을 위한 국제정치적 해법이 10% 정도씩 기여하기를 희망하고 있다. 하지만 2050년까지 과연 희망하는 대로 작동할 수 있을지는 여전히 미지수다. 이를 보완할 수 있는 가장 좋은 해법은 이전에는 관심을 두지 않던 새로운 식재료에 대한 탐색과 연구 개발을 병행하는 것이다.

우리의 섭생과 식재료는 항상 변해왔다. 오랜 역사의 쌀, 밀, 콩 등을 제외하면 옥수수와 감자를 포함하여 지금 우리에게 친근한 대부분의 식재료들은 비교적 최근의 것들이다. 전 세계적으로 가장 훌륭한 칼로리 작목인 감자도 18세기 후반부터 확산되어 이제 250년이 된 식재료다. 마찬가지로 몇십, 몇백 년이 지나면 우리는 지금과는 완전히 다른 식재료에 아주 친근해져 있을 것이 분명하다.

현재 가장 유망한 미래 식재료는 곤충과 대체육, 해조류, 양식 어류 등이다. 곤충은 이 중에서도 경제적, 기술적 관점에서 잠재력이 으뜸이라 할 수 있다. 2013년 국제연합식량농업기구(FAO)는 식량 위기, 기아 퇴치, 영양 보충, 환경오염 저감 등의 문제를 해결하기 위한 대안으로 식용 곤충을 미래 식량 자원으로 발표했다. 인류가 시작된 후부터 양잠과 양봉 등으로 인간의 일상생활에 곤충을 이용해왔던 것을 넘어 새로운 가치를 지닌 자원으로 주목한 것이다.

보고서에 따르면 인류에게는 1,900종의 경작 가능한 곤충들이 있으며 이미 20억의 지구인들이 벌이나 메뚜기, 나방 벌레를 규칙적으로 소비하고 있다. 곤충은 지구상에 개체 총량이 충분하고 저지방 고단백에 섬유질과 미네랄이 풍부하며 고품질 축산 사료와 식용 단백질 소재가 될 수 있다는 측면에서 최고의 미래 먹거리로 주목받고 있다.

우리나라도 1960년대 이후 잠사 연구에서부터 축적된 곤충에 대한 연구 경험과 인력을 바탕으로 국공립연구기관에서 곤충을 식량으로 사용하기 위한 산업화 연구가 활발히 진행되고 있다. 민간에서도 곤충 사육 기업들은 상당히 안정적으로 성장 중이다. 스마트 농업 벤처들이 수익 모델 찾기에 실패하고 투자 자금이 고갈되면서 어려움을 겪고 있는 것과 상반된 모습이다. 현재 곤충 사육 기업들의 수익처는 주로 축산이나 양어(養魚)를 위한 사료 첨가물, 또는 건강 기능 식품과 화장품의 원료 등이다.

우리나라에서 가장 많이 사육되는 곤충은 메뚜기목에 속하는 갈색거저리(밀웜의 성충)다. 국내 곤충 사육 농가의 70% 이상이 갈색거저리를 기르고 나머지는 쌍별귀뚜라미와 장수풍 뎅이 등을 사육 중이다. 갈색거저리는 고소애, 쌍별귀뚜라미는 쌍별이, 장수풍뎅이는 장수애라는 애칭으로 불린다. 사료 곤충 이외에 식용 곤충이나 반려 곤충 시장도 빠르게 성장하고 있어 향후 전망이 아주 밝은 편이다.

빌게이츠도 투자한 대체육 산업, 가능성은?

대체육은 세포배양 기술을 활용하는 배양육과 식물의 단백질로 육류의 모사품을 만드는 연구와 산업화가 전 세계적으로 활발히 진행 중이며, 놀라운 속도로 발전 중이다.

대체육은 크게 배양육과 식물성 고기로 나눌 수 있다. 배양육은 동물 세포를 이용해 실험실에서 생산한 고기로서, 살아 있는 동물의 줄기세포를 채취해 영양분이 풍부한 배양액에서 키워 근육 조직으로 만든다. 이 방식은 전통적인 축산 방식에 비해 환경 부담이 적고 동물 복지 측면에서도 장점이 있다.

지금의 기술 수준으로도 살아 있는 소 15마리의 줄기세포만 있으면 10억 장의 햄버거 패티를 만들 수 있으니 전통 축산과의 효율 비교는 무의미한 수준이다. 과거 배양육은 실험실에서 인공적으로 만들었다는 데 대한 반감과 기술적 한계 때문에 외면받곤 했다. 하지만 생명공학 기술 발전으로 맛과 질감이 일반 고기와 엇비슷해지고 있고, 기후 문제나 식량 안보를 해결할 대안으로 주목받으며 최근 여러 나라의 식품 기업들이 앞다투어 개발에 나서고 있다. 아직 대량 생산과 비용 절감 등의 과제가 남아 있지만 배양육은 먼 미래의 기술이 아니다.

배양육의 상업적 생산과 판매 승인은 최근 몇 년 사이에 빠르게 진행되었다. 싱가포르가 2020년 12월 세계 최초로 잇저스트사의 배양 닭고기 제품 판매를 승인하며 선구자 역할을 했다. 미국에서는 2022년 11월 FDA가 업사이드푸드의 배양육 제품에 대해 '안전 확인' 결정을 내렸고, 2023년 6월 USDA의 최종 승인으로 상업적 판매가 가능해졌다. 이스라엘도 2022년 12월 알레프팜사의 배양 스테이크를 승인하며 흐름에 동참했다.

식물 단백질을 활용하는 식물성 대체육도 전 세계 농식품 벤처기업의 경쟁 속에서 산업화를 향해 질주 중이다. 식물성 대체육은 콩단백, 완두콩단백, 밀글루텐 등 식물성 단백질과 코코넛오일, 해바라기씨유 등 식물성 유지가 주된 원료다. 가장 보편적인 형태인 햄버거 패티를 비롯해 소시지, 너깃, 미트볼, 살라미 등이 있다. 우리나라 시장을 겨냥한 식물성 훈제 삼겹살, 다양한 요리에 활용 가능한 다진 고기, 샌드위치나 샐

현재 마트에서 판매되는 임파서블푸드와 비욘드미트의 인공육. 빌 게이츠와 아마존 CEO 인 제프 베이조스, 테니스 선수 세리나 윌리엄스 등이 투자한 것으로 유명한 임파서블푸드 는 버거킹과 함께 채식주의자를 위한 와퍼를 출시하기도 했다.

러드용 식물성 참치도 있다. 또한 식물성 닭가슴살, 덕 미트 (오리고기 대체), 식물성 스테이크 등 새로운 제품들도 속속 개 발되고 있다.

대체육 개발의 핵심은 고기를 씹을 때와 유사한 조직감이 느껴지고 육즙, 풍미가 나도록 하는 기술이다. 식물성 대체육 은 동물성 제품에 비하여 포화지방과 콜레스테롤 함량이 낮 고 식물성 단백질과 식이섬유 섭취에 좋다. 비건 시장에서 각광을 받다가 최근 맛과 품질이 좋아지면서 일반인들을 대상으로 한 시장도 빠르게 발전 중이다. 아직 고기만큼의 생생한 식감과 맛 재현에 한계가 있으며 가공식품이라는 점에서 건강 이슈도 제기되는 것은 한계점이다.

임파서블푸드사의 '임파서블 버거', 빌 게이츠가 투자해서 유명해진 비욘드미트사의 '비욘드 버거' 등이 대표적인 히트상품이다. 전문가들은 식물성 대체육이 기존 육류 시장을 완전히 대체하기는 어렵겠지만, 상당 부분 잠식할 것으로 예상하고 있다. 블룸버그, 바클레이스, 보스턴 컨설팅그룹 같은 투자회사들은 2030~2035년까지 식물성 대체육이 기존 육류 시장의 15%, 금액으로는 2,100억 달러를 잠식할 것으로 점치고 있다.

대체육은 기술 발전과 함께 맛과 영양, 가격 경쟁력이 개선되면서 점차 소비자들의 선택을 받고 있다. 글로벌 대체육 시장 규모는 2020년 46억 달러에서 연평균 40%가량 성장 중으로 2030년에는 1,620억 달러에 달할 것으로 내다보고 있다. 컨설팅그룹인 AT커니의 전망에 따르면 2040년까지 전체 육류시장을 100%로 봤을 때 기존 축산업은 40%로 축소되고, 대신 식물성 고기가 25%, 배양육이 35%를 차지하는 대변동이 일어날 것으로 예측하고 있다.

이러한 변화는 이미 산업계에서 감지되고 있다. 특히 주목할 점은 현재 축산사료 시장을 주도하는 ABCD가 대체육 시장의 주요 투자자로 나서고 있다는 것이다. 이는 ABCD 스스로가 축산사료 시장의 축소와 대체육 시장의 성장을 예상하고 있음을 시사한다. 대체육 시장의 급격한 성장은 기존 육류 산업의 구조를 근본적으로 변화시킬 것으로 내다보고 있다.

대장암 환자를 위한 고기, 알레르기 없는 땅콩잼

21세기는 디지털 육종 기술 또는 정밀 육종 기술의 시대다. 디지털 육종은 첨단 바이오 기술과 정보 기술을 활용하여 작물과 가축의 신품종 개발을 보다 정확하고 효율적으로 수행하는 육종 기술을 말한다.

얼마 전부터 기존 육종 기술에 빅데이터와 AI, 로봇 등 첨단 기술이 접목되고 정밀 선발과 교배가 이루어지며 육종 과정의 자동화로 신품종 개발 기간이 획기적으로 단축되는 중이다. 머신러닝 모델로 우수 후보 개체를 사람이 아닌 AI가 추천해줄 수 있고 로봇, 이미징, 센서 등을 활용하여 대규모 실험과 표현형 분석을 사람이 아닌 컴퓨터가 가상으로 구현하기도 한다. 이렇게 되면 정밀한 분석과 선발로 불필요한 교배 과정을 줄일 수 있어서 전체 육종 과정이 대폭 단축되고 신품종 개발 기간과 비용이 절감된다.

정밀 육종 기술을 통해 환경 재해, 병충해, 기후변화 등에 강한 고부가가치 신품종 작물과 가축을 보다 신속하게 개발할 수 있게 되는 것이다. 네트워크 육종(Network-assisted Breeding)을 통해서 서로 멀리 떨어진 곳에서 동시에 현장 재배 실험을 할 수도 있다. 디지털 육종 기술로 육종 시간이 단축되고 비용이 절감되면 개인이나 특정 그룹 맞춤형 작물 개발도 가능해진다. 개인의 유전적 특이점과 질병 이력에 따라 특정 성분이 강화되거나 제거된 품종을 육성하는 것이다.

가령 글루텐이 없는 밀가루나 알레르기 성분이 사라진 땅콩잼은 물론, 가족력이나 유전력에 의해 대장암 확률이 높은 사람에게만 적합한 품종을 따로 만들고 생산할 수 있다. 이렇게 생산된 작물은 다시 개인 맞춤형 식품으로 연결하여 식품 내 특정 성분의 밀도와 순도를 높여 공급할 수도 있다. 말 그대로 식품이 곧 약이 되고, 약이 곧 식품이 되는 것이다. 동양 전통의 한의학에서 전해져온 식약동원(食藥同原)이 디지털 기술로 구현된다는 것은 상상만으로도 재미있는 상황이다.

지금까지 그래 왔듯이 향후에도 육종 기술은 바이오와 디지털 기술의 발전에 따라 지속적으로 혁신될 것이다. 백인백색의 품종과 개인 맞춤형 식품의 시대, 그리고 식약동원의 시대가 그리 멀리 있지 않다.

한국이 미래 식재료 개발에 집중해야 하는 이유

조금만 눈을 돌리면 바다 농사도 미래의 유망한 식재료 공급원이다. 해조류는 식량으로서의 가능성도 풍부할 뿐 아니라 미래 생물연료로도 높은 가능성을 인정받고 있다. 해조류는 인간과 가축에게 똑같이 식량으로 사용될 수 있기 때문에 미래 식량 부족 문제에 크게 기여할 자원으로 꼽힌다.

해조류는 지구상에서 가장 빨리 자라는 식물이다. 해조류는 특히 우리나라를 비롯해 중국, 일본, 인도네시아, 필리핀 등 아시아 국가를 중심으로 오랫동안 식용, 의약품, 공업용 원료로 재배되어왔기 때문에 기술과 생산 기반, 소비 경험이 잘 갖추어져 있다는 장점이 있다.

양식 어류도 미래 식량을 위한 후보로서 매우 중요하다. 100억 명의 지구 인구에게 충분한 식량을 공급하기 위해서는 육지만큼 바다를 활용해야 적정한 단백질과 좋은 비타민, 미네랄을 공급받을 수 있다. 이미 35개국에서 자연에서 잡은 물고기보다 양식된 물고기를 더 많이 생산할 정도로 양식업은 발전해 있다. 인류는 2011년 이후부터 쇠고기보다 어류에서 더 많은 단백질을 공급받고 있는 것으로 보고될 정도다.

우리나라의 식량자급률은 2022년 기준 49.3%이지만 사료용 곡물을 포함한 곡물자급률은 22.3%에 불과하다. 주식인 쌀을 제외하면 사료용이나 가공용으로 소비되는 밀, 콩, 옥수수 등의 90% 이상은 수입에 의존한다.

코로나처럼 글로벌 감염병의 발생빈도가 잦아지고 인구 증가로 국가 간 식량난이 심화되어 곡물의 국제 이동이 제한된다면 한국의 식품가공산업이나 축산업에 꼭 필요한 곡물 공급에 큰 차질이 불가피하며 물가에도 악영향을 미칠 수밖에 없다. 우리나라가 다른 나라들보다 미래 식재료에 더 많은 관심과 과감한 투자를 해야 하는 이유다.

도시에서 농사를 짓는다면

1970~1980년대만 해도 도시인구의 90%는 농촌 출신이었지만, 이제는 도시에서 태어나 도시에서만 살아가는 사람들이 절대다수가 되었다. 이들에게는 식량이 아무 어려움 없이 당연히 허락되는 것이라는 인식이 강하다. 반대로 농촌 공간에서의 정서 함양과 농업이 주는 다원적 가치에 대한 인식은 약하다.

사람의 인생이 농촌에서 시작하는 시대는 저물어가고 있지만, 반대편에서는 농업이 도시로 향하는 도시 농업의 시계는 더욱 빨라지고 있다.

산업혁명 이전까지만 해도 농촌과 도시의 구분이 명확하지 않았다. 도시의 규모도 작고 거주하는 인구도 적었다. 19세기 중반만 해도 인구 200만 명을 넘는 도시는 런던이 유일했다. 150만 명의 베이징과 100만 명의 파리, 뉴욕을 제외하면 지금은 거대도시가 된 베를린, 모스크바, 상하이조차 30~50만 명 수준이었다.

그 이후 도시는 말 그대로 폭발적 성장을 했다. UN 경제사회국에 따르면, 2022년 기준 세계 평균 도시인구 비율은 56.8%다. 도시인구 비율은 1800년 3%, 1900년 14%, 2000년 47%를 지나 2050년에는 68%가 될 전망이다. 2020년에는 43억 명이 도시에 살고 있지만, 2050년에는 97억 세계 인구 중에서 67억 명이 도시에 살게 된다는 의미다.

도시가 커지고 도시화율이 높아질수록 도시 농업도 커지는 중이다. 도시 농업은 문자 그대로 도시의 옥상이나 건물 사이 좁은 공간에서 농업을 하는 것이다.

도시 농업의 역사는 매우 오래되었다. 문헌에 따르면 페르시아의 사막 도시에서는 오아시스에 수로를 건설하고 도시의 유기성 폐기물을 활용하여 일반 농지와는 차별되는 도시만의 농업을 했다고 전해진다. 페루의 고원 도시 마추픽추에서도 계단식 건축과 정밀한 수로 기술로 물을 관리하고 태양 빛을 모아서 채소와 식량 밭을 일구었다.

도시 농업은 목적에 따라 생산 목적의 농장(farm)형과 관상 목적의 정원(garden)형으로 나눌 수 있다. 정원형 도시 농업은 개인의 취미로 텃밭과 녹색식물 정원을 가꾸는 것인데 생산이 주목적이 아니라 주로 심리적 위안과 행복감을 추구한다. 농장형 도시 농업은 다르다. 주목적이 식량 생산이다. 농장형 도시 농업은 대체로 전쟁과 위기 상황에서 식량 확보를 위한 국가의 생존 전략으로 발달해왔다. 가장 대표적인 사례가 쿠바의 도시 농업이다.

쿠바는 소련이 붕괴되기 전까지 소련에 설탕을 수출하고 농업에 필요한 연료와 농약을 수입했다. 1990년대 초, 소련이 붕괴하고 소련과의 무역이 중단되자 농업에 필요한 연료와 농약을 구할 수 없게 되었다. 냉전 중이던 미국은 쿠바를 굴복시키기 위한 수단으로 식량을 활용했다. 그 결과 쿠바는 심각한 식량 위기에 처했고 쿠바 국민들은 식량 위기를 극복하기 위하여 대중적 도시 농업 운동을 대대적으로 전개했다.

쿠바에서는 도시 농업을 위한 새로운 농법과 시스템이 생겨났다. 2016년 기준 쿠바에는 전국에 약 37만 개의 도시 농장과 텃밭이 조성되어 있고, 수도 아바나에만 약 8,600개의 도시 농장이 운영 중이다. 도시지역에 8만 헥타르의 농지가 도시 농업으로 활용되고 있는데, 이는 쿠바 전체 경작지의 4%에 해당한다. 도시 농업에서 약 150만 톤의 채소와 과일이 생산되어 전체 채소 생산량의 60% 이상, 과일 생산량의 15%를 차지한다. 35만 가구가 도시 농업에 종사하며, 아바나시 인구의 25%가 도시 농업과 관련되어 있다.

경제적 기여도도 높아서 도시 농업이 쿠바 GDP의 약 3~4%를 차지한다. 오늘날 쿠바는 석유 기반 투입물이 없는 유기 도시 농업 국가로 안착했다. 쿠바의 사례는 활용하기에 따라 도시 공간도 농업 생산에 충분히 활용될 수 있음을 보여주는 살아 있는 교과서다.

농업 선진국 미국이 도시 농업에 투자하는 이유

세계 최고의 농업 강대국인 미국도 20세기 초반 1, 2차 세계대전 당시에는 도시 농업에 열을 올렸다. 1차 세계대전이 일어나는 동안 미국 윌슨 대통령은 식량 공급 차질과 수입 중단에 대비하여 미국 전역에 500만 개의 도시 농장을 마련하여 5억 파운드(22.7만 톤) 분량의 농산물을 수확해냈다.

2차 세계대전 때에는 한발 더 나아가 미국 정부 조직으로 전쟁 식량청(War Food Administration)을 설립하고, 승리 정원 프로그램(Victory Garden Program)을 전개했다.

한 해 9억 파운드(40.8만 톤) 규모의 과일과 채소를 도시 농업에서 생산했다. 이는 당시 미국 내 원예작물 생산량의 44%에 해당하는 양이었다. 보스턴 지역에서만 공원, 학교, 공공 기관 부지 등에 4,000여 개의 텃밭이 만들어지기도 했다.

하지만 미국은 워낙에 농경지가 충분하고 물류 유통망도 발달해 있으며, 농산물 이동을 위한 에너지 비용에 거부감이 없기 때문에 전쟁 이후에는 농업 생산보다는 치유와 교육의 관점에서 도시 농업이 강조되고 있다. 미국의 주요 대도시들은 하나같이 도시 농업에 열심이다.

뉴욕시는 지난 15년 동안 전 세계적인 도시 농업의 실험실이 되었다. 2010년부터는 뉴욕의 공립학교 학생들을 위하여 도시 농업 체험 프로그램인 '기르면서 배우기(Grow to Learn)'를 운영했는데, 이 프로그램은 오늘날 800개가 넘는 도심 정원으로 성장했다. 필라델피아는 빈 공터를 활용한 필라팜스(PhilaFarms) 프로젝트를 2011년부터 시작했고, 시애틀은 초등학교에 옥상 농장을 조성하는 '지역 농장' 프로그램을 2018년부터 추진 중이다.

LA는 2015년부터 '아메리칸 그린존' 프로젝트로 도시 농업을 저소득층 식량 불평등 해소와 연결하는 시도를 했다. 휴스턴은 유기농업 교육 농장인 '팜 프로젝트'를 2019년부터 운영 중이다. 미국의 도시 농업은 상업 농장, 교육 농장, 지역공동체 농장 등 다양한 형태로 발전하며 그 영역을 넓혀가고 있다. 농촌과 도시가 단절된 21세기이지만 농업은 도시 속으로 빠르게 침투하고 있다.

미래형 스마트팜이나 AI 농장처럼 스마트 기술은 도시 농업 발전을 더욱 가속화하고 있다. 도시 한복판에 못쓰게 된 건물이나 옥상의 빈 공간을 농업 생산 공간으로 재창조하는 식물 공장형, 컨테이너를 활용하여 밀폐된 공간에서 완전 자동화로 작물을 키우는 컨테이너형, 도시 내 상점을 개조하여 식물 생산 키트를 설치하고 고객의 접근성을 향상시킨 스트리트형, 냉장고처럼 가정용 생산 키트를 활용하는 가전형, 이들의 장점을 결합한 하이브리드형 등 다양한 도시 농업의 새로운 콘텐츠들이 속속 등장하고 있다.

실내에서 하는 도시 농업은 태양광에 버금가는 고품질의 저렴한 광원이 필요한데 LED를 활용한 광원 기술력이 뒷받침되면서 실용화 사례도 확산 중이다.

도시 농업의 장점은 공간을 효율적으로 활용할 수 있으며 생물 다양성 보전, 기후조절, 대기 정화, 토양보전, 공동체 소통, 농촌 문화 체험, 정서 함양, 여가 지원, 교육과 복지, 심신 안정, 탄소 발자국 축소, 에너지 절약 등 매우 다양하다. 규모를 조금 키우고 안정적 판로를 개척하면 한 지역에서 필요한 특정 작목 전량을 공급할 수도 있다. 기술이 좋아지고 시장 규모가 커지면서 도시 농업의 경제성도 빠르게 향상 중이다.

물론 도시 농업이 장점만 있는 것은 아니다. 도시지역의 지대(地代, 땅값)가 워낙 높기 때문에 적합지를 찾기 어려울 수 있고 환경을 조성하는 데에도 많은 비용이 든다. 관수 관개를 조금만 소홀히 하면 수인성 작물병 전염이 확산될 수도 있다. 도심 내에는 이산화질소와 이산화황 농도가 높기 때문에 작물 성장에 나쁜 영향을 줄 수 있고 중금속이 작물에 축적될 가능성도 높다. 하지만 이런 문제점들은 지속적인 연구를 통해 해결이 가능할 것이다.

농업은 공업만큼 에너지를 소비한다

산업혁명 이전까지의 전통 농업은 인력과 축력, 풍력과 수력 같은 자연력에 의존했다. 전통 농업은 산업혁명을 거치면서 화석연료와 전기를 주력 에너지원으로 활용하게 되었고 현대 농업으로 재탄생했다. 전통 농업과 현대 농업의 경계선은 에너지원 갈아타기인 셈이다.

현대 농업은 에너지로 먹고 사는 산업이라고 해도 과언이 아니다. 글로벌 수준에서 전 세계 먹거리 시스템은 인간 전체 에너지 소비의 30% 정도를 차지한다. 이는 농장에서 생산된 먹거리가 식탁(farm to table)에 올라 섭취되고 폐기(farm to waste) 될 때까지의 먹거리 사이클 전체에서 사용되는 에너지의 양이다. 이 중에서 농업 생산에 7~8% 정도가 사용되고, 나머지 22~23%는 가공, 포장, 운송, 도소매, 유통, 조리, 저장 그리고 폐기 과정에서 사용된다. 먹거리 시스템을 위한 에너지 사용 총량은 선진국이 압도적으로 높지만, 전체 에너지에서 차지하는 비중은 후진국이 더 높다. 선진국은 전체 에너지 소비량의 20% 정도를 먹거리 시스템을 위해 사용하지만 후진국은 이보다 높은 40% 정도를 사용한다.

농업은 다양한 곳에서 에너지가 필요하다. 농작물 재배 과정을 살펴보면, 경운과 파종 단계에서 트랙터와 같은 농기계와 운송기계가 많은 연료를 소비한다. 씨앗이 자라는 동안에는 관개 시스템이 중요한 역할을 하는데, 펌프를 이용해 물을 공급하는 과정에서 전기나 디젤 연료가 사용된다.

작물이 자라는 환경을 조성하는 데도 에너지가 필요하다. 온실에서는 난방, 조명, 환기 시스템 운영에 상당한 양의 전기나 석유가 소비된다. 최근에는 스마트팜 기술이 도입되면서 IoT 기기, 센서, 컴퓨터 시스템 운영을 위한 추가적인 전력 소비가 늘어나는 추세다. 수확 시기에는 콤바인과 같은 대형 수확기가 투입되어 많은 연료를 사용한다. 수확 후에는 곡물을 건조하고 저장하는 과정에서 에너지가 소비된다.

농산물을 생산지에서 세계 각지에 위치한 소비처로 이동시키는 것도 에너지다. 이외에도 선별, 세척, 포장, 냉장 유통, 소분, 상품화 등의 전 과정에서 에너지가 사용된다. 농업과 밀접한 관련이 있는 비료와 농약 생산 과정에서도 많은 에너지가 필요하다.

축산 분야에서도 에너지를 적지 않게 사용한다. 축사의 온도 조절, 조명, 환기에 지속적으로 에너지가 필요하다. 생체 중량이 적은 닭 같은 소(小)동물은 소 같은 대(大)동물보다 온도 변화에 민감하여 더욱 정밀한 온도 관리가 필요하다. 그래서 비슷한 면적의 양계장은 목장보다 에너지 소비가 훨씬 크다.

사람과 체온이 36.5도로 똑같은 돼지는 너무 덥거나 추우면 생육이 느려진다. 양돈장은 최대한 쾌적한 환경을 유지하고 신선한 공기를 공급해야 하는데 이를 위해서는 에너지 사용이 필수다. 기후변화로 여름철 평균 온도가 계속 올라가고 습한 여름이 오래 지속되는 우리나라는 에어컨을 설치하는 양돈장도 점차 늘어나는 추세다. 온도 변화에 취약한 자돈이 있는 돈방이나, 각별한 관리가 필요한 출산 전 모돈의 경우에 에어컨을 써서라도 폐사율과 출산율을 관리하는 것이 경제적으로 합리적인 선택이기 때문이다.

너무 덥거나 추우면 생육이 나빠지는 것은 돼지만이 아니라 소도 마찬가지다. 소는 추위보다 더위에 약하다. 추위는 잘 견뎌서 사방이 뻥 뚫린 개방형 축사에서도 겨울을 잘 날 수 있고, 어린 송아지만 별도의 난방을 해주는 정도다. 더위로 인한 문제는 비육우보다 젖소에 있다. 더위에 약한 젖소는 여름철 착유량이 겨울철보다 적다. 여름철 고온이 젖소에게 열 스트레스를 주어 착유량을 감소시키는 직접적인 원인이 된다. 더운 날씨로 젖소의 식욕이 감소하여 사료 섭취량이 줄어드는 것도 착유량 감소로 이어진다. 습도가 높으면 여름철 열 스트레스는 더욱 악화된다.

지역, 품종, 관리 방식 등에 따라 다르지만, 일반적으로 여름철 착유량은 겨울철보다 20~30% 감소한다. 농가 입장에서는 에너지 비용과 착유량 감소량을 비교하여 적절한 경제 전략을 세워야 하는 것이다. 이외에도 착유기 사용과 우유의 운송, 보관, 살균 등에 전기가 필요하다. 이래저래 농업에서의 경제성은 에너지 비용이 좌우할 정도로 농업은 에너지 다소비처이다.

전통 농업과 현대 농업을 가르는 경계선이 에너지원 갈아타기였던 것처럼, 현대 농업과 미래 농업을 가르는 경계선은 농업과 에너지의 관계가 될지도 모른다. 다행스러운 점은 과거에는 일방적 에너지 소비처였던 농업이 점차 에너지 생산처로 바뀌고 있다는 것이다. 그렇게 되는 배경은 농업 에너지의 주요 원천이 화석연료나 원자력 중심에서 재생에너지로 다각화되기 때문이다.

프랑스 와이너리에 태양광 패널을 설치하는 이유

재생에너지는 기본적으로 자연 자원이나 생물 자원에 기반한다. 농업이나 농촌 공간과의 컬래버 없이는 성립될 수 없는 구조라는 것이다. 그중에서도 특히 농업이나 농촌과의 결합이 반드시 필요한 분야는 풍력과 태양광, 그리고 바이오에너지다. 풍력과 태양광 발전은 넓은 공간이 필수적인데, 이런 공간은 도시에서는 확보할 수 없다. 사막이나 불모지를 활용할 것이 아니라면 농업을 하는 농촌 공간을 통해서만 확보할 수 있다.

사막이나 불모지에 대형 재생에너지 단지를 건설하겠다면 높은 설치비와 송전 비용은 피할 수 없다. 우리나라처럼 사막이나 불모지 자체가 없는 나라도 많은데 이런 경우라면 농업이나 농촌 공간을 활용하는 것이 유일한 대안이다.

메탄과 전기, 열 등을 만들어내는 농업 바이오에너지는 가축 분뇨에 농업부산물이나 음식물 폐기물을 섞어서 만든다. 가축 분뇨만으로도 암모니아를 거쳐 메탄가스를 만들어낼 수 있지만 경제적 수율이 너무 떨어지기 때문에, 추가 열량을 위해서 농업부산물이나 음식물 폐기물을 혼합해야 한다.

가축 분뇨를 활용한 바이오에너지 생산은 사료의 95%를 수입해오는 우리나라 입장에서 가축 분뇨를 효과적으로 처리할 수 있는 매력적 수단이기도 하다. 축산 사료는 해외에서 사오고 축산 분뇨만 국내에 쌓이면 물질 수지의 불균형이 불가피하다. 이런 경우 축산 분뇨를 바이오에너지로 전환하면 물질 수지 불균형을 크게 해소할 수 있다. 이러한 이유로 축산 분뇨를 활용한 바이오에너지 생산 시설은 국내에서도 지속적으로 확대되는 추세다.

영농형 태양광은 농업과 태양광 발전을 결합한 시스템으로 전 세계적으로 관심이 급격히 높아지는 중이다. 이 시스템의 주요 장점은 토지를 이중으로 활용할 수 있고, 도시와 가까운 농지에서도 가능하다는 것이다. 태양광 패널에 의한 그림자 효과가 작물의 성장을 방해할 것 같지만 꼭 그렇지도 않다. 영농형 태양광의 단점은 작물의 성장 저하보다는 전원의 아름다운 경관을 훼손한다는 점이 더 크다.

영농형 태양광 시설은 작물의 생산성에 각기 다른 영향을 미친다. 태양광 패널은 작물에 그림자를 만들어 직사광선을 줄이는데, 이는 작물에 따라 긍정적 또는 부정적 효과를 낼 수 있다. 각 작물에는 고유의 광포화점이 있으며, 이 점을 초과하는 빛은 오히려 생산성을 저하시킬 수 있기 때문이다.

예를 들어 상추나 딸기 같은 작물은 영농형 태양광 시설이 만들어주는 그늘에서 더 잘 자랄 수 있다. 반면 옥수수나 기장, 조 같은 C4식물(일반적인 C3식물보다 광합성 경로가 발달해 있어서 고온과 건조한 환경에서도 효율적으로 광합성을 수행하는 식물군)은 높은 광포화점을 가져 많은 양의 빛이 필요하므로, 과도한 그림자는 생산성을 떨어뜨린다.

영농형 태양광 시설을 설치할 때는 재배하고자 하는 작물의 특성, 특히 광포화점을 잘 고려해서 패널의 높이, 간격, 각도 등을 조절해야 한다. 이를 통해 작물에 적정한 양의 빛이 도달하도록 하고, 계절에 따른 태양의 각도 변화를 잘 고려한다면 태양광 농사와 작물 농사를 동시에 해낼 수 있다.

영농형 태양광에 적극적인 나라는 일본이다. 일본 시즈오카현의 차 재배지에서는 태양광 패널 아래에서 차를 재배해 수확량을 유지하면서 태양광으로 추가 수익을 올리고 있다. 미국의 패션 기업인 파타고니아는 기업의 ESG 의무를 이행하기 위해 일본 내 영농형 태양광 설치를 지원하고 자사의 탄소배출권과 연결하는 전략으로 유명하다. 일본은 쌀 농사에도 태양광 패널을 적용하기 위한 연구와 시범 사업에 적극적이며 대체적으로 성공적인 결과를 얻고 있다.

'네덜란드의 과일 정원'이라고 불릴 만큼 과수 재배가 유명한 베튀우어(Betuwe) 지역에서는 베리류 농장에서 영농형 태양광을 도입해 작물 생산성도 높이고 에너지도 생산하고 있다. 포도주로 유명한 프랑스 보르도 지역의 포도 농장에도 영농형 태양광을 통해 포도나무에 적절한 그늘을 제공하여 품질을 향상시키는 동시에 전기를 생산하고 있다.

우리나라에서도 영농형 태양광은 정부의 지원과 농가의 관심이 합쳐져 확대일로에 있다. 전라남도 해남군, 충청남도 당진시, 강원도 철원군, 경기도 안성시 등 전국 각지에서 영농형 태양광 단지가 운영되고 있으며 지자체들도 적극적이다. 이곳에서는 벼, 배추, 마늘 등 다양한 작물을 재배하면서 동시에 태양광 발전을 하고 있다. 벼의 경우 영농형 태양광을 설치한 경우에도 생산량이 일반 농지의 90% 이상을 유지하고 있다. 앞으로 태양광 기술이 계속 발전하고, ESG 목표 달성과 탄소 배출권 확보를 위한 기업들의 참여가 확산되면 더 많은 국가와 지역에서 영농형 태양광이 확대될 것으로 예상된다.

농사도 짓고 에너지도 생산하는 N잡 농업 시대

농지가 농가로부터 멀리 떨어져 있으면서도 충분히 넓다면 풍력이 훌륭한 대안이 될 수 있다. 농업과 풍력에너지의 결합은 다양한 측면에서 이점을 제공한다. 토지 이용 효율성 측면에서, 풍력 터빈은 농지의 극히 일부만을 차지하고 대부분의 땅에서 여전히 농작물 재배가 가능하다.

100헥타르의 농지에 풍력 터빈을 설치할 경우, 실제 터빈이 차지하는 면적은 약 1~2% 정도에 불과하고, 나머지 98~99%의 토지는 여전히 농업 생산에 사용될 수 있다. 미국의 대표적인 농업 지역인 아이오와주의 풍력 발전 사례가 대표적이며, 농지가 넓고 평탄한 덴마크와 영국도 풍력에 적극적이다.

농지에 풍력 터빈을 설치한 농가들은 추가 수입을 통해 농업 소득의 변동성을 완화시킬 수 있다. 풍력 터빈에서 생산된 전기를 이용해 전기 트랙터나 기타 농기구를 충전하여 생산된 전기의 자가소비도 가능하다. 풍력 발전으로 생산된 전기를 이용해 관개 시스템을 가동하거나 농산물 저장고의 온도를 조절하는 데 사용할 수도 있다. 네덜란드의 한 연구에서는 풍력 터빈 주변의 농작물이 강풍으로부터 보호받아 수확량이 최대 15% 증가했다는 결과도 있고, 과수원의 경우 풍력 터빈이 바람막이 역할을 해 과일의 품질 향상에 도움을 줄 수 있다는 연구도 있다.

이 밖에도 국가별 특성에 따라서 아이슬란드처럼 지열을 활용하기도 하고, 브라질처럼 사탕수수와 같은 에너지 작물을 재배하여 직접 바이오 에탄올이나 바이오 디젤을 만들기도 하며, 농업용 수리시설을 활용하여 소수력 발전(小水力, small hydro power)을 할 수도 있다.

농업이 재생에너지와 결합하면 빼놓을 수 없는 장점이 있다. 하나는 농가의 에너지 자립도를 높일 수 있다는 것이고, 다른 하나는 재생에너지를 팔아서 얻는 소득이 농가에 새로운 수입원이 된다는 것이다. 독일에서는 이미 농가 소득의 구성에서 재생에너지를 판매해서 얻는 에너지 소득이 농산물을 팔아서 나오는 농업 소득을 넘어서는 농가들의 비중이 절반을 넘어섰다.

독일 정부는 오래전부터 농가의 재생에너지 생산과 이를 통한 추가 소득을 정책적으로 적극 지원해왔다. 농촌 지역의 재생에너지 프로젝트는 지역 경제 활성화와 일자리 창출에 기여하는 바가 큰데, 이는 농촌 인구 유출을 막고 지역 사회를 유지하는 데 도움이 되기 때문이다. 독일의 탈원전 자신감은 국가 전체적으로 잘 갖추어진 농업과 농촌의 재생에너지 생산능력에서 나온다고 해도 과언이 아니다.

농업과 에너지 컬래버의 종착지는 수소 에너지다. 지금 대부분의 농업용 차량과 작업기는 디젤이나 가솔린을 사용하지만 탄소 중립을 위해 미래에는 청정에너지인 수소나 전기로 전환되어야 한다. 농업용 작업기는 전기보다 수소가 훨씬 유리하다. 농업용 작업기는 충전 시간과 작업 시간이 중요한데 이 점에서 수소가 압승이다. 예를 들어 농업용 전기 드론은 60분 충전에 10분 비행으로 충전과 교체에 많은 시간이 소요되는 단점이 있다. 하지만 수소 드론은 3분 고속 충전에 60분

비행이 가능해 전기 드론의 불편함을 해소할 수 있다.

전기 농업용 작업기의 경우 배터리 탑재도 문제가 크다. 유선형으로 생긴 농업용 트랙터는 차체에 넓고 평평한 공간이 없어서 배터리를 탑재할 공간이 충분하지 않다. 농작업을 위해서는 승용차보다 훨씬 더 큰 대용량 배터리가 필요하지만 설치할 공간이 마땅치 않은 것이다. 전기 농기계의 경우 배터리의 무게가 더해져 작업 중에 토양을 압착하는 단점도 크다. 토양이 압착되면 공극이 적어져 경운 효과가 떨어지고 작물 성장에 악영향을 준다.

우리나라는 농지가 좁아서 풍력과 태양광에 한계가 있기 때문에 수소는 더 큰 매력을 갖는다. 우리 기술력으로 농촌에 수소가스 수송 및 충전소 인프라가 확충되고 수소 농기계가 확산된다면 수소 플랫폼 자체를 해외에 수출할 수도 있다.

농업과 에너지의 융합과 활용은 농업을 위한 부가적 활동이 아니라 농업의 새로운 패러다임으로 자리 잡는 중이다. 특히 농업이 에너지 소비처에서 생산처로 바뀌는 것은 농업의 다기능성을 강화하고 농촌 경제를 활성화하며 기후변화에 대응하는 다양한 사회경제적 목표 달성에 기여할 수 있다. 농업과 에너지의 컬래버에는 무궁무진한 기회가 숨겨져 있다.

우리가 모르는
K-농업의 잠재력

10

인천공항에서 3시간 거리에는 100만 명 이상의 도시가 147개가 있고, 이곳에 정주하는 인구는 15억 명으로 EU 인구 4.5억 명의 3배에 달한다. 최근 전 세계적 한류 확산과 맞물려 K-푸드는 새로운 기회를 맞고 있다.

한국이 전 세계 경제에서 차지하는 비중은 대략 1.7%다. 적어 보이지만 전 세계에는 195개의 나라가 있고 미국, 중국, EU가 차지하는 전 세계 GDP 비중이 60%가량인 것을 감안하면 1.7% 는 결코 적은 비중이 아니다. 한국을 무시할 수 없는 글로벌 경제 파트너로 만든 것은 단연 수출이며, 한국의 무역의존도는 40%로서 전 세계에서 가장 높은 축에 속한다.

수출은 한국 경제를 지탱하는 버팀목이다. 한국의 내수시장 규모만 고려하면 웬만한 산업은 자본 투자를 감당하기 어렵다. 반도체, 자동차, 석유화학, 조선 등 지금 우리 경제를 이끄는 모든 산업은 수출을 향한 도전이 아니었다면 초기 투자는 물론 지금의 위상도 달성할 수 없었을 것이다.

주요 산업별 수출액은 반도체 산업이 약 1,300억 달러로 가장 높고, 정유와 석유화학이 1,200억 달러, 자동차 산업이 약 770억 달러다. 하지만 우리의 수출 주력산업은 중국의 추격과 신흥국의 위협, 선진국의 견제 등 늘 어려움에 노출되어 성장의 한계를 보이고 있다. 1960~1980년대 중화학 공업, 1980~2000년대 첨단 제조업 중심으로 성장해온 한국 경제가 새로이 도약하기 위해서는 바이오 경제를 중심으로 제3의 성장 가능성을 찾아 이를 새로운 수출 동력으로 키워야 한다.

우리만 모르는 K-식품 산업의 잠재력

농식품 산업의 수출산업화는 우리 농업을 산업적으로 도약시키고 우리 경제의 미래를 책임질 가장 확실한 수단이다. 네덜란드가 EU의 동일 경제권 이점을 활용하여 농식품 산업을 국가의 핵심 수출산업으로 육성했듯 한국도 아시아권 식품 산업을 주도할 충분한 잠재력을 가지고 있다.

인천공항에서 3시간 거리에 100만 명 이상이 거주하는 도시가 147개가 있고, 이곳에 정주하는 인구는 15억 명으로 EU 인구 4.5억 명의 3배에 달한다. 한국은 아시아에서 가장 우수한 농식품 기술을 보유한 나라이기도 하다. 여기에 더해 최근에는 전 세계 한류 확산과 맞물려 K-푸드의 세계적 인기와 안전한 식품에 대한 수요 증가로 새로운 기회를 맞이하고 있다.

이를 반영하듯 2008년 후반부터 현재까지 농식품 수출 증가율은 6.7%로 다른 산업의 평균인 2.7%를 훌쩍 뛰어넘는다.

우리 농식품 수출이 이렇게 증가하는 이유는 오랜 기간 지속해온 정책적 노력에 식품 산업의 트렌드 변화와 K-음악, K-드라마, K-푸드 등 한국 문화의 확산이 더해졌기 때문이다.

2022년 기준 농식품 산업의 수출액은 약 120억 달러로서 이중 신선 농산물이 16억 달러, 수산물이 31억 달러, 가공식품이 73억 달러. 수출 상위 국가는 일본, 중국, 미국, 베트남, 대만 등이지만 계속해서 늘어나고 있다. 수출 상위 품목은 라면, 김, 참치, 음료, 커피, 인삼류 등인데 이 또한 점차 다양해지는 추세다.

새롭게 변화하는 농식품 트렌드도 우리에게 우호적이다. 전 세계적으로 푸드테크 기반의 하이테크 기술력이 필요한 대체식품 및 건강기능식품 수요가 폭발적으로 늘고 있고, 인간의 수명 증가에 따라 메디푸드(메디컬푸드의 약자로 환자용 식품이나 일반인을 위한 건강 식품 등을 뜻함) 산업과 마이크로바이옴(세균, 바이러스 등 각종 미생물을 총칭하는 용어로 최근 영양분 흡수나 대사 작용, 면역 관련 식품과 화장품, 의약품 등의 분야에서 급성장하는 바이오 기술) 식품 산업이 새롭게 커지고 있다. 이런 영역은 우리나라가 특히 잘하는 분야다.

푸드테크와 맞물려 식품 산업 전체가 전통 아날로그 산업에서 첨단 디지털 산업으로 전환되고 있는 중이기도 하다. 식물성 고기나 배양육 등은 기존 축산업 생태계를 뿌리째 흔들면서 신산업으로 커나가는 중이다. 농식품은 필수품인 동시에 문화의 영역인데 한류 문화와 함께 K - 푸드는 브랜드 파워가 점차 높아지고 있어서 고품질 고가격의 제품을 중심으로 하는 프리미엄 전략이 가능한 상황이다.

이러한 배경에서 농식품 수출 1,000억 달러 목표는 허황된 목표가 아니며 단순한 숫자 이상의 의미를 지닌다. 농식품 수출액을 지금의 반도체 수출액만큼 확대하겠다는 도전적 목표이지만 불가능한 목표도 아니다. 실제로 2000년대 후반 농식품 수출 100억 달러 목표를 세웠을 때도 헛된 목표라고 치부해버린 사람들이 많았다. 하지만 15년이라는 시간이 걸리기는 했지만 2022년을 기점으로 100억 달러 목표는 달성되었다. 농식품 수출 전략을 잘 수립하고 수출 제품의 스펙트럼을 늘린다면 1,000억 달러 목표는 100억 달러 목표보다 빠른 시간에 달성될 가능성이 높다.

현재 우리 농식품 산업은 120억 달러를 수출하고 500억 달러를 수입하여 380억 달러의 무역 적자를 보고 있다. 반면 네덜란드는 1,320억 달러를 수출하고 940억 달러를 수입하여 380억 달러의 무역 흑자를 달성하고 있다. 이는 네덜란드가 아주 오래전부터 국가 전략적으로 농식품 산업 규모를 키우고 농업과 농업전후방 산업의 연계 동반 성장을 지속해온 결과다.

제로섬 산업에서 플러스섬 산업으로, 바이오 산업

선진국의 경험을 보면 국민소득이 3만 달러 정도를 지나면 농업의 성장이 정체되어 1~2%대의 저성장으로 고착화된다. 자국민들은 농업 경영자로 이동하고 농업 노동은 외국인 노동자가 맡는 바로 그 시기다.

이 시기가 되면 농업은 경제적으로 제로섬 게임이 되고, 국가 경제 성장은 2차 제조업과 3차 서비스업이 견인한다. 농업 정책도 큰 틀에서 생산주의 농업에서 지속 가능 농업으로 옮겨가는데, 우리 농업도 지금 이 시기를 지나고 있다.

농업이 제로섬 게임이 되는 이유는 사람이 먹는 양에는 한계가 있기 때문이다. 나주 배가 잘 팔리면 성환 배가 덜 팔리고 겨울에 딸기 소비가 늘면 감귤 소비량은 줄어드는 것과 같은 이치다.

물론 더욱 비싸고 품질 좋은 농산물로 소비가 이동하면서 양질 전환에 의한 농업 성장은 계속되지만, 이것만으로는 양적성장 시기만큼의 고성장은 불가능하다. 국민소득이 3만 달러일 때나 10만 달러일 때나 하루 소비하는 농산물 원물의 가치는 비슷하기 때문이다. 선진국에 여행을 가면 농산물 원물 가격은 매우 저렴하지만, 한 번씩 사람 손을 거칠 때마다 식품 가격이 뛰어버리는 것도 이런 이유 때문이다.

더구나 양질 전환에서 발생하는 부가가치의 상승분은 경제학적으로 1차 산업인 농업이 아니라 제조, 가공 등의 2차 산업인 제조업의 영역이나 외식, 배달, 서비스 등의 3차 산업인 서비스업의 영역으로 귀속된다.

농업의 이러한 특징 때문에 경제가 성장한다고 해서 어느 나라의 농업도 무한정 성장하지 않고 경제에서 차지하는 비중은 점차 작아진다. 경제 전체에서 농업이 차지하는 비중이 높다는 것은 오히려 산업구조 고도화가 진행되지 않았다는 뜻이고, 후진국이라 할 수 있다. 아프리카 후진국 중에는 농업 비중이 30~40%에 달하는 나라들이 즐비하다.

제로섬 게임 상태의 농업을 플러스섬 게임으로 전환하기 위해서는 이전과는 다른 접근이 필요하다. 무엇보다 농업 생산 현장을 규모화, 조직화, 첨단화하여 원물 생산의 부가가치를 높여야 한다. 그러나 이것만으로는 충분하지 않다. 특히나 우리나라처럼 농지가 협소하고, 농지의 소유권이 파편화되어 있고, 부재지주의 비율이 높으며, 영세소농 위주의 농업 구조를 가진 나라에서 개인의 재산권인 농지를 통합하고 농업을 규모화한다는 것은 말처럼 쉽지 않다. 각자의 셈법과 가치철학이 다르기 때문이다.

다른 방법은 농업에 생명공학 기술을 적극 활용하여 농업과 연관 산업의 부가가치를 높이는 것이다. 다시 말해 농업을 중심으로 그린 바이오 산업을 육성하는 것이다. 바이오 산업은 생명공학 기술을 활용하여 다양한 분야에서 가치를 창출하는 산업으로 크게 레드 바이오, 그린 바이오, 화이트 바이오로 구분된다.

레드 바이오는 의료 및 제약 분야를 중심으로 하는 영역으로 신약 개발, 진단 기술, 의료 기기 등을 의미하며 인간의 건강 증진과 질병 치료에 초점을 맞춘다.

화이트 바이오는 일반 산업 및 에너지 분야에서 생명공학 기술을 활용하여 페트로(석유) 기반의 공정과 제품을 바이오 기반의 공정과 제품으로 전환하는 것이다. 화이트 바이오는 생물학적 공정을 활용하여 바이오 플라스틱, 바이오 연료 등 바이오 제품을 생산하기 때문에 석유화학 공정보다 훨씬 더 환경친화적이고 안전하며 지속 가능한 산업이다.

그린 바이오는 농업, 식품, 환경 분야에 생명공학 기술을 적용하여 보다 많은 식량을 더욱 안전하게 생산하고, 농업 투입재를 혁신하며, 고부가 바이오 소재를 생산하는 분야다. 그린 바이오의 대표 제품으로는 후방 농업(농업 투입재)에서는 종자, 작물보호제(농약), 성장보조제, 동물의약품, 산업효소 등이 포함되고, 전방 농업에서 식품 소재, 화장품 소재, 의약품 소재 등의 바이오 소재가 대표적이다. GMO 또한 당연히 그린 바이오의 범주에 포함된다. 이외에도 그린 바이오 기술은 고부가 형질전환 동식물 소재 개발, 유전자 변형생물의 안전성 확보, 에너지 절감 및 신재생에너지원 개발 등으로도 확대가 가능하다.

실명을 막는 쌀, 상추에서 추출한 수면보조제

그린 바이오 영역 중에서 가장 빠르게 성장하고 있고 과학적 노력이 집중되는 곳은 바이오 소재 분야다. 농업과 자연에서 생산하는 바이오 소재는 그린 바이오 중에서도 가장 유망한 영역으로 의약품, 화장품, 에너지, 산업재의 소재로 활용될 수 있는 무궁무진한 잠재력을 가지고 있다.

바이오 소재는 석유화학 소재보다 깨끗하고 환경 부담과 생체 부작용이 적으면서도 효과는 탁월하다. 많은 경우 바이오 공정은 화학적 공정보다 생산 가격도 낮출 수 있기 때문에 천연물 의약품, 건강기능식품, 산업소재 등 전 영역에서 매력적인 대안이 되고 있다.

바이오 소재가 세상을 구원할 수 있음을 보여주는 사례 중 하나로 골든라이스(Golden Rice)가 있다. 골든라이스는 비타민 A 결핍 문제를 해결하기 위해 개발된 혁신적인 유전자 변형 쌀이다. 이 쌀은 일반 쌀과 달리 베타카로틴을 다량 함유하

개발도상국의 비타민 A 결핍으로 인한 실명과 면역력 저하 문제를 해결하기 위해 개발된 유전자 변형 쌀인 골든라이스(위). 베타카로틴을 다량 함유하고 있어 특유의 황금빛 색깔을 띤다.

고 있어 특유의 황금빛 색깔을 띠며, 이로 인해 '골든라이스'라는 이름이 붙었다.

골든라이스 개발의 주요 목적은 개발도상국의 비타민 A 결핍 문제를 해결하는 것이었다. 개발도상국 중에서도 특히 쌀을 주식으로 하는 아시아와 아프리카 국가들에서는 비타민 A 결핍으로 인한 실명과 면역력 저하 문제가 심각하다. 베타카로틴은 체내에서 비타민 A로 전환될 수 있어 '프로비타민 A'

라고 불린다. 인체에 흡수된 베타카로틴은 비타민 A로 전환되어 시력 보호, 면역력 강화 등의 효과가 있다. 하지만 화학적 합성으로 만든 베타카로틴은 너무 고가여서 개발도상국에서는 엄두를 낼 수 없을 정도다.

1990년대 후반, 과학자들은 쌀에 베타카로틴 생성 유전자를 삽입하는 데 성공했다. 이들은 수선화에서 추출한 유전자와 토양 박테리아의 유전자를 결합해 쌀이 베타카로틴을 생성할 수 있도록 만들었다. 그러나 GMO에 대한 우려와 규제로 인해 초기에는 상용화에 어려움을 겪었다.

개발 이후 약 20년이 지난 2018년에 이르러서야 처음으로 호주와 뉴질랜드에서 식용으로 승인을 받았고, 이어 2019년에는 미국에서도 승인을 받았다. 필리핀은 2021년 7월, 아시아 국가 중 처음으로 골든라이스의 상업적 재배를 승인했고, 이는 필리핀의 비타민 A 결핍 문제 해결을 위한 큰 진전으로 평가받는다.

골든라이스 외에도 석유화학 기반의 합성 의약품을 그린바이오 기반 의약품으로 대체한 대표적인 사례로 타미플루와 시네메트를 꼽을 수 있다.

타미플루는 독감 치료제로 널리 사용되는 항바이러스제다. 초기에는 복잡한 화학 합성 과정을 통해 생산되었으나, 이 방식은 비효율적이고 고비용 구조였다. 이에 연구진들은 자연계에서 해답을 찾아 나섰고, 중국 전통 약재이자 향신료인 팔각에서 돌파구를 발견했다. 팔각에서 추출한 시키믹산을 이용해 타미플루의 핵심 성분을 생산하는 방법을 개발한 것이다.

파킨슨병 치료제인 시네메트의 사례는 더욱 극적이다. 시네메트의 주요 성분인 레보도파는 원래 화학적으로 합성되었다. 그러나 연구자들은 우연히 자연계에서 레보도파의 보고(寶庫)를 발견했다. 바로 벨벳빈이라는 콩과 식물이었다. 이 식물의 씨앗에는 놀라울 정도로 높은 농도의 레보도파가 함유되어 있었다. 마치 자연이 우리에게 선물한 '천연 제약공장'을 발견한 것과 같았다.

이러한 바이오 기반 소재는 단순히 석유화학 기반 원료를 대체하는 것 이상의 의미를 갖는다. 타미플루의 경우 생산 효율성과 경제성이 크게 향상되었고, 천연 레보도파를 이용한 시네메트는 합성 버전에 비해 부작용이 적고 효과 발현이 빠르다는 장점을 보였다.

국내에서도 의미 있는 사례들이 속속 등장하는 중이다. 상추는 먹고 나면 졸음이 온다고 하여 대표적인 수험생 금지 식품이다. 이는 상추 속에 있는 긴장 완화와 숙면에 도움이 되는 '락투신'이라는 성분 때문이다.

전라남도 농업기술원에서는 여기에 착안하여 일반 상추보다 '락투신' 성분이 130배나 강화된 '흑하랑'이라는 상추 품종을 개발했다. 그리고 이 상추에서 락투신만을 집중 추출해 수면보조식품으로 가공했다. '흑하랑'을 기반으로 한 식품은 수면보조제 시장에서 큰 인기를 끌고 있다. 전남에서는 '흑하랑' 상추를 생산하기 위한 전문 재배단지와 농가가 만들어져서 농가소득 확대에 큰 역할을 하고 있다.

앞으로는 더 많은 합성 의약품과 화장품, 소재들이 그린 바이오 기반으로 대체될 가능성이 높다. 이는 단순히 생산 방식의 변화를 넘어 인류의 건강과 지속 가능한 발전을 위한 새로운 패러다임으로 이어질 전망이다. 농업과 자연과 과학의 조화로운 만남 그리고 그로부터 탄생하는 혁신적인 솔루션들, 이것들이 미래 농업과 그린 바이오 산업이 여는 새로운 지평이다.

삶을 바꾸는 푸드테크 혁명은 진행 중

디지털전환(Digital Transformation)은 우리 생활의 모든 것을 바꾸는 중이지만 그중에서 식(食)을 둘러싼 변화는 가히 놀라울 정도다. 2022년 CES(국제전자제품박람회)에서는 푸드테크를 우주기술 및 NFT(대체 불가능 디지털 토큰)와 함께 주목해야 할 차세대 기술로 지목했다. 푸드테크의 영향력이 스페이스X 같은 첨단 우주 산업이나 NFT를 능가한다는 것이 CES의 설명이다.

실제로 전 세계 푸드테크 시장은 4경 원으로 추산되는데 반도체 산업이 730조 원이고 자동차 산업이 3,500조 원인 것을 감안하면 그 어떤 산업보다 크고 복잡하며 실생활에 밀착된 산업임이 분명하다.

푸드테크는 먹는 것과 연관된 모든 문제를 해결하는 포괄적 기술이다. 먹는 것과 관련된 것이라면 원료, 소재, 제조는 물론 주문, 배송, 물류에 조리, 섭취, 영양, 건강 그리고 이를 둘러싼 콘텐츠와 문화까지 전부 다 푸드테크의 범주 안에 포함된다. 기술 범위도 인공지능, 확장현실, 블록체인, 로보틱스, 스마트팜, 첨단 의료 바이오 등 어느 것 하나 빠지지 않는다. 분야가 넓다 보니 혹자는 그러면 삼성전자나 아마존도 푸드테크 기업이냐고 물을 테지만 틀린 말이 아니다.

온라인 배송플랫폼 세계 최강자인 아마존은 자사의 역량과 자원을 총동원해 통합 푸드플랫폼을 만드는 데 열심이다. 오프라인 유통업체 홀푸드를 인수했고, 무인점포인 아마존 고를 선보였으며 신선식품 중심의 슈퍼마켓인 아마존 프레시를 LA와 시애틀, 일리노이 등 미국 곳곳에 연이어 개점했다.

아마존 프레시에서는 스마트 카트가 기본으로 구비되어 제품을 카트에 넣으면 카트 스스로 제품을 식별하고 출구를 지나면 자동으로 결제된다. 매장에 배치된 인공지능 음성지원 서비스인 아마존 알렉사가 고객이 찾는 물건의 위치와 제품의 생산 정보는 물론이고 조리법까지 알려준다. 이 과정에서 모든 고객 데이터는 세세하고 기록 분석되어 맞춤형 마케팅에 활용된다.

삼성전자 역시 자사의 가전을 중심으로 삼성 푸드 플랫폼을 시도 중이다. 냉장고, 쿠커 등의 가전에 인공지능과 유통 정보, 그리고 개별 고객의 소비 정보를 엮으면 충분히 신시장 장악이 가능하다는 판단에서다.

푸드테크 산업의 혁신은 전통 식품기업보다 스타트업과 신생 기업이 주도하는 특징이 있다. 전통 기업이 기존 게임 룰에서 작은 혁신에 집중하는 동안 업의 개념이 바뀌어버린 것이다. 식품 산업을 지배하던 규모의 경제는 데이터 기반 맞춤형 경제로 바뀌었고, MS(시장점유율) 경쟁은 플랫폼 경쟁으로, 매대 경쟁은 배송 경쟁으로 대체되었다.

기존 전통 기업들의 오프라인 경쟁력은 이제 비용 부담이라는 부메랑이 되었고 신생 기업들은 이들의 빈자리를 빠르고 정확하게 파고들었다. 이미 배달의민족, 마켓컬리, 프레시지 등 신생 푸드테크 강자들의 기업 가치는 전통 기업을 훨씬 능가해버렸다.

비슷한 현상은 유통과 소비 측면에서뿐 아니라 제조와 외식에서도 확산 중이다. 오프라인 장보기 문화는 점차 사라지고 있고, HMR(가정식 대체식, Home Meal Replacement), RMR(외식 대체식, Restaurant Meal Replacement)은 집밥 문화와 외식 문화를 바꾸고 있다. CES에서는 푸드테크 중에서도 미래 주방, 식품 로봇, 대체육, 음식 폐기물의 네 가지 신기술에 주목할 것을 주문했다. 이들을 중심으로 먹거리와 관련된 기존의 관행은 전부 사라지고, 새로운 먹거리 트렌드로 지속 가능성, 맞춤형, 비대면, 건강이 주목을 받고 있다.

체면과 외면을 중시하는 동양적 사고엔 '의·식·주'의 순서가 당연하지만 인간도 하나의 생물학적 개체라는 점에서는 '식·주·의'가 더 맞는 순서다. 디지털 전환기술도 '식·주·의'의 순서대로 미래의 변화를 이끄는 중이다. 먹는 것이 바뀌면 사는 것이 바뀌고 결국 모든 것이 바뀐다. 푸드테크 혁신이 가져오는 새로운 라이프스타일과 생각의 전환은 이미 우리 곁에 와 있다.

커피믹스, 불닭볶음면을 잇는 히트상품 개발을 위하여

한국은 농산물을 수출하기 유리한 나라가 아니다. 인건비와 토지비 등 생산비가 워낙 높기 때문이다. 육로 운송이 불가능한 반도국가이기 때문에 부피는 크고 단위당 가격은 저렴한 원물 수출은 한계가 있다.

하지만 해외 현지에서 바로 생산해서 해외로 바로 수출하는 방법은 얼마든지 가능하다. 5장에서 언급한 바 있듯이 네덜란드 화훼는 자국보다 타국에서 더 많은 양을 생산하고 있다. 하지만 꽃을 재배하고 팔아서 얻는 수익은 모두 네덜란드 본토를 향한다. 우리나라의 화훼 산업도 동남아 적도의 고산지대에서 같은 모델로 재배하여 중국, 일본 등으로 수출하면 되는데 이런저런 이유로 검토만 반복하고 있는 안타까운 상황이다. 그러는 사이 우리의 화훼 산업은 국내의 높은 인건비와 수입산과의 경쟁을 버티지 못하고 반으로 쪼그라들었다.

가공식품 수출은 한국이 가장 잘할 수 있는 영역이다. 석유한 방울 나지 않지만 정유와 석유화학 제품을 가장 많이 수출하는 나라가 된 것처럼, 저렴하고 좋은 식품 원료를 수입해서 고부가식품으로 가공하여 전 세계로 수출하는 모델이 우리에게 열려 있다.

가공식품의 원료로 주로 사용되는 밀, 옥수수, 콩, 전분 등의 가격은 국내 생산품이 해외 생산품보다 4배 정도 높다. 대두유, 팜유, 사탕수수처럼 국내에서 생산 자체가 되지 않는 원료도 많다. 가격에서의 불리함 이전에 국내에서는 생산량 변동이 너무 심해서 수급 안정성이 떨어지는 경우도 꽤 많다.

그렇기 때문에 가공식품 수출을 하는 과정에서 국내 원료의 사용이나 농업과의 상생에 매몰되지 말고 경제적 관점에서 외국의 좋은 원료를 값싸게 조달하여 국내의 기술력으로 프리미엄 제품을 만들어 높은 가격을 받으면 된다.

동남아는 물론 영국이나 미국의 마트에 가면 진열대에 한국 식품으로 가득 차 있는 모습을 보게 된다. 전 세계적으로 인기를 끌고 있는 불닭볶음면 같은 한국 라면과 초코파이, 커피믹스, 냉동김밥처럼 가공식품 수출 성공 사례가 계속 늘어나고 있다.

고추장, 된장, 김치 같은 발효식품도 과학적 데이터와 표준화만 뒷받침된다면 무한한 잠재력이 발휘될 것이다. 세계적으로 수요가 늘고 있는 김이나 미역 같은 해조류도 육상 양식 같은 완전히 새로운 생산방식으로 수급 안정성과 품질의 표준화를 높이면 세계적 식품으로 자리매김할 수 있다.

소주나 막걸리 같은 전통주도 한국 문화를 대표하는 K-푸드 상품이 될 수 있다. 알코올을 추출해야 하는 술은 같은 양을 만들기 위해 원물로 직접 섭취할 때보다 300배의 물량이 필요하다. 사과 한 개 부피 정도의 정제 알코올을 만드는 데 사과 300배가 필요한 것이다. 전통주 수출이 확대될수록 우리 농산물의 대량 소비처가 늘어나는 것이다. 일본이 자국의 사케와 위스키 수출에 열을 올리는 이유도 술은 농산물 원물을 대량 소비하면서도 부가가치가 크기 때문이다.

종자를 수출하면 농약과 농기계도 함께 팔린다

글로벌 농업 투입재 수출은 산업적으로 잠재력이 가장 큰 영역이다. 전 세계의 종자, 농약, 농기계, 농자재는 하나 하나가 그 자체로 엄청난 산업군이다.

농기계 시장은 1,600억 달러, 농약 시장은 700억 달러 정도로 각각 자동차 시장의 10분의 1, 제약시장의 20분의 1이지만 농기계 시장은 우리 돈으로 210조 원, 농약 시장은 90조 원 정도 되는 메가마켓이다. 종자 시장도 700억 달러(90조 원) 정도 된다. 농업 투입재 시장에서 우리나라가 차지하는 비중은 0.5~1% 정도에 불과하다. 이 점유율을 2%로 2배만 키워도 우리 경제에 엄청난 산업이 된다.

농기계, 농자재, 종자, 비료, 농약은 수출 관점에서는 완전히 다른 상품이지만 농식품이라는 큰 범주 안에서 묘한 연계성을 갖는다. 하나의 상품군이 선택되면 다른 상품군은 연쇄적으로 선택되는 경향성이 있기 때문이다. 종자를 팔면 농약과 농기계를 연이어 팔 수 있고 농기계를 팔면 종자를 팔 수 있는 구조다.

종자와 농약은 선택에 실패하면 한 작기 수익을 모두 포기해야 한다. 그래서 한 번 판매에 성공하면 웬만해서는 제품을 바꾸지 않기 때문에 반복 구매 성향도 강하다. 농업 투입재 수출은 초기에는 매우 어렵지만 일단 수출 시장에서 선택을 받기 시작하면 서로 상승작용이 발생하고 반복적 수출이 이어지는 강점이 있다.

하지만 문제는 농업 투입재 수출이 난이도가 높고 시간과 비용 양쪽 측면에서 지속적인 투자와 인내가 필요하다는 것이다. 보통 제품 수출이라고 했을 때 우리 땅에서 연구 개발을 잘해서 좋은 제품을 저렴하게 만들기만 하면 경쟁력이 있을 것이라고 생각하기 쉽다. 반도체, 자동차, 조선 등 우리의 수출 효자 품목이 모두 그렇게 해서 성공했기 때문이다. 그러나 농기계를 비롯한 농자재, 종자, 농약, 비료 등 농업 투입재의 경우에는 일반 제조품의 수출 전략과는 전혀 다른 접근이 필요하다.

현재 정체된 한국 농기계 산업을 성장시킬 수 있는 가장 강력한 수단 또한 수출이다. 우리나라의 내수 시장은 농기계 산업이 규모의 경제를 이루기에는 너무 작다. 기업 입장에서는 개발 원가를 감당하기도 벅찬 반면 농민 입장에서는 가격이 비싸 구입이 쉽지 않다. 정부가 일정 부분 지원을 하고 있지만 구조의 한계를 극복하기 어렵고 부작용도 많다. 결국 유일한 활로는 수출을 통해 내수시장의 한계를 극복하는 것이다.

일본은 농기계 산업에서 엔진에 강점을 두어 왔고 한국은 차체 위주의 성장 전략을 지속해왔지만 현재 한국의 차체 경쟁력 우위가 일본보다 그다지 앞서지 않는다. 결과적으로 한국 농민은 가격이 비싸더라도 구보다나 얀마 같은 일본산 브랜드를 선호하며, 미국은 한국 농기계를 수입할 때 한국 차체에 일본산 엔진을 탑재한 완제품을 요구하고 있다. 더욱이 동남아에 수출하는 한국 농기계 중에는 일본산 엔진으로 인허가를 받은 제품이 많아 일본이 엔진 수출을 중단하면 한국산 농기계의 동남아 수출도 멈춰야 하는 상황이다.

한국의 농기계 산업도 하루빨리 엔진의 완전한 국산화에 집중해야 한다. 우리나라도 제한적으로 농기계 엔진을 만들기는 하지만 아직 기술적 독립을 선언하기에는 부족하다. 한국의 자동차 산업이 세계적인 경쟁력을 갖게 된 것은 1991년 국산 알파엔진을 개발해 자동차 엔진 독립 선언을 한 이후부터다. 그 당시 엔진을 국산화하지 않았다면 오늘날 한국의 자동차 산업은 존재하지 못했을 것이다.

초대형 농지에서 초대형 농기계를 사용해 경작하던 중앙집중형 조방농업과 반대로 최근 분산농업이라는 새로운 농업형태가 싹트고 있다. 이미 중동 같은 농업이 불리한 국가들은 분산농업이 자국농업의 대안이 될 수 있다는 판단으로 분산

세계에서 가장 큰 규모인 독일 하노버 농업기계 장비 박람회. 트랙터나 콤바인 같은 최신 농기계는 물론 스프링클러, 사료혼합기, 드론, 트랙터 연료, 종자, 농약, 흙, 계측장비, 마케팅툴, 데이터 관리 프로그램 등 현대 농업에 필요한 거의 모든 첨단 기술이 소개되는 장이다.

형 마이크로 농업을 위한 중소형 농기계에 큰 관심을 보이고 있다. 식량 위기가 대두되면서 다양한 농업 형태가 주목받는 현재, 농기계의 성장 가능성은 무한하며 그 핵심은 엔진이다. 엔진의 완전한 국산화 없이는 우리 농기계 산업의 미래도 없음을 유념해야 한다.

정부와 업계가 협력하여 수출용 농기계 엔진의 핵심부품부터 국산화하는 R&D 프로그램을 마련하고, 호환성 테스트와

성능 테스트, 현지 테스트 등을 위한 재원도 마련하고 개발 엔진의 수출 국가 인증 비용 등에 대해서도 국가 차원의 지원을 위해 서로 지혜를 모아야 한다.

농업 투입재의 수출 과정에서 국내에서의 연구개발은 그야말로 최소한이다. 해외에서의 연구 개발과 제품 시연, 농민 상담, 현지 교육 등 현지에서 이루어져야 하는 일이 더 많다. 나라마다 기후 조건, 토질, 작목 특성이 다 다르고 농사법과 농민의 요구사항도 달라서 국내 제품과는 완전히 다른 제품과 전달 경로가 필요하기 때문이다.

우리나라는 마른 땅에서 벼를 절단하고 볏짚을 묶지만, 무논(물이 고여 있는 논)에서 벼농사를 하는 동남아에서는 물속에서 벼를 절단한 후 볏짚은 물속에 눌러 버리고 낟알만 수확한다. 자동차라면 우리나라에서 좋은 자동차가 해외에서도 좋은 차가 되지만, 농기계의 경우 국내에서 아무리 좋은 농기계라 해도 해외에서는 지역에 따라 쓸모없는 고철에 불과할 수도 있다.

해법은 해외 테스트베드와 국제 공동연구를 대폭 확대하는 것이다. 해외 테스트베드란 수출 거점마다 일정 면적의 토지를 확보하고 필요 시설을 갖추어서 현지에서 연구 개발과 제품 전시, 농민 교육, 판매 거점으로 활용하는 것이다.

해외 테스트베드에서는 농기계를 비롯하여 농자재, 종자,

비료, 농약 등 우리나라에서 수출할 수 있는 농업 투입재를 한 번에 취급하면서 원스톱 서비스를 제공할 수 있다.

농기계 수출의 가장 큰 난관인 AS 체계도 해외 테스트베드에서 해결할 수 있다. 제품 현지화를 위한 연구와 현지 농민의 애로사항 해결, 인허가를 위한 시험 연구는 해외 테스트베드에서 국제협력연구로 추진하면 더욱 효과적으로 수행할 수 있다.

해외 테스트베드는 규모가 작은 개별 기업이 하기는 어렵다. 투자 자본도 많이 필요하며, 성공의 효과가 특정 기업에만 독점되지 않는 공공재적 성격이 크기 때문이다.

개별 기업이 수출 바이어의 요구에 맞추어 파편적으로 시험포(시험하기 위하여 만든 모밭)를 운영하고 인증과 등록에 부담하는 비용과 노력을 해외 테스트베드로 모은다면 국가적으로도 큰 이익이 될 수 있다. 동남아나 중앙아시아, 남미, 러시아, 연해주 등 우리 농기계와 투입재 수출이 유망한 지역과 새로 시장이 형성되는 나라마다 차근차근 확대해나가면 된다.

향후 우리나라의 농식품 산업은 수출 경쟁력이 곧 산업 경쟁력이다. 여러 난제가 겹겹이 쌓인 어려운 도전이지만 그만한 가치와 잠재력이 있다. 지금 우리에게 필요한 것은 도전정신과 창의력이다.

한국 농업을 지켜줄 세 가지 지속 가능성

'로마클럽'은 이탈리아의 사업가인 아우렐리오 페체 (Aurelio Peccei)가 전 지구적 환경오염의 심각성을 알리기 위해 1968년에 결성한 민간단체다.

로마클럽은 1972년 반환경적 성장시상주의에 경종을 울리고 지속 가능한 성장을 해법으로 제시하는 『성장의 한계』를 발간하면서 일약 세계적인 단체로 각인되었다. 『성장의 한계』는 출간 당시 『성경』과 『자본론』, 『종의 기원』과 함께 인류가 남긴 가장 중요한 책이라는 평가를 받았다.

『성장의 한계』가 소개된 이후 농업을 포함한 모든 산업의 성장에는 지속 가능의 개념이 포함되기 시작했다. 특히 농업은 고투입농법의 한계와 기후변화의 대비책으로 지속 가능한 농업의 중요성에 대해 자각하게 되었다.

농업은 하나의 거대한 시스템이다. 지금의 전 지구적 식량 생산 시스템은 지속 가능하지 못하다. 글로벌 농업 시스템은 기후변화에 막대한 영향을 미치고 있으며 농업적 지속 가능성과 식단, 건강은 근본적으로 상호 연결된 문제다. 글로벌 농업 시스템은 대대적인 변화가 필요하며 전 지구적 협력과 변화를 통해 식량 시스템이 환경 파괴와 탄소 배출의 불명예에서 벗어나 탄소흡수와 생물다양성 회복의 방향으로 나아가도록 전환해야 한다. 양극화 상태에 있는 영양부족과 비만의 문제도 해결해야 한다. 이제 우리 농업 시스템도 이런 관점에서 지난날을 되돌아보고 미래의 방법론을 적극 준비할 시점이다. 어렵지만 꼭 지나가야 하는 여정이다.

지금은 모두가 농업의 지속 가능성을 당연하게 받아들이고 이를 위한 전략의 개발과 실행에 열심이지만, 정작 농업에서의 지속 가능성의 의미가 무엇이고 다른 산업과의 차이는 무엇인가에 대해서는 각자의 생각이 다르다. 그렇다면 농업에서의 지속 가능성이란 과연 무엇이고 지속 가능 농업이란 어떤 상태를 의미하는 것일까?

농업의 지속 가능성은 환경적 지속 가능성, 세대적 지속 가능성, 그리고 경제적 지속 가능성이 조화롭게 균형을 이룬 상태다. 어떤 나라의 농업이 지속 가능하다고 말하려면 세 가지 지속 가능성이 안정적으로 그 나라의 농업을 떠받치고 있어야 하고 우리는 그런 농업을 만들기 위해 노력해야 한다.

1. 환경적 지속 가능성

환경적 지속 가능성은 말 그대로 환경을 훼손하지 않으면서 농업을 지속하는 것이다. 미래 세대가 누릴 환경을 악화시키지 않고 지금 세대의 환경적 수요와 미래 세대의 환경적 수요를 동시에 충족하는 것으로, 이는 농업뿐 아니라 제조업과 서비스업에도 동일하게 적용된다.

재생에너지, 친환경차, 제로웨이스트, 일회용품 안 쓰기 등 환경을 보호하기 위한 모든 노력이 여기에 포함된다. 농업적 관점에서는 비료와 농약, 수자원 등 농업 투입재의 사용을 획기적으로 줄이고, 농경지로 인한 자연의 훼손을 최소화하며, 농업에너지 사용량을 줄이는 노력들이 추가되는 징도다.

2. 세대적 지속 가능성

세대적 지속 가능성은 청년세대가 기성세대의 뒤를 이어 농업에 종사하도록 하는 일이다. 우리나라와 마찬가지로 농업 선진국에서도 부모 세대가 자식 세대에게 농업을 물려주지 않으려는 사람들이 많다.

농업을 물려줄 후계농이 있는 농가와 후계농이 없는 농가가 농업을 대하는 태도는 확연히 다르다. 후계농이 있는 곳은 깨끗하고 안전한 농업을 위해 시설과 기술에 기꺼이 투자하고 농지를 더 아끼며 가꾸는 모습을 보인다. 세대적 지속 가능성이 환경적 지속 가능성에 영향을 주는 것이다.

이미 우리나라는 농업 생산 인구의 고령화를 넘어 없다시피한 공동화(空洞化)의 상태를 향해가고 있다. 농촌과 농업이 지속 가능하려면 다음 세대가 계속해서 유입되어야 하지만 현실은 그 반대로 가는 중이다.

유럽의 농업 선진국은 농업적 생산성과 효율성이 높은 나라가 아니라 세대적 지속 가능성이 잘 유지되고 있는 나라들이다. 선대가 농업에 종사하면 후대는 농업에 자부심을 갖고 기꺼이 농업에 종사할 것이라고 생각하며 성장하고 교육받는 나라다. 유럽의 농지 정책은 이를 뒷받침하기 위하여 세대 간 농업 상속에는 강력한 인센티브를 주고 세대 간 농업이 단절되면 불이익을 주는 구조가 기본으로 갖춰져 있다.

3. 경제적 지속 가능성

경제적 지속 가능성은 농업이 직업적으로 충분히 매력적이고 잘살 수 있는 수익 구조를 마련해주는 것이다. 한 나라의 농업이 지속되려면 농업으로 인한 시장 소득과 사회의 지원 소득을 합한 총소득이 일정 수준 이상 확보되는 상태가 지속되어야 한다. 농업인이 아무리 열심히 해도 계속해서 가난해진다면, 그리고 현세대보다 미래세대가 더 가난해진다면 농업은 경제적으로 성립할 수 없다. 성공하는 농민과 부유한 농민을 주변에서 볼 수 있고, 농업에 열심히 종사하면 제대로 된 보상을 받을 수 있다는 믿음이 있어야 한다.

우리 농업도 세 가지 지속 가능성이 조화와 균형을 이룰 때 성장의 한계를 극복하고 진정한 농업 선진국이 될 수 있을 것이다.

우리가 지향해야 하는 한국 농업의 모습

미국의 저명한 투자자 짐 로저스는 농업이 21세기에 가장 유망한 산업이며, 인구 증가와 이상기후로 식량 산업과 식량 전문가가 각광받는 불안정한 미래가 바짝 다가왔다고 했다. 최근 들어 농업이야말로 선진국 산업이며 농업 선진국이 진정한 선진국이라는 말도 자주 회자된다. 다 맞는 말이고 의미가 있는 말이다. 하지만 그렇다면 과연 농업 선진국이란 무엇이고 어떻게 정의될 수 있을까가 궁금해진다.

농업 선진국의 첫째 요건은 농업의 특성과 가치에 대한 국민들의 이해가 깊이 공유되고 성숙한 나라다. 당장 농업 선진국이라고 하면 반도체나 휴대폰처럼 농업 부문에서 많은 국

부가 창출되는 나라라고 생각하기 쉽다. 하지만 1차 산업인 생산 농업은 국부의 중심이 될 수 없다. 오히려 농업이 국부의 중심이라면 산업구조 고도화가 진행되지 않은 후진국에 불과하다.

농업 선진국에서 농업의 진정한 핵심 가치는 국부창출의 중심이 되기보다는 안정적인 생산 기반을 유지하여 국가 필요식량의 적정 비중을 안정적으로 책임져주는 것이다. 이를 뒷받침하려면 국민들이 농업의 산업적 특성과 기반적 특성을 구별할 수 있고, 국제 식량 가격과 상관없이 국가 식량의 4분의 1 정도를 국내에서 생산하는 것이 가장 경제적인 선택이라는 것을 이해하고 지지해줄 수 있어야 한다.

우리나라의 국토 면적은 대략 1,000만 헥타르인데 이 중 70%(700만 헥타르)는 산지이고, 나머지 30%의 절반인 150만 헥타르는 농지이며 나머지는 주거, 상업, 공업 등 비농지다. 우리가 가진 농지의 150만 헥타르를 최대한 활용한 국내자급률은 약 25% 정도가 되고, 인구로 환산하면 1,500만~2,000만 명 정도가 먹을 수 있는 양에 해당한다. 식량자급률을 조금만 올리려고 해도 비농지를 농지로 전환해야 하는데 이를 위해서는 막대한 기회비용이 든다. 이렇게 해서 1~2%의 자급률을 올린다고 해도 우리의 식량안보 대비 태세가 확연하게 좋아지는 것도 아니다. 국내 생산 25%를 견고하게 유지하면서 나머지 75%를 위한 해외 식량 공급망을 탄탄하게 하는 것이 진정한 식량 안보다.

에너지를 거의 전량 해외에 의존하는 우리나라에서 농업마저 해외에만 의존하게 되면 글로벌 위기상황에서 치르게 될 참혹한 대가에 대해서도 깊은 공감대가 있어야 한다. 농업 붕괴에 이어지는 농촌 붕괴가 국가 전체와 도시경제에 얼마나 치명적인 부담을 주게 되는지에 대해서도 다 함께 인식할 필요가 있다. 조금 더 욕심을 내자면 한국의 농업과 농업 기술이 세계적인 수준이라는 것도 많은 국민이 알고 있어야 한다.

농업 선진국의 둘째 요건은 농업의 지속 가능성이 확립된 나라다. 농업의 지속 가능성은 세대적 지속 가능성, 경제적 지속 가능성, 환경적 지속 가능성을 포함하는 개념이다.

세대를 이어 농업과 농촌을 맡아줄 후속 세대가 길러져야 하고, 농업 생산만으로도 경제적 자립이 가능한 적절한 수의 농가가 확보되어야 하며, 영농 활동이 다음 세대의 환경을 해하지 않는 상태가 정립되어 있어야 국가적으로 농업적 지속 가능성이 확립되어 있다고 할 수 있다.

그러나 이런 상태는 한번 진입하면 고정되는 것이 아니라 자연환경과 국제 상황의 변화에 따라 지속적인 조정이 필요한 동적평형의 상태다. 농업의 지속 가능성 유지를 위해서는 부단한 투자와 노력이 계속 이어져야 한다.

셋째 요건은 다원주의 농업이 정착된 나라다. 20세기 이후 전 지구적인 식량 교역이 시작되고 지구상의 거의 모든 국가들이 개방형 식량 시스템을 채택하면서 대부분의 나라에서 국가 농업의 진정한 가치는 생산주의에서 다원주의로 옮겨졌다.

농업을 생산주의로만 바라보면 농업을 산업으로 채택할 수 있는 나라가 거의 없을 정도이지만 다원주의로 바라보면 모든 국가의 농업은 귀하고 소중하다. 스위스가 적자구조 농업을 왜 헌법으로 보장하는지, 싱가포르의 30 by 30 정책(2030년까지 식량자급률 30% 달성)과 UAE의 사막농업정책, 뉴욕의 도시농업과 독일의 치유농업이 국가의 미래 핵심 정책이 된 이유는 다원주의 농업에 대한 선진 부국들의 국가적 대응으로 보아야 한다.

다시 한번 강조하지만 우리나라가 농업 선진국이 되는 길은 농업 생산으로 돈을 많이 버는 것이 아니다. 농업은 축구 경기의 수비수처럼 공격수 산업들이 더 많은 돈을 벌 수 있도록 안전하게 지켜주고 지원해주는 것이 우선적 임무다.

농업에서 국부를 창출할 수 있는 방법은 1차 산업인 생산농업이 아니라 2, 3차 산업인 전방 농업과 후방 농업에 있다. 종자, 농약, 비료, 농기계, 농자재 등의 후방 농업과 식품, 바이오 소재 등 전방 농업의 기술력과 산업구조를 견고히 하고 수출 산업화하는 것이다. 그렇게 하면 전후방 농업은 현재 주력 산업의 뒤를 잇는 미래 산업이 될 수 있다. 그렇지만 이를 위해서는 1차 산업인 생산 농업이 굳건하게 자리 잡아야 하고 그렇지 못하면 전방 농업이나 후방 농업은 제대로 성장할 수 없다는 것도 명심해야 한다.

한국 농업의 구조와 특성을 제대로 이해하고 농업의 본질과 가치를 존중하며 국민 모두가 농업의 중요성에 대한 인식과 철학을 공유하는 나라, 그런 나라가 진정한 농업 선진국이다.

참고문헌

『2050 수소에너지』, 백문석 · 김진수 · 이경북 · 민배현 · 이준석 · 김기현 · 천영호 공저, 라온북, 2021년 12월

『2050 에너지 레볼루션』, 김기현 · 천영호 공저, 라온북스, 2021년 10월.

『21세기 국제기구 현장보고서: 글로벌 리더 국가를 향한 성찰과 제언』, 윤동진 지음, 농림축산식품부 발간, 2022년 12월.

『6번째 대멸종 시그널, 식량전쟁』, 남재철 지음, 21세기북스, 2023년 11월.

『The Big Ratchet 문명과 식량』, 루스 디프리스 지음, 정서진 옮김, 눌와, 2018년 02월.

『The Biobased Economy』, Hans Langeveld, Johan Sanders and Marieke Meeusen, Earthscan, 2010년 01월.

『그래도 아직, 우리가 굶주리지 않는 이유』, 조나단 킹스맨 지음, 최서정 옮김, 산인, 2022년 08월.

『나는 대한민국 상사맨이다』, 최서정 지음, 미래의창, 2018년 09월.

『녹색희망, 농업의 미래』, 임상규 지음, 매일경제신문사, 2009년 01월.

『농사, 고전으로 읽다』, 구자옥 지음, 농촌진흥청 ㈜휴먼컬처아리랑, 2017년 01월.

『농약 바로 알기: 개발부터 사후 관리까지』, 김찬섭 대표집필, 농촌진흥청 인터러뱅, 2012년 05월.

『농업 거의 모든 것의 역사』, 양승룡 지음, 교우사, 2011년 2월.

『농업, 트렌드가 되다』, 민승규 · 정혁훈 공저, 매일경제신문사, 2023년 2월.

『농업위기와 농업경기: 유럽의 농업과 식량공급의 역사』, 빌헬름 아벨 지음 김유경 옮김, 한길사, 2011년 08월.

『농업의 대반격』, 김재수 지음, 도서출판 프리뷰, 2014년 02월.

『농업의 미래, 한국의 선택』, 김영욱 지음, 교우사, 2009년 09월.

『농업의 힘』, 박현출 지음, HNCOM, 2020년 06월.

『농업이 문명을 움직인다』, 요시다 다로 지음, 김석기 옮김, 2011년 09월.

『농업이 미래다: 한국 농업의 르네상스를 위한 전략』, 성진근 · 이태호 · 김병률 · 윤병삼 공저, 2011년 10월.

『농업정책, 무엇을 알아야 하는가?』, 송남근 지음, 부크크, 2019년 04월.

『동아시아 농지개혁과 토지혁명』, 유용태 지음, 서울대학교 출판문화원, 2014년 12월.

『디지털 농업으로 일구는 UAE 사막의 기적』, 이충근 편저, 국립원예특작과학원, 2020년 12월.

『모든 생명은 GMO다: GMO에 대한 합리적인 생각법』, 최낙언 지음, 예문당, 2016년 08월.

『몬산토, 죽음을 생산하는 기업』, 마리 모니크 로뱅 지음, 이선혜 옮김, 이레, 2009년 11월.

『바이오농업은 제2의 녹색혁명인가』, 송만강 외 지음, 지성사, 2005년 08월.

『백 억 인구 먹여 살리기: 인구성장과 식량 증산』, L,T 에번스 지음, 성락춘 옮김, 고려대학교출판부, 2013년 08월.

『새로운 삶, 유기농업』, 지형진 대표집필, 농촌진흥청 인터러뱅, 2011년 09월.

『서유럽 농업사, 500년 1850년』, 베르나르트 슬리허 반 바트 지음, 이기영 옮김, 사회평론아카데미, 2023년 01월.

『세계 곡물시장과 한국의 식량안보』, 성명환 · 오정규 · 김민수 · 임호상 · 이철호 · 공저, 도서출판 식안연, 2018년 02월.

『식량 위기 대한민국』, 남재작 지음, 웨일북, 2022년 06월.

『식량 위기, 이미 시작된 미래』, 루안웨이 지음, 정지영 옮김, 미래의창, 2023년 06월.

『식품에 대한 합리적인 생각법』, 최낙언 지음, 예문당, 2016년 08월.

『아그리젠토 코리아: 첨단농업 부국의 길』, 매일경제 아그리젠토 코리아 프로젝트팀, 매일경제신문사, 2010년 07월.

『여기, 길이 있었네: 명사와 나누는 농업이야기』, 강광파 · 강성호 외 공저, 모던플러스, 2010년 09월.

『영국 농업의 붕괴: 한 기간 산업의 비극적 몰락』, R. A. E. North 지음, 김영욱 옮김, 교우사, 2012년 01월.

『우리 품종에 얽힌 개발이야기』, 농촌진흥청 지음, 2022년 07월.

『우리 농업의 역사 산책』, 구자옥 지음, 이담북스, 2011년 04월.

『유전공학의 상상은 현실이 된다』, 예병일 지음, 김영사, 2024년 03월.

『음식 조선』, 임채성 지음, 임경택 옮김, 돌베개, 2024년 07월.

『친환경 농업과 친환경 농법』, 국립농업과학원 지음, 농촌진흥청, 2011년 12월.

『인류세 엑소더스』, 가이아 빈스 지음, 김명주 옮김, 곰출판, 2023년 11월.

『자연과의 만남으로 나와 세상을 치유하는 도시농업』, 오대민 · 최영애 공저, 학지사, 2016년 11월.

『작물보다 귀한 유산이 어디 있겠는가』, 한상기 지음, 지식의 날개, 2023년 06월.

『작물의 고향』, 한상기 지음, 에피스테메, 2020년 11월.

『전쟁과 농업』, 후지하라 다쓰시 지음, 최연희 옮김, 따비, 2020년 08월.

『탄소로운 식탁』, 윤지로 지음, 세종서적, 2022년 05월.

『트랙터의 세계사』, 후지하라 다쓰시 지음, 황병무 옮김, 팜커뮤티케이션, 2018년 07월.

『하리하라의 바이오 사이언스: 유전과 생명공학』, 이은희 지음, 살림, 2009년 01월.

『한국 농업 길을 묻다』, 이용기 지음, 푸른길, 2012년 07월.

『한국 농업 성공의 길, 지식과 혁신』, 민연태 지음, 녹색시민, 2009년 11월.

『한국 농업이 가야 할 제3의 길』, 이정환 편저, 도서출판 해남, 2007년 03월.

『한중일 밥상문화』, 김경은 지음, 이가서, 2012년 10월.

『화려한 화학의 시대』, 프랭크 A. 폰 히펠 지음, 이덕환 옮김, 까치글방, 2021년 11월.

『흙의 시간: 흙과 생물의 5억년 투쟁기』, 후지이 가즈미치 지음, 염혜은 옮김, 2017년 07월.

https: encykorea,aks,ac,kr Article E0049099, 한국민족문화대백과사전, 검색어: 저수지, 검색일: 2024년 07월 31일.

https: ko,wikipedia,org wiki, 검색어: 찰스 다윈, 그레고리 멘델, 마셜플랜

당신이 모르는
진짜 농업 경제 이야기

지은이 | 이주량
1판 1쇄 발행 | 2024년 10월 25일
1판 3쇄 발행 | 2025년 2월 10일

펴낸이 | 이한나
교정교열 | 정혜주
디자인 | 민혜원
일러스트 | Deka
마케팅 | 최문섭
제작 | 357제작소
인쇄 | 두성P&L

펴낸곳 | 세이지(世利知)
등록 | 2016년 5월 16일 2016-000022호
대표전화 | 070-8115-3208
팩스 | 0303-3442-3208
메일 | sage@booksage.co.kr
블로그 | blog.naver.com/booksage
인스타그램 | sage_book
ISBN | 979-11-89797-22-5

이 도서는 2024년 문화체육관광부의
'중소출판사 도약부문 제작 지원' 사업의
지원을 받아 제작되었습니다.